华侨大学政管学院丛书　汤兆云主编　■ 张赛群　著

乡村振兴战略背景下 福建省精准扶贫协同帮扶机制研究

经济日报出版社

图书在版编目（CIP）数据

乡村振兴战略背景下福建省精准扶贫协同帮扶机制研究／张赛群著．—北京：经济日报出版社，2021.2
ISBN 978－7－5196－0804－0

Ⅰ．①乡…　Ⅱ．①张…　Ⅲ．①扶贫—研究—福建　Ⅳ．①F127.57

中国版本图书馆 CIP 数据核字（2021）第 035057 号

乡村振兴战略背景下福建省精准扶贫协同帮扶机制研究

著　　者	张赛群
责任编辑	门　睿
责任校对	王阿林
出版发行	经济日报出版社
地　　址	北京市西城区白纸坊东街 2 号 A 座综合楼 710（邮政编码：100054）
电　　话	010－63567684（总编室）
	010－63584556（财经编辑部）
	010－63567687（企业与企业家史编辑部）
	010－63567683（经济与管理学术编辑部）
	010－63538621　63567692（发行部）
网　　址	www.edpbook.com.cn
E － mail	edpbook@126.com
经　　销	全国新华书店
印　　刷	天津雅泽印刷有限公司
开　　本	710×1000 毫米　1/16
印　　张	15
字　　数	201 千字
版　　次	2021 年 4 月第一版
印　　次	2021 年 4 月第一次印刷
书　　号	ISBN 978－7－5196－0804－0
定　　价	60.00 元

目　录

引　言 …………………………………………………………………… 1

第一章　乡村振兴战略及其对精准扶贫工作的要求 ……………… 8

第一节　“乡村振兴战略”的提出 ……………………………… 8

第二节　“精准扶贫”战略的内涵 ……………………………… 9

第三节　乡村振兴战略与精准扶贫战略的内在契合 ………… 11

第四节　乡村振兴战略对乡村精准扶贫的新要求 …………… 16

一、观念衔接 ……………………………………………………… 17

二、目标与规划衔接 ……………………………………………… 18

三、政策衔接 ……………………………………………………… 19

四、体制机制衔接 ………………………………………………… 20

第二章　福建省“精准扶贫”战略的实施和成效 ………………… 23

第一节　当前福建省贫困特点 …………………………………… 23

第二节　福建省精准扶贫实践 …………………………………… 27

一、精准识别 ……………………………………………………… 27

二、量身定制，精准帮扶 ………………………………………… 28

三、精准管理 ……………………………………………………… 32

四、精准考核 ……………………………………………………… 33

第三节　福建省精准扶贫成效和不足 …………………………… 34

一、脱贫成效显著 ………………………………………………… 34

二、创新了精准扶贫方式 ………………………………………… 35

三、推动了农业发展方式的创新 …… 37
第三章　福建省精准扶贫主体及其成效 …… 39
第一节　政府扶贫 …… 39
一、政府扶贫的优势 …… 39
二、政府扶贫的局限性 …… 43
第二节　社会力量扶贫 …… 47
一、社会力量的扶贫优势 …… 47
二、社会力量扶贫的必要性和重要意义 …… 52
三、政府吸纳社会力量扶贫 …… 54
第三节　福建省社会力量扶贫 …… 56
一、福建省社会扶贫力量 …… 56
二、福建省社会力量扶贫及其特点 …… 62
三、福建省社会力量扶贫成效和局限性 …… 80
第四章　当前福建省协同帮扶现状 …… 87
第一节　协同帮扶动因 …… 87
一、扶贫力量分散性与精准脱贫、乡村振兴的矛盾 …… 87
二、福建省各级政府对协同帮扶的动员和规划 …… 90
第二节　福建省协同扶贫模式 …… 96
一、政府间协同扶贫 …… 97
二、政府与社会力量协同扶贫 …… 105
三、群团组织与社会力量联手扶贫 …… 122
四、社会力量协同扶贫 …… 127
第三节　福建省协同扶贫程度 …… 133
一、不均衡 …… 135
二、不充分 …… 140
三、不健全 …… 142

第五章　当前福建省协同帮扶困境及原因 …… 144
第一节　协同帮扶困境 …… 144
一、观念困境：统筹规划意识不足 …… 144
二、机制困境：长效协同扶贫机制不健全 …… 146
三、制度困境：动员和管理乏力 …… 153
第二节　协同帮扶困境的原因分析 …… 159
一、政府观念和体制制约 …… 159
二、社会力量性质及自身发展程度所限 …… 163
三、贫困者参与意愿与参与能力不足 …… 167
四、各主体扶贫目标与利益的差异 …… 168
第六章　乡村振兴战略背景下福建省协同帮扶优化对策 …… 172
第一节　扶贫理论与经验借鉴 …… 172
一、国外扶贫理论 …… 172
二、国内外扶贫经验 …… 175
第二节　协同帮扶框架设计 …… 180
一、动员机制：政府引导与市场引导相结合 …… 180
二、参与机制：健全和创新 …… 184
三、风险化解机制：重视和强化 …… 206
第三节　协同帮扶优化对策 …… 213
一、政府 …… 213
二、社会力量 …… 219
三、贫困群体 …… 223
结　语 …… 225
参考文献 …… 228
附　录 …… 234

引　言

一、研究背景与研究意义

（一）研究背景

2017年10月党的十九大报告提出“乡村振兴战略”，2018年1月中央一号文件《中共中央　国务院关于实施乡村振兴战略的意见》对如何实施这一战略作出全面部署，当年9月中共中央、国务院印发了《乡村振兴战略规划（2018—2022年）》。实施乡村振兴战略旨在坚持农业乡村优先发展和全面发展，彻底解决乡村产业和农民就业问题，最终促进城乡融合发展。显然，精准扶贫、乡村脱贫是乡村振兴战略的基本要求和有效实施路径。

扶贫务必“精准”，而如何实现精准扶贫、精准脱贫，党和政府多次强调“要动员全党全国全社会力量”协同进行。然而现今乡村精准扶贫主体虽较为多元，但各扶贫力量多各自为政，常态化协同扶贫较少，这种“碎片化”状态显然难以适应精准脱贫和乡村振兴战略的要求，需要整合并构建一种多元主体协同帮扶机制。本研究在反思扶贫力量分散化与精准扶贫、乡村振兴之间矛盾的基础上，对福建省乡村精准扶贫协同帮扶现状、困境、原因等进行分析，并对如何完善乡村多元协同帮扶机制进行思考。

（二）研究意义

精准扶贫是一项系统工程，需要发挥政府、社会力量、村民的各自优势，实现帮扶主体、帮扶对象间的优化组合并建立一种高效的协同帮扶机制。由于目前福建省乡村精准扶贫合力未能完全形成，因此，在思考扶贫力量分散性与精准脱贫、乡村振兴战略之间矛盾的基础上，对乡村振兴战略背景下福建省乡村精准扶贫协同帮扶机制进行研究，分析该省乡村精准扶贫过程中各主体协同帮扶现状、困境、完善路径及对策，对于研究乡村振兴战略具体实施策略及深化中国特色社会主义扶贫开发理论体系具有一定的理论价值；实践中，对于完善精准扶贫及乡村振兴战略的相关制度和措施安排，健全“大扶贫”工作机制，聚拢各方资源共同攻克少数绝对贫困问题和正大力推进的相对贫困主题、助力乡村振兴也具有重要的现实意义。

二、国内外研究现状

学界对乡村协同帮扶的探讨在20世纪末就已经开始，近年来，学者们开始结合“精准扶贫”及“乡村振兴战略”来进行研究，相关的成果主要体现在以下几个方面：

1. 对乡村贫困问题的研究

自20世纪末以来，反贫困研究逐渐成为学界关注的热点。中国的贫困问题主要在乡村，学界对乡村贫困问题的研究主要集中在贫困标准、贫困成因、反贫困路径等方面，相关学者主要有汪三贵（1991）、唐平（1994）等。同时，国外学者和国际组织也对中国乡村贫困问题展开研究，他们侧重于研究贫困成因和治理对策。

2. 对乡村扶贫力量的研究

乡村扶贫力量涉及广泛，学者们对于各扶贫力量及其相互关系进行了关注。(1) 扶贫力量。政府是乡村扶贫的主体，刘冬梅（2001）、蔡昉（2001）、朱乾宇（2004）等诸多学者对此进行了关注，相关成果集中在政府扶贫模式、绩效、困境、对策等方面；至于社会力量，国内外学界主要关注社会组织。早在20世纪末，康晓光（1995）等学者就主张借助民间组织扶贫。而后，魏淑艳（2006）、李菊兰（2009）、刘海英（2011）等学者对民间组织扶贫功能、参与方式、程度及策略等进行了研究。(2) 各扶贫力量之间的关系。学界主要关注政府与社会组织之间的关系，并普遍认为民间力量与政府合作扶贫能优势互补，但同时又认为，尽管政府逐步开放社会组织扶贫，但目前二者的扶贫合作仍不充分。学者们还提出了契约关系、竞争性合作关系等二者在扶贫中的应然关系。余劲（2009）认为资源的稀缺性决定了二者的关系选择。西方学者侧重于研究社会力量扶贫的合理性及其角色定位，并提出了政府失灵论（Weisbrod，1974），第三方管理（Salamon，1981），福利多元主义（Rose，1986）等理论，从不同的角度阐释了社会力量扶贫的合理性及其与政府的应然关系。

3. 对整合扶贫力量参与乡村精准扶贫的研究

自 2013 年"精准扶贫"概念提出以来，国内学者对其含义、意义、实践方式、困境和创新路径等方面进行了持续关注。国外虽然没有精准扶贫的提法，但 Coady（2004），Kanbur（2013）等学者对于扶贫的精准性进行了研究，涉及资源的精准投向、扶贫对象的精准定位、扶贫效果的精准评估等方面，因而实际上对精准扶贫问题予以了关注。

基于政府主导的精准扶贫在缓解中国贫困问题的同时，也存在一定程度的瞄准偏离、资金有限、主体权责不匹配等问题，学者们主张政府转变扶贫观念，正确处理与社会扶贫力量的关系。在操作层面，学者们普遍认为要完善相关政策法规，引导和规范民间力量扶贫；要扩大政府购买社会扶贫服务，完善社会力量精准扶贫服务平台等。李鹍、叶兴建（2015）、李春明（2015）等学者还建议培育专业扶贫组织，组建一种政府主导、社会力量广泛参与的复合型扶贫治理主体；另苏海（2015）强调多治理主体共同构建一种制度规范、彼此信任合作的网络互动模式。

4. 对福建省协同扶贫问题的研究

近年来，学界对福建省社会力量扶贫问题有所关注，修兴高

（2018）、陈宝国（2019）等从该省产业扶贫、慈善组织扶贫、金融扶贫等实践出发，对社会力量扶贫的方式、成效、困境及对策等进行了研究。傅淳淳、陈梦（2019）分析了政府、市场、社会以及贫困主体“四位一体”的合作式扶贫模式及其因果关系；部分学者还对社会力量与政府的关系进行了反思，并提出了一些政府培育和拓展社会力量扶贫的想法和思路。

总之，学界对中国乡村反贫困问题的研究由来已久，对乡村扶贫力量的“碎片化”困境及政府整合社会力量精准扶贫也进行过一定的理论研究与实践考察，这些前期成果为本研究的开展提供了重要的理论借鉴和实践素材。当然，目前来看，对于福建省乡村精准扶贫协同帮扶机制还有进一步研究的空间，这不仅是因为学界较少结合福建省来探讨，还因为目前学界对各扶贫力量的分散化与精准脱贫、乡村振兴之间的矛盾较少思考；对政府如何动员社会力量参与乡村精准扶贫进行了一些分析，但较少从社会力量与政府互动的角度来思考问题；对政府、社会力量、贫困群体三者整合困境、途径以及整合之后的利益协调机制等深层次问题也缺乏系统思考等。而这些正是本书重点要解决的问题。

三、研究思路与研究方法

（一）研究思路

第一步，先分析乡村振兴战略对乡村扶贫工作的要求，强调精准扶贫、精准脱贫是乡村振兴战略的必然要求和有效实施路径；

第二步，在考察各类扶贫主体参与福建乡村精准扶贫优势和成效的基础上，探讨各扶贫力量分散性与精准扶贫及乡村振兴之间的矛盾；

第三步，分析福建乡村精准扶贫力量协同帮扶动因、现状、困境和原因，困境主要从政策、观念和机制三方面展开，并分析其背后政府、社会力量、被扶贫对象及整个社会环境的深层次原因，从而归纳乡村协同精准帮扶所需要的外在环境和内在条件；

第四步，在借鉴国内外扶贫理论与成功经验的基础上，分析乡村精准扶贫协同帮扶机制的基本框架，并针对上述困境和原因，提出相应的完善策略。

具体思路如下图所示：

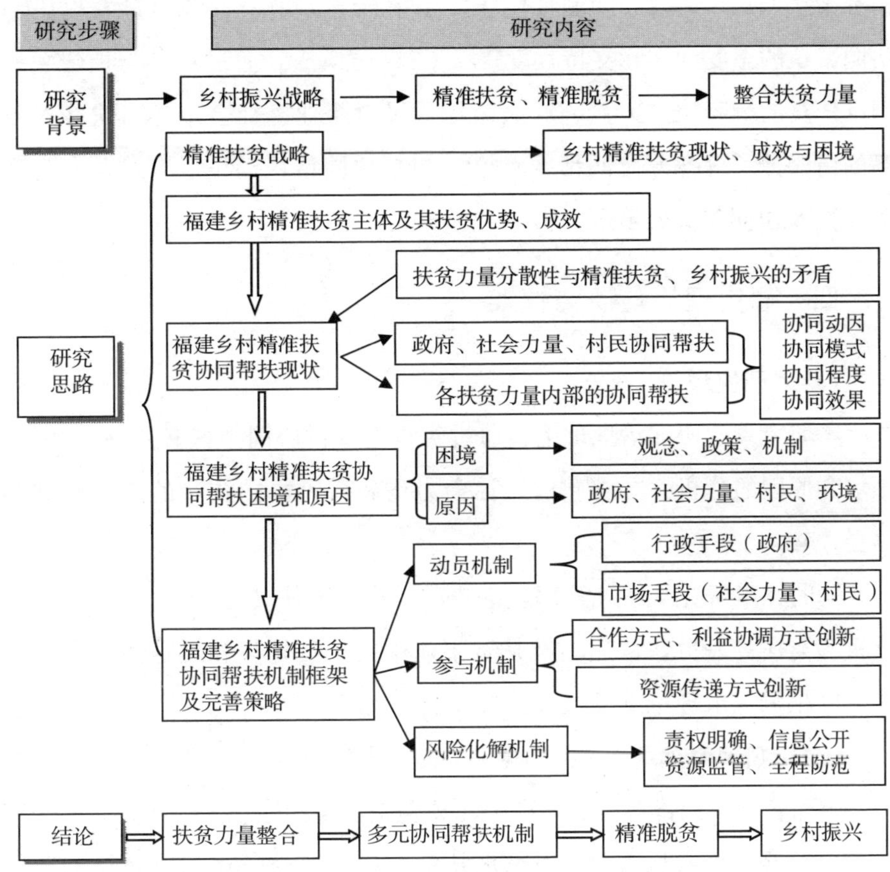

（二）研究方法

在资料搜集方面，本研究主要运用文献法和社会调查法，前者主要运用于乡村振兴战略、精准扶贫战略、乡村扶贫相关政策的研究；后者主要运用于福建乡村精准扶贫力量协同帮扶现状、效果及困境的观察。

具体分析方法主要有以下几种：（1）对比分析法，通过对各类帮扶力量参与福建乡村精准扶贫方式、成效等的比较，归纳各力量精准扶贫的优势、差异性和互补性；通过对福建乡村精准扶贫协同帮扶方式的观察和比较，归纳出几种协同帮扶的模式等。（2）个案分析法。对福建乡村精准扶贫协同帮扶典型案例进行分析，从微观层面观察该省乡村协同精准帮扶方式、成效、问题和困境，了解该省政府、社会力量及村民对协同帮扶的态度和实际支持程度等。（3）访谈法。通过对参与福建乡村精准扶贫的政府扶贫力量、社会组织、民营企业、社会个体、扶贫对象等的访谈，了解各方协同帮扶意愿（包括协同帮扶动机、方式及参与程度等）及协同帮扶困境等。

四、研究理论与研究框架

（一）研究理论

本研究秉承协同治理理论，通过对福建乡村协同帮扶必要性、现状、困境和原因的分析，寻求政府、社会力量和村民协同扶贫的有效机制和路径。

同时，本研究从系统管理理论着手，将各类扶贫力量视为一个整体，分析各类扶贫力量在福建精准扶贫事业中的扶贫优势和互补性，为“大扶贫”格局寻求理论支撑。

（二）研究框架

除引言和结语部分外，本研究主要包括以下内容：

（1）乡村振兴战略及其对精准扶贫工作的要求。在阐释乡村振兴战略和精准扶贫战略基本内涵的基础上，强调乡村振兴战略与乡村精准扶贫工作的内在契合，及乡村振兴战略对乡村精准扶贫工作提出的新要求。

（2）福建省“精准扶贫”战略的实施和成效。包括福建省“精准扶贫”战略的实践、成效和困境。

（3）福建乡村精准扶贫主体及其扶贫优势、成效。主体包括政府、社会力量和村民，比较分析各扶贫主体在扶贫工作中的地位和优势，并肯定其精准扶贫成效。

（4）福建乡村协同帮扶现状。在探讨扶贫力量分散性与精准脱贫、乡村振兴之间矛盾的基础上，分析各扶贫力量之间及各扶贫力量内部协同帮扶动因、模式、程度和效果，并比较其中的差异。

（5）福建乡村协同帮扶的困境和原因。困境主要从观念、政策、机制等三个方面来分析，原因包括政府扶贫理念、扶贫政策及其实际执行问题，社会力量自身发展程度及其扶贫选择性，被扶贫对象观念和整体社会环境的问题等。

（6）福建乡村协同帮扶机制构建及其具体对策。前者是指在借鉴境外整合扶贫力量经验的基础上，完善市场手段和行政手段并举的协同帮扶动员机制，创新合作方式、资源传递方式、利益协调方式等在内的协同帮扶参与机制，并从资源监管、信息公开等层面加强协同帮扶风险化解机制建设；后者是从政府、社会力量、村民三方面提出具体的优化对策。

第一章　乡村振兴战略及其对精准扶贫工作的要求

要探讨乡村振兴战略背景下福建省精准扶贫协同帮扶机制问题，须先厘清一些基本的概念及其相互关联。本章将在先行阐释“乡村振兴”和“精准扶贫”两大战略基本内涵的基础上，探讨“乡村振兴战略”对乡村精准扶贫工作的新要求，强调精准扶贫与乡村振兴战略的内在契合。

第一节　“乡村振兴战略”的提出

近年来，在党和政府的高度关注下，我国“三农”工作取得重大成就。尤其是一系列惠农政策推动了农业供给侧的结构性改革，农村脱贫攻坚工作开创了新局面，城乡一体化发展迈出新步伐，这些为国家各方面事业的全面发展提供了强有力的支撑。

尽管如此，但我们也应清醒地认识到，当前我国农业农村基础差、底子薄、发展相对落后的状况仍未得到根本改变。尤其从城乡一体化发展的角度观察，农业农村仍是我国现代化建设的“短板”。具体表现在：农村产业结构单一，一、二、三产业融合发展不够，农业工业化、机械化水平在各地发展不平衡且整体上仍待提高；农村基础设施建设仍然滞后，城乡基本公共服务和收入水平差距较大，城乡融合发展机制仍待进一步健全；农民靠天吃饭现象仍很普遍，收入不稳定。而且农民普遍竞争意识不强、竞争能力不足，农村人口结构失衡，青壮劳动力流失严重、人才匮乏，影响到农村发展后劲；农民参与治理意识薄弱，基层参与不充分，乡村治理体系建设亟待加强等。总之，当前我国农村农业发展整体水平亟待提升，脱贫攻坚任务依然繁重。

鉴于此，习近平总书记在中共十九大报告中提出了“乡村振兴”战略，并明确了农业乡村现代化的总目标，及“产业兴旺、生态宜居、乡风文明、治理有效、生活富裕”的具体要求。这些具体要求反映了“乡村振兴战略”的丰富内涵，其中，“产业兴旺”要求农业经济适应市场需求变化，加快与第二、三产业的融合发展，加快优化升级，打造产业特色；“生态宜居”要求加强乡村生态文明建设，体现了农民对生活质量的追求；“乡风文明”要求加强乡村精神文明建设，提升村民文明程度。重点是移风易俗，保护和传承乡村优秀传统文化，加强乡村公共文化建设；“治理有效”是乡村振兴的重要保障，要求加强基层民主建设，提升乡村治理能力，实现乡村治理的民主化和现代化；“生活富裕”是乡村振兴的经济呈现，反映了农民对美好生活的向往。由此可见，乡村振兴是一个包括乡村产业振兴、人才振兴、生态振兴、文化振兴和组织振兴在内的全面振兴。因此，实施乡村振兴战略，必须统筹推进乡村经济建设、政治建设、文化建设、社会建设和生态文明建设，最终促进农村的全面振兴，促进农民的全面发展。

第二节　“精准扶贫”战略的内涵

20 世纪 80 年代中期，我国开始实施全面的扶贫开发战略，通过 30 多年的不懈努力，取得了举世瞩目的成就。但与此同时，贫困人口底数不清、情况不明、扶贫举措针对性不强等问题也比较突出，影响到扶贫绩效和老百姓的脱贫信心。基于此，2013 年底，习近平总书记提出扶贫工作要“实事求是、因地制宜、分类指导、精准扶贫”，从而首次提出了

“精准扶贫”的概念。之后，他又多次在不同场合对“精准扶贫”予以阐述，“精准扶贫”也成为我国扶贫工作的基本方略。

“精准扶贫”相对于以往粗放式扶贫而言，既是一种新的扶贫理念，也是一种新的扶贫方式。针对以前主要通过规模化政策扶贫带来的脱贫效应递减问题，2015 年 6 月，习近平总书记在贵州考察时，强调：“扶贫开发贵在精准，重在精准，成败之举在于精准。”① 同时，要求扶贫开发工作要做到“六个精准”：即扶持对象精准，项目安排精准，资金使用精准，措施到户精准，因村派人（第一书记）精准，脱贫成效精准。从而为之后的精准扶贫工作指明了方向。

在操作层面，围绕“扶持谁、谁来扶、怎么扶、如何退”这四大主题，精准扶贫设计了“精准识别、精准帮扶、精准管理和精准考核”四个环节。其中，“精准识别”是精准扶贫的首要流程和基本要求，强调瞄准扶贫对象，具体包括贫困人口和贫困地区；“精准帮扶”要求结合贫困人口、贫困地区的致贫原因和脱贫条件，有的放矢，以针对性办法扶持贫困群体和贫困地区；“精准管理”要求实时把控扶贫进展，科学管理扶贫资金和扶贫项目，并根据扶贫进展情况及时调整；“精准考核”强调对扶贫资金、项目、主体等的科学考核，加强考核结果运用，以保证“脱贫成效精准”。总之，精准识别、精准帮扶、精准管理和精准考核四者相互结合，连为一体，共同构成了精准扶贫工作体系。

总之，“精准扶贫”是与以往的“粗放扶贫”相对而言，既是一种治贫思维，也是一种具体的工作模式。其核心在于“精准”，强调针对不同贫困人口、不同贫困区域的具体状况，运用科学程序和有效措施对扶贫对象实施精确识别、精确帮扶、精确管理和精准考核，最终实现精准脱扶和高效帮扶。

① 习近平：《谋划好“十三五”时期扶贫开发工作　确保农村贫困人口到 2020 年如期脱贫》，《人民日报》2015 年 6 月 20 日第 1 版。

第三节　乡村振兴战略与精准扶贫战略的内在契合

党的十八大以来，我国扶贫开发进入以精准扶贫为中心的扶贫新阶段，相应的，农村扶贫开发事业也取得了令人欣喜的成就。在此基础上，2017 年党的十九大提出了“乡村振兴战略”。次年 9 月中共中央、国务院印发了《乡村振兴战略规划（2018—2022 年）》，强调“把打好精准脱贫攻坚战作为实施乡村振兴战略的优先任务，推动脱贫攻坚与乡村振兴有机结合、相互促进”。可见，在中央部署中，精准扶贫与乡村振兴这两大战略密不可分，相互促进。

客观说来，作为两大战略，“精准扶贫”与“乡村振兴”有其明显的区别：（1）在战略目标上，精准扶贫主要针对贫困问题提出，是“补”小康社会的“短板”，2015 年习近平总书记提出把农村贫困人口脱贫作为全面建成小康社会的基本标志。① 其具体目标是到 2020 年确保现行标准下农村贫困人口全部脱贫，贫困县全部摘帽，解决区域性整体贫困。而乡村振兴战略是针对新时代“三农”工作的战略部署，是一项系统性工程，意在促进农村政治、经济、文化、社会、生态的全面发展和整体提升，促进农业、农村和农民的全面发展。可见，精准扶贫和乡村振兴一个侧重贫困问题，一个专注于“三农”全面发展，二者存在“局部”和“整体”的战略目标区别。（2）在实施时间上，精准扶贫战略自 2013 年提出实施至 2020 年全面小康社会建成，乡村振兴战略从 2017 年提出到全面建成社会主义现代化国家的 2050 年。可见，精准扶贫实施时间较短，属于解当务之急的阶段性任务，而乡村振兴实施时间较长，属于有着远景规划的长期性要求。（3）在实施对象上，精准扶贫侧重于贫困问题的

① 习近平：《下大气力破解制约如期全面建成小康社会的重点难点问题》，2017-10-30，https：//www.dtdjzx.gov.cn/staticPage/zhuanti/sphf/20171030/2423403.html

解决，理论上其覆盖面囊括城乡。当然，由于当前我国贫困问题主要发生在乡村，因此，当前其主要实施对象是按照既定标准划定的农村贫困人口、贫困县和贫困区域。由于有明确的针对性，因而精准扶贫战略对于这些贫困人口、贫困县和贫困区域而言是特惠的。而乡村振兴局限于乡村，但振兴不仅仅是贫困问题的解决，而是有着更为全面和更高层次的追求，即农业兴、农村美、农民富的全面实现。可见，这一战略对于整个乡村和全体农民而言是普惠的。（4）在实施路径上，二者也有不同之处。如精准扶贫目前以政府为主导，主要通过拨付大批扶贫资金、实施大量扶贫项目、选派大量扶贫干部来帮助贫困地区和贫困人口脱贫；而乡村振兴则强调“充分发挥市场决定性作用和更好发挥政府作用的关系”①，更加重视在市场开发中实现乡村振兴。可见，二者在责任主体、作用机制等方面有较大的区别，前者更加注重行政力量和政府机制，后者更加注重市场力量和市场机制。

但同为国家发展战略，二者又有其相似之处：（1）主阵地相同。乡村振兴的阵地无疑是乡村；由于长期以来城乡二元分治以及中国农村独特的自然、人文环境，我国贫困问题主要集中在农村，因此精准扶贫的战略重心在农村，这就使得精准扶贫和乡村振兴两大战略的主阵地趋同。不仅如此，贫困农村地区既是精准扶贫、精准脱贫的主战场，也是乡村振兴的“短板”，因而，今后一段时间是乡村振兴战略的重点。（2）均有扶贫内容。精准扶贫专为扶贫设计，而农村减贫也是乡村振兴的重要内容和首要任务，中国特色减贫之路是实现乡村振兴的“七条道路”之一。（3）共建共享主体的相通性。在共建主体上，精准扶贫和乡村振兴都强调农民的主体意识和主体地位，强调农民的内生动力和发展能力建设。同时，两大战略均关注外来帮扶主体，非哪一力量、哪一部门所能独立完成。因此，新时代精准脱贫工作一直强调构建一种政府主导、群众主

① 习近平：《把乡村振兴战略作为新时代“三农”工作总抓手》，《求是》2019 年第 11 期。

体，社会各方力量广泛参与的大扶贫体制。为实现乡村振兴，习近平总书记强调，要让乡村振兴成为全党全社会的共同行动。可见，两大战略的参与主体在大方向上是一致的。在共享主体上，精准扶贫要实现农村贫困人口、贫困地区全部如期脱贫。而乡村振兴强调农村、农民的全面发展，在宏观层面与精准扶贫的共享主体基本一致。在微观层面，精准扶贫虽以贫困户、贫困地区为主，但也包含一些普惠性项目，尤其是一些基础设施项目本身具有公共性，惠及除贫困人口以外的其他人群。一些产业扶贫项目的外溢效果也很明显，可以吸纳非贫困人口就业，对于非项目人口和非项目地区也有示范效果。因此，精准扶贫的受益对象不仅仅是贫困者和贫困地区，也包括其他非贫困农民和地区，这使得其与乡村振兴共享主体有着相通性。（4）实现路径有所交集。精准扶贫的实现路径主要有产业扶贫、教育扶贫、生态扶贫、医疗扶贫、慈善扶贫、低保兜底等方面，其中，产业扶贫被视为精准脱贫的根本之策，因为唯有产业发展，农民充分就业，才能形成脱贫致富长效机制。同时，扶贫先扶志，扶志必扶智，因而教育扶贫也至为重要。而在乡村振兴规划中，“产业兴旺”放在了首要位置，人才振兴也被视为关键之举。其他如生态扶贫、基础设施建设等扶贫举措在乡村振兴的实现路径中同样可以找到。（5）最终目标均是为了实现共同富裕。精准扶贫是扶持社会上比较贫困的那一部分群体及区域，实现共同富裕。而乡村振兴归根到底是为了解决城乡发展差距，实现城乡共同富裕。当前城乡差距是我国社会发展三大差距之一，城乡发展的不平衡已成为全面建成小康社会的重大阻碍因素。因此，实施乡村振兴战略归根到底是为了解决城乡的发展差距问题，实现城乡协同发展。可见，精准扶贫与乡村振兴均是为了实现共同富裕，彰显社会主义制度的优越性。

精准扶贫与乡村振兴战略的相似或相通之处决定了两大战略有其内在关联。二者的内在关联可从理论与实践层面分别进行考察。在理论层面，一方面，精准脱贫是乡村振兴的首要任务和基本要求，乡村振兴则是精准扶贫、精准脱贫的逻辑延续。前述“乡村振兴”具体要求中的“生活富裕”有着“脱贫”和“致富”的双重要求，意味着乡村脱贫是实现乡村振兴的前提条件，没有乡村的精准扶贫和精准脱贫，就谈不上乡村的“富裕”和“振兴”。因此，精准脱贫是乡村振兴的首要任务和必要条件。在此基础上，乡村振兴对乡村发展提出了更高、更全面的要求，要求农业兴、农村美和农民富。即使在单一的脱贫问题上，乡村振兴不仅要求持续性脱贫，巩固脱贫成果，还要提升农村和农民的自身发展能力、解决其致富问题，并在致富的同时缩小与城市、城市居民的差距。因此脱贫“只是迈向幸福生活的第一步”①。另一方面，乡村振兴战略又为当下的精准扶贫工作指明了方向。由于乡村振兴战略与精准扶贫工作在时间上存在一定的交叉，乡村振兴从政治、经济、文化、社会、生态等多方面的系统发展角度，对三农工作做出全面部署，多措并举解决长期以来农业、农村和农民发展的不充分问题。这不仅为已脱贫乡村指明了前进的方向，也为当前待脱贫乡村的精准扶贫、精准脱贫工作提供了思路。即扶贫脱贫不能就扶贫抓扶贫，要将推动脱贫攻坚与农村公共服务、文化复兴、“三农”发展等工作紧密结合，把脱贫攻坚过程化为乡村振兴过程，从根本上攻克深度贫困堡垒，打赢脱贫攻坚战。

在实践层面，二者也是有联系的：（1）乡村振兴战略含有扶贫任务。2017 年乡村振兴战略提出之时，精准扶贫的任务并未全部完成，因此乡村振兴战略实施之初必然有精准脱贫的任务。为防止乡村振兴战略提出后贫困地区工作重心转移，习近平总书记再三强调，当前贫困地区的工作重点就是脱贫攻坚。即使到 2020 年全面建成小康社会之后，相对贫困问题仍将长期存在。到那时，现在针对绝对贫困的脱贫攻坚举措将逐步调整为针对相对贫困的日常性帮扶措施，并纳入乡村振兴战略架构下统

① 《新年首次国内考察，习近平这样“划重点”》，2020-01-22，http：//www.chinanews.com/gn/2020/01-22/9067095.shtml

筹安排。[①] 可见，乡村振兴阶段将一直存在着扶贫任务。只是 2020 年以前重在治理绝对贫困，2020 年以后重在治理相对贫困，而治理的方式也同样要求精准。(2) 二者在实施过程中可以相互借鉴。一方面，由于乡村振兴战略刚出台不久，作为一种长远规划，其制度框架、政策体系和运作实务等仍在不断探索和完善当中。而精准扶贫战略实施在前，加之在工作方面与乡村振兴有一些相通之处，因此精准扶贫的一些运作方式和具体做法对于乡村振兴有直接的借鉴意义。如精准扶贫的关键在于“精准”，因地制宜、因人制宜，而在乡村振兴战略中，党和政府也再三强调要立足乡村的差异性，因村制宜，精准施策；又如中央统筹、省负总责、市县抓落实的精准扶贫工作机制也已经被吸纳到乡村振兴战略中。同时，广泛动员、多方参与的精准扶贫工作方法及由此形成的社会支持网络可以为乡村振兴战略所借用。另一方面，乡村振兴的系统性安排和全方位要求对当前的精准脱贫工作也有所启发，因为致贫原因往往是多方面的，脱贫举措之间相互影响，这就意味着精准扶贫需要像乡村振兴一样多管齐下，否则容易陷入顾此失彼或治标不治本的尴尬境地。(3) 二者成果可以相互转化。由于两大战略在时间、空间、目标、举措等方面的特殊关联，因此一方面先行开展的精准扶贫工作能够为乡村振兴战略的全面施展创造条件，比如可以在基础设施、产业发展、人才培育、组织建设乃至配套政策等方面，为乡村振兴奠定基础。正是在我国精准扶贫事业取得突出成就的基础上，乡村振兴战略才应运而生。而当前的脱贫攻坚工作重在解决农村剩余绝对贫困问题，弥补乡村发展的最突出短板。因此，精准扶贫的大力推进为乡村振兴的顺利开展做好了铺垫。另一方面，近年来贫困地区乡村振兴战略的大力推进也为当地精准脱贫工作提供了更好的政策环境和资源条件，有利于巩固脱贫成果。比如乡村振兴中的产业培育和发展、文化建设、生态治理、基层政治生态

---

① 习近平：《把乡村振兴战略作为新时代“三农”工作总抓手》，《求是》2019 年第 11 期。

健全等都是精准脱贫的必要条件，尤其是乡村振兴战略所承载的政策、资金、项目、人才等资源对贫困人口和贫困地区脱贫致富有很大的帮助。因此，从某种意义上讲，乡村振兴战略的实施为精准脱贫的顺利实现提供了契机。即使在2020年绝对贫困问题解决之后，乡村振兴战略依然能够巩固和提升脱贫成果。当然，反过来，精准扶贫过程中的一些遗留问题，如环境、资源的过度开发、劳动力素质仍然不高等，将给乡村振兴带来一些困扰。

可见，精准扶贫与乡村振兴两大战略紧密相连，二者有着众多的契合点。

第四节　乡村振兴战略对乡村精准扶贫的新要求

基于乡村振兴战略与乡村精准扶贫工作的内在关联，乡村振兴战略对乡村精准扶贫工作提出了新的要求。

首先，多方面扶助。如前所述，乡村振兴战略是一项系统性工程，意在促进乡村政治、文化、社会、生态等方面的全面发展和整体提升。农村精准扶贫作为这一战略实施的优先工作，应该为此奠定基础，这就要求乡村精准扶贫应是对贫困人口和贫困地区多方面的帮扶。即乡村精准扶贫应着眼于多维贫困，不能局限于提高贫困地区和贫困者的收入水平，而应坚持多维贫困指标，建立收入、消费、资产、健康和教育等个体的多维贫困识别体系，建立囊括产业发展、生态进步、乡风发展、民主治理和收入增长等在内的贫困地区多维发展指标。当前情况下，应更多地将旨在衡量贫困者和贫困地区生存和发展能力方面的指标纳入进来。即乡村振兴战略对乡村精准扶贫工作提出了更为全面的要求。

其次，高标准脱贫。乡村振兴战略强调的是“振兴”，因此，对作为其基础性工作的精准扶贫提出了更高的要求。如要求乡村精准扶贫工作目标应是较高标准的脱贫，而且是持续性的脱贫，要巩固脱贫成果、降低返贫率，还要提升贫困群体的自身发展能力、解决其致富问题，并在致富的同时缩小与其他群体的差距。

再次，要努力实现精准扶贫战略与乡村振兴战略的有机衔接。基于两大战略的紧密关联，加之当前形势下两大战略已进入融合发展时期，因此两者有机衔接势在必行。这里的有机衔接包括思想观念、目标规划、政策体系和体制机制等方面。

一、观念衔接

观念是行动的先导，观念衔接是两大战略衔接的先行条件。要实现精准扶贫与乡村振兴的衔接，一要有持续作战的心理准备。不能因为全国性精准脱贫工作的即将完成而沾沾自喜，应该意识到当前的脱贫仍是“现行标准下”的脱贫，离“富裕”还有较大的差距，而且全国各地仍然存在着返贫现象，脱贫问题不可能一蹴而就。再者，结合各国发展以及我国实际情况来看，无论是农村还是城市的相对贫困问题均将长期存在，这就要求我们要有打持久战的心理准备，容不得丝毫懈怠。二应正确理解两大战略“衔接”的内涵。如两者“衔接”涉及多个层级、多个部门、多个领域，如既有中央层面的规划、组织和政策衔接，也有乡村基层人事、资源和具体举措的衔接，涉及扶贫、金融、民政、教育、党务等众多部门和领域。同时，衔接应是稳步有序和高效的，要实现两者在规划领导、政策设计、方式做法、技术支撑等方面的平稳过渡和融合发展。此外，两大战略的“衔接”是在探索中前行的，期间可能会遭遇阻力，甚至可能会有所反复，难以避免地会对脱贫工作造成一定的负面影响，对此我们应有充分的心理准备。三要有衔接的基本思路，要对二者衔接内容、方式等有基本的设想。

二、目标与规划衔接

目标与规划衔接是两大战略衔接的实质性起步举措，也是对两大战略衔接的科学规划。“冰冻三尺，非一日之寒”，脱贫攻坚有一些需要长期逐步解决的问题，比如基础设施和产业基础薄弱，贫困群众脱贫能力建设，贫困地区的陈规陋习和保守民风等，这些问题是长期形成的，不太可能速战速决，“但要有总体安排，创造条件分阶段逐步解决”①。因此，完成精准扶贫遗留问题、巩固脱贫成果应体现在2020年后乡村振兴战略的规划当中。当务之急，应继续将完成精准扶贫遗留问题纳入全面推进乡村振兴战略第二个五年规划（2023—2027），再用数年时间巩固脱贫成果。而缓解相对贫困问题则应体现在整个乡村振兴战略阶段。

实现两大战略的有效衔接，还需要做好乡村振兴战略实施的阶段性安排和梯次性安排。众所周知，乡村振兴是一项长期而艰巨的任务，必然要有阶段性目标和阶段性安排。习近平总书记也强调，要遵循乡村建设规律，聚焦阶段任务，找准突破口，排出优先序。② 在贫困地区乃至全国绝大部分地区，乡村振兴战略的阶段性安排是：2020年前以精准扶贫、精准脱贫为重心，将乡村振兴相关安排融入农村精准扶贫工作中，并做好农村精准扶贫与乡村振兴的先期衔接工作；2020年后，以乡村振兴为重点，将巩固农村脱贫成果、缓解相对贫困纳入乡村振兴战略的常规治理轨道，实现农村精准扶贫和乡村振兴战略的平稳过渡。而“分梯次推进”强调推进的渐次实现性，不搞一刀切，而是根据各乡村发展状况和成熟程度采取不同的实施步骤。具体是：无脱贫任务、相对富裕的乡村，

① 习近平：《在解决“两不愁三保障”突出问题座谈会上的讲话》，《人民日报》2019年8月16日第01版。

② 习近平：《把乡村振兴战略作为新时代“三农”工作总抓手》，《求是》2019年第11期。

在2020年以前可以结合当地实际先行开展乡村振兴试点，积累经验；一般地区在2020年后脱贫任务完成后，再实行重心转移和减贫转型；重点贫困地区2020年以后可以有个过渡期，过渡期内倾斜政策和相关资源不变，以巩固脱贫成果，提高脱贫质量，过渡期满后再和一般地区一样进行重点转移和减贫转型。

三、政策衔接

政策衔接是两大战略衔接的关键内容。前期围绕精准扶贫，我国制定了一系列针对贫困地区和贫困人口的扶持政策，以保障农村贫困人口的基本生活，帮助贫困人口和贫困地区发展生产。在2020年后大力实施乡村振兴阶段，针对特殊个体和个别地区的帮扶政策仍然不可缺少，但更应通过加强农业产业扶持、完善农村社会保障体系、优化乡村基础设施建设和公共服务等提供惠农政策，扩大受益范围和惠及程度，实现扶持政策从“特惠”到“普惠”的转变。因此，当前需要全面整理现行精准扶贫政策，并结合实际需要对其进行分类处置：一是留用一批。由于精准扶贫与乡村振兴在发展内容上具有一定的重合性，现有乡村基础设施建设、产业扶贫、基础教育发展、职业培训、生态整治等政策措施，在乡村振兴阶段仍然至为关键，可直接纳入乡村振兴的常规政策当中；二是延用一批。由于需要巩固脱贫成果，一些扶贫政策有过渡期的设置，因而需要延用一段时间，如针对重点贫困县的资金和政策支持需适当延长一段时间。另外，一些脱贫举措后续问题较多，需要加以巩固，相关政策也需要延用。如易地扶贫搬迁政策，其后续建设和搬迁后的就业扶持等政策也需要持续一段时间；三是整合一批。如前所述，乡村振兴重在解决城乡发展差距问题，因此城乡融合、统筹发展也是大势所趋。当前，精准扶贫中专门针对农村的养老保险、医疗保险等内容应纳入统一的城乡社会保障体系建设中；四是取消一批。那些应急性、临时性精准扶贫政策或者已经完成历史使命的扶贫政策措施，如贫困户危房改造政策等，则应取消。在此基础上，还要出台一些持续促进乡村振兴的政策措施，如制订一些适用于乡村振兴的产业扶持政策、人才回流政策等，并在政策执行中继续巩固脱贫成果，实现脱贫致富。即便在扶贫领域，也应确立新时期的相对贫困标准和衡量指标。毕竟到全面建成小康社会之后，年人均纯收入2300元（2010年不变价）的贫困标准将不再适用，届时需要结合城乡发展水平制订符合缓解相对贫困现状的新扶贫标准。由于乡村振兴战略旨在促进乡村政治、经济、文化、社会、生态等方面的全面发展和整体优化，因此乡村扶贫应着眼于多维贫困，确立囊括收入、消费、资产、健康、教育和政治参与等在内的个体多维贫困识别体系，建立囊括产业发展、生态进步、乡风发展、民主治理和收入增长等在内的贫困地区多维发展指标。

四、体制机制衔接

体制机制衔接是两大战略衔接落地的保障性措施。在两大战略的交汇时刻，要借鉴各地在脱贫攻坚实践中摸索出来的一些成功经验和教训，健全乡村振兴体制机制。具体包括四个方面：

（一）参与主体及其激励机制的衔接

精准扶贫与乡村振兴均需要外部帮扶和内生动力的双重支撑，因此两者均需要提高农村贫困地区和贫困人口的主体意识和“造血”能力，同时积极发挥政府、市场和社会的外部支持功能。但目前精准扶贫的实施主体是政府，而乡村振兴更强调发挥市场的主体功能。因此，为了推进精准扶贫主体与乡村振兴主体的有效衔接，不仅需要充分利用政府资源，还需要广泛吸收社会力量，充分发挥市场机制在乡村振兴中的作用。如一方面应健全乡村振兴的社会动员激励机制，以宣传引导、政策激励等吸引社会力量和市场力量持续关注乡村振兴；另一方面还要借助市场机制实现各类生产要素的高效组合。

（二）工作机制衔接

如要认真总结各地精准扶贫经验教训，将既要扶贫又要扶志、扶智，既要输血更要造血的精准扶贫工作机制化为乡村振兴长效机制；又如东西部扶贫协作和对口帮扶曾是解决绝对贫困问题的重要举措，新形势下也是推动区域协调共生发展、实现城乡共同富裕的重要途径。今后还应加强区域协同扶贫长远规划，以政策引导和市场机制引领区域协同更加开放、全面、高效和持续发展。

（三）具体措施衔接

要借鉴精准扶贫做法，积极探索缩小城乡差距的有效路径。如强调“精准”做法，将乡村振兴长远目标与乡村自身禀赋结合起来，因地制宜，实施差异化的振兴路径。又如“乡村振兴，人才是关键”，要在精准扶贫阶段选派干部、大力培育新型职业农民的基础上，实行更加积极、开放的人才政策，鼓励乡村精英返乡创业，鼓励大学生村官扎根基层，同时，还要立足于乡村本土人才的培育，通过长期的教育扶贫扶志扶智，提高农村居民整体素养，为乡村振兴提供可持续的人才支撑。

（四）保障机制衔接

两大战略的一些保障机制是基本相通的，可以在精准扶贫相应基础上创新发展。如完善农村基础设施，提升农村公共服务水平，引领人才回流、优化农村劳力结构等，既是精准扶贫、精准脱贫的基本要求，也是乡村振兴的重要基石。这些今后可以在现有基础上进一步创新发展，如农村基层组织是精准扶贫和乡村振兴的组织保障，但在精准扶贫阶段，其使命主要在于动员、组织贫困农户发展生产、脱贫致富，而在乡村振兴阶段，其使命更加多元，不仅需要发展生产，还需要同步关注生态保护、文化建设、政治发展等多元内容，这就要求农村基层组织不断加强自身建设，以适应乡村振兴对其提出的更高、更全面的要求；又如乡村振兴与精准扶贫均离不开农村信息技术的发展。当前信息技术在推进农村电商发展、完善贫困数据信息化建设以及扶贫资金监管等方面发挥了积极作用，将来还应大力开展农村网络基础设施建设和信息技术人才培育工作，提升农业综合信息服务水平，走信息兴农和强农之路。至于精准扶贫与乡村振兴战略中差异较大的保障机制，也可以作为经验借鉴。如前所述，精准扶贫与乡村振兴有所差异，典型如前者是针对贫困地区和贫困群体的短期战略，而后者则是针对整个乡村发展的相对长远目标。两者在资金保障上必然有较大的区别，前者因面窄、周期短可以集中财力来解决，后者因面广、时间长无法仅靠政府财力来解决。相应的，在监管考核方面，精准扶贫主要由行政系统大力推进，财政资金投入巨大，因此有着较为严格和规范的考核体系，而乡村振兴由多方主体协同参与，拥有更为全面的发展内容和相对长期的发展过程，其考核必然更加复杂。可以在借鉴精准脱贫评估考核机制的基础上，探索符合各类乡村特色的乡村振兴动态评估机制，实现精准扶贫考核机制到乡村振兴考核机制的转化衔接。

第二章　福建省“精准扶贫”战略的实施和成效

福建省位于中国东南沿海，省内以山地和丘陵为主，素有“八山一水一分田”之称。受自然环境的影响，在改革开放前，福建省经济发展落后，贫困问题普遍。早在 1952 年，福建省就建立了老区扶建机构，对老区扶贫工作做出部署。与此同时，省民政厅也安排了专项救济事业费，帮助贫困户解决生活难题。但由于贫困面广，国内政治运动频繁，扶贫效果有限。改革开放之后，凭借先行先试的政策优势，福建省民营经济发展迅速，加之该省出台了一系列行之有效的扶贫政策措施，贫困问题得到极大缓解。近年来，在中央精准扶贫战略的指引下，福建省精准扶贫工作持续开展，成效显著。

第一节　当前福建省贫困特点

2011 年 11 月，我国将农民人均纯收入 2300 元（2010 年不变价）作为新的国家扶贫标准。依照这一标准，2014—2017 年国定贫困线分别为 2800 元、2855 元、2952 元、2952 元。[①] 另外，除国定贫困标准外，福建省、市也有自己的贫困标准，且这一标准一般高于国定标准。如 2016 年

① 张建明：《中国社会发展研究报告 2016 · 精准扶贫的战略任务与治理实践》，中国人民大学出版社 2017 年版。

国定贫困线 2952 元，福建省定贫困线 3550 元。①

按照这些标准，整体而言，当前福建省绝对贫困问题不算特别严重，但相对贫困问题突出，返贫现象明显。根据福建省《农村扶贫开发 10 年纲要（2011—2020 年）》，2010 年全省有 140 万贫困人口，4000 个以上贫困村、后进村以及 23 个扶贫开发重点县（其分布如图 1 所示）。“十二五”以来，福建省扶贫开发对象从 2010 年的 140 万人减少到 2015 年的 45.2 万人，其中国定扶贫标准线贫困人口 25.3 万人。同期，农村地区贫困人口发生率也由 5.42%降到 1.65%。②

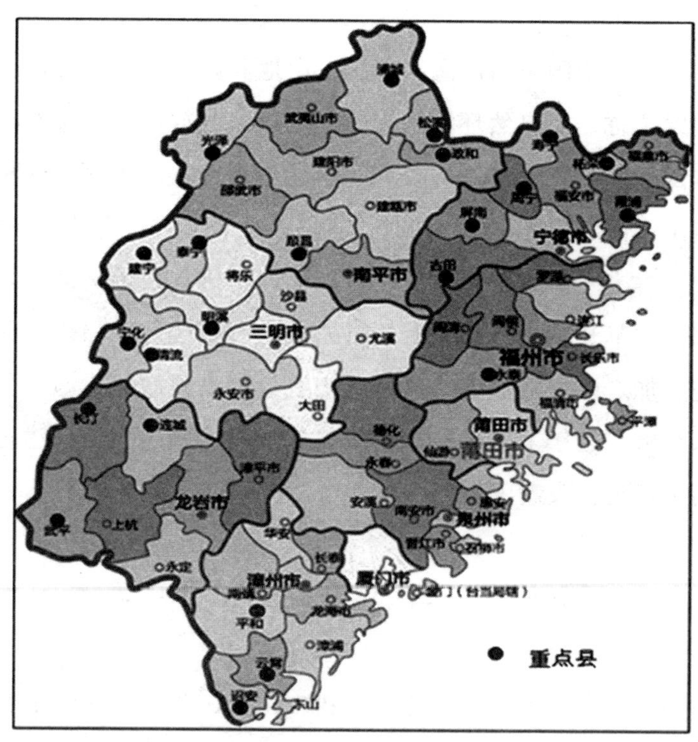

图 1　扶贫开发重点县分布

① 省农业厅：《贫困人口识别标准是什么?》，2017-10-26，http：//www.fujian.gov.cn/hdjlzsk/nyt/qt_ nyt/201710/t20171026_ 1225110.htm

② 傅昱佳：《精准发力 福建农村贫困人口减少近 100 万》，2017-01-10，http：//finance.china.com.cn/roll/20170110/4063303.shtml? _ da0.9897966955322772

2016 年，根据福建省脱贫滚动计划和国家下达福建省的脱贫任务，福建全省需脱贫 20.4 万人（其中国定扶贫标准脱贫任务 13 万人），2200 个贫困村，主要集中在龙岩、南平、宁德、漳州、三明等地，厦门无省定和国定贫困人口。具体情况如表 1 所示。2019 年底，福建省现行标准下贫困人口全部脱贫，2201 个贫困村全部摘帽，23 个省级扶贫开发工作重点县全部退出。

表 1　2016 年度福建设区市脱贫任务表（单位：人）

相关设区市	脱贫总数	其中国定扶贫标准脱贫任务数
福州市	6300	620
漳州市	29300	21000
泉州市	16600	11000
三明市	24100	17300
莆田市	13400	5100
南平市	31000	25000
龙岩市	50000	32500
宁德市	33300	19500
全省合计	204000	132020

资料来源：《福建省扶贫开发领导小组办公室关于下达 2016 年度脱贫任务的通知》，2016-06-17，http：//nyt.fujian.gov.cn/ztzl/fpgz_ 1/fpdxgl/pktc/201612/t20161209_ 2541836.htm

根据上表，2016 年，福建全省除厦门市外，各地级市均程度不同的存在贫困问题，且贫困人口分布相对集中，龙岩贫困人口居全省首位，其余依次是宁德、南平、漳州、三明。这表明，福建省贫困人口主要集中分布在闽西北老区与宁德山区。而福州、莆田、泉州三市的整体经济发展水平相对较高，贫困人口相对较少。

再从贫困地区和贫困人口的现状来看，23 个扶贫开发工作重点县均系革命老区或中央苏区县，约占全省陆域面积的35.1%。其中福州1个（永泰县），漳州3个（诏安县、云霄县和平和县），三明5个（宁化县、建宁县、明溪县、清流县和泰宁县），南平5个（政和县、松溪县、浦城县、光泽县和顺昌县），龙岩3个（武平县、长汀县和连城县），宁德6个（柘荣县、寿宁县、周宁县、屏南县、霞浦县和古田县）。这些地区大多地处高、偏、边、远，交通不便，基础设施建设投入不足，经济发展落后，人才外流严重，内生动力不足。即使是在贫困县全部摘帽后的2020年，福建省仍然有946个集体经济薄弱的建档立卡贫困村。事实上，相对贫困作为一个普遍存在的社会现象，在福建省还将长期存在。

而且，福建省贫困人口普遍存在“一高三低”（即年岁高，受教育程度低、就业率低、收入低）现象，没有一技之长，一些人还存在健康问题，自我发展能力较差。根据学者调查，2016年福建省贫困人口中，文盲或半文盲、小学、初中文化程度三者合计为87.16%，整体文化程度偏低；健康人口占比为59.4%，患有长期慢性病的为16.45%，患有大病的占6.14%，残疾人口占17.67%；普通劳动力占比46.18%、技能劳动力0.36%、丧失劳动力11.08%和无劳动力42.07%。[①] 以福建省仙游县榜头镇为例，该镇共有23.8万人（含外来人口约5.5万人），是仙游县的人口大镇，脱贫任务艰巨。截至2019年上半年，全镇建档立卡贫困户共有601户2277人，均为省定贫困户，占全县贫困人口12%。其中因病致贫313户1239人、因残致贫141户525人、缺劳力47户145人、缺资金致贫60户237人、因灾21户70人、因自身发展动力不足12户37人、交通条件落后1户3人、因学致贫6户21人。[②] 不仅如此，在思想方面，相当一部分贫困人口贫困时间长，安于现状，自我脱贫意识不强，一些还

① 郭黎霞：《贫困恶性循环理论视角下福建精准扶贫的思考》，《宁德师范学院学报》2017年第4期，第9页。

② 《另辟蹊径 回报家乡——蝶变的纪实》，2019-11-13，http：//nynct.fujian.gov.cn/ztzl/fpgz_ 1/gzdt_ 5707/201911/t20191113_ 5090824.htm

存在着“等、靠、要”的思想；加之，贫困人口由于年岁偏高，思想相对保守，不愿意接受挑战性的脱贫方式，不适合激烈的市场竞争，脱贫难度较大。

可见，从福建省现有贫困情况来看，无论是贫困地区，还是贫困人口，单纯依靠自身力量很难有效脱贫，尤其是难以摆脱相对贫困。

第二节 福建省精准扶贫实践

近年来，在党和政府精准扶贫战略的指引下，福建省扶贫工作愈益“精准”。

一、精准识别

精准识别首先需要明确标准，统一标准。2014 年 4 月，国务院扶贫办发布《扶贫开发建档立卡工作方案》，要求各省在当年年底前建立贫困户、贫困村、贫困县和连片特困地区的电子信息档案，并向贫困户发放《扶贫手册》。同时，《扶贫开发建档立卡工作方案》要求贫困户识别以农户收入为基本依据，综合考虑其住房、教育、健康等情况，经农户申请、民主评议、公示公告和逐级审核等程序，整户识别。在国家相关识别标准的指导下，福建省专门颁布了《福建省扶贫办关于开展扶贫开发建档立卡贫困户专项核查工作的通知》(2015)、《关于开展全省扶贫开发建档立卡“回头看”工作的通知》(2015)、《关于开展乡村扶贫开发对象建档“回头看”完善精准识别机制的通知》(2016)、《福建省 2018 年度扶贫对象动态管理工作方案》等文件，对精准识别工作进行安排。文件中强调了精准识别的各项指标，明确了扶贫信息采集范围、方法，并对数据录入、整理、分析等工作予以规范。为防止返贫，2020 年福建省扶贫开发领导小组出台《关于建立防止返贫监测和帮扶机制的实施办法》，要求按照事前预防与事后帮扶相结合、开发式帮扶与保障性措施相结合的原则，构建福建省防止返贫监测和帮扶机制。

与此同时，根据中央部署，福建省多次组织开展贫困村、贫困户的识别工作，要求各级财政安排专项工作经费，各地各部门严格按照标准统一、方法科学、程序规范、信息完整的要求，认真做好贫困村、贫困户的建档立卡工作和基础信息更新。同时，对贫困人口和脱贫人口进行全面复核，实行有进有出的动态管理。

二、量身定制，精准帮扶

在深入了解贫困群体、贫困地区现状和需求的基础上，福建省相关部门又从生活救助、生产帮扶、脱贫能力建设等方面细化措施，因地制宜，因人制宜，精准施策。

概括说来，福建省主要从以下几个方面进行精准帮扶：（1）产业扶贫。资助贫困户因地制宜发展种养业、手工业、农产品加工业、服务业和电子商务等项目，支持他们成立或加入各种农业产业化经营组织。（2）商贸扶贫。搭桥引线，帮扶贫困村贫困户对接外部市场，解决因无销路导致的贫困问题。（3）就业扶贫。通过加大就业培训力度，推荐及创设就业岗位等帮助具有劳动能力的贫困者自食其力。如三明市宁化县石壁镇小吴村村民张某，夫妻俩均体弱多病，儿子儿媳均是残疾人，一家人生计全靠张某夫妻俩种植所得及低保收入，生活十分艰难。2014 年精准扶贫战略实施以来，当地干部为张某量身定制了一套脱贫方案：以张某家的 1 亩土地入股石壁现代农业观光园，每年分红 1500 元；张某在园里担任管理员，工资每月 600 元；安排其儿子儿媳在邻近的豆腐皮厂打零工。经此设计后，一家人收入增加，日子有较大改观。（4）教育扶贫。“扶智”和“扶志”属于人力资本建设问题，二者均是脱贫的根本之策。而无论是“扶智”还是“扶志”，均离不开教育。对此，福建省通过加大教育扶贫力度，引导教育基金或社团持续关注贫困学生，同时加大对劳动力的职业培训，解决代际贫困问题。近年来在教育帮扶方面，福建省建立从学前教育至研究生教育的学生资助体系，设立学生资助项目29项，实现了“三个全覆盖”，努力保障“不让一个学生因家庭经济困难而失学”。2012—2018年，全省累计投入财政性资助资金146.12亿元，资助各类学生837.42万人次，为打赢脱贫攻坚战作出了积极贡献。[①]（5）健康扶贫。加大扶持力度，对全省建档立卡贫困人口实施多重医疗叠加保险，降低贫困人口医疗费用负担。推广家庭医生签约制度，加强疾病预防，提供优质医疗服务。（6）慈善扶贫。通过发动社会捐款捐物参与扶老、助残、助医等，帮助贫困村、贫困户解决实际困难。

上述帮扶均是有针对性地进行的。如对于因病致贫者，主要帮助其解决医疗费用问题；对于无业或无稳定职业者，主要通过帮助就业的方式使其获得较为稳定的经济收入。截至2019年4月，福建省通过组织开展就业扶贫行动日、春风行动、就业援助月等三个专项活动，共组织扶贫政策宣讲活动60场，组织专场招聘活动889次，发放春风卡等宣传资料122.64万份，提供免费公共就业创业服务36.52万人次（其中建档立卡贫困人员13872人），组织参加职业技能培训4741人，帮助就业困难人员实现就业4457人，辖区内招用就业困难人员并享受扶持政策的企业1534家。[②] 近年来，相关措施愈来愈关注深层次的问题，通常也多措并举，合力拔除“贫”根。又如扶贫须扶志，对于那些安于现状，甚至坐等救济的贫困群体，要想脱贫，必先激起其脱贫意志，同时“授人以渔”，帮助他们提升脱贫能力。双管齐下，才能真正脱贫致富。又如教育水平低是福建省贫困人口的普遍特征，因而教育扶贫对于脱贫以及消除贫困的代际传递具有重要意义。近年来，福建省各级政府不断加大对贫困地区及贫困群体的教育投入，据福建省资助中心统计，自2007年《国

① 《福建省健全学生资助体系 大力推进精准资助和资助育人》，2019-08-26，https：//yz.chsi.com.cn/kyzx/kydt/201908/20190826/1816160551.html

② 余列江、吴伟平：《福建：精准就业扶贫挑起“脱贫”大梁》，《就业与保障》2019年第15期，第15页。

务院关于建立健全普通本科高校、高等职业学校和中等职业学校家庭经济困难学生资助政策体系的意见》颁布后，福建全省财政性学生资助金额累计达212.64亿元，年资助金额从2007年的8.06亿元增长至2018年的24.73亿元，增长2.1倍；年资助的学生从2007年的44.66万人次增长至2018年的100多万人次，增长近1.3倍。[①] 近年来，福建省资助额及资助人数逐年增加，如2016年全省共下发各项资助资金18.9亿元，受益困难学生超过百万人次，其中国家助学贷款规模近6亿元，约9万名大学生获得资助。[②] 2017年全省对学生资助的投入再创新高，共投入资金23亿元，其中国家助学贷款规模再创历史新高，达6.2亿元，近9万名在校大学生得到贷款资助。[③] 该省2018年共落实财政性学生资助资金24.73亿元，惠及家庭经济困难学生逾百万人次（不含普惠及厦门学生）。[④] 与此同时，政府引导社会力量进行教育扶贫，同时积极开展针对贫困群体的职业技术培训。多方着手，共同解决扶“智”问题。

多措并举，最终造就了不少成功的案例。福建省仙游县榜头镇贫困户陈国成就是其中一例。[⑤]

榜头镇位于福建省仙游县东北部，是仙游县的重点贫困镇。陈国成是榜头镇上昆社区的贫困户，陈国成的妻子患有甲状腺癌，儿子、儿媳妇均残疾，孙子在学，一家人的生计全靠他替人养猪的微薄收入维持，是典型的贫困户。

---

① 《2018年福建资助学生逾百万人次》，2019-04-03，http：//www.gaokao.com/e/20190403/5ca4a416067c7.shtml

② 《教育扶贫，精准资助精准发力》，《福建日报》2017年3月1日。

③ 《2017年福建省落实财政性学生资助资金23亿元》，《福建日报》2018年3月28日。

④ 《2018年福建资助学生逾百万人次》，2019-04-03，http：//www.gaokao.com/e/20190403/5ca4a416067c7.shtml

⑤ 《另辟蹊径 回报家乡——蝶变的纪实》，2019-11-13，http：//nynct.fujian.gov.cn/ztzl/fpgz_ 1/gzdt_ 5707/201911/t20191113_ 5090824.htm

近年来，榜头镇的包片领导、扶贫挂钩干部、扶贫办干部、村干部等多次前往陈国成家，为其宣传精准扶贫优惠政策，帮助他们落实了建房地块，又帮助他们申请了造福工程、残疾补助等共计 33500 元，2017 年初他们家的新房子顺利盖了起来。其妻子的疾病得益于精准扶贫医疗政策，也有所好转，已基本实现“两不愁，三保障”。在医疗、住所有保障之后，陈国成决定依靠自己的双手，自主创业实现脱贫。他的想法得到了榜头镇村干部、挂钩帮扶干部的大力支持和鼓励。扶贫干部们通过入户谈心、实地考察等方式，决定依托本村花生种植面积广等实际情况，帮助陈国成开设了一家花生油加工作坊。“万事俱备，只欠东风”，通过中央、省级扶贫专项资金及村干部、亲戚朋友的资助和借款，陈国成筹集了创业资金，在自己的新房大厅里办起了榨油作坊。他购买了花生脱壳机、炒料机、螺旋榨油机、空压过滤机等一系列全自动设备，实现了花生加工、榨油流水线作业。生产出来的花生油品质好、价格也相对便宜，颇受附近村民的喜爱，再加上镇扶贫办的宣传以及当地天马山等景区游客的光顾，产品销路好。陈国成一家已于 2017 年底脱掉贫困帽，家庭生活状况大为改善。

陈国成致富不忘乡亲。同村陈庆杰也是贫困户，一家三口，妻子早年患癌死亡，次子患智力残疾。陈国成主动找到陈庆杰，让他在自家的小作坊上班，每天有 60—80 元的工资，这样既能让陈庆杰在自家门口就业，又能就近照顾儿子，有效地解决了陈庆杰的难题。

可见，在产业扶贫、健康扶贫和教育扶贫组合拳的帮助下，陈国成不仅实现了自主创业脱贫，而且利用产业带动同村贫困户就业。

三、精准管理

对于帮扶资金、帮扶项目、帮扶对象，福建省也予以精准管理。

帮扶资金管理是精准管理的重点。近年来，按照中央相关精神并结合省里的实际情况，福建省颁布了一系列资金管理规定，如《福建省扶贫开发专项资金管理办法》（2016）、《福建省省级财政专项扶贫资金管理办法》（2017）、《福建省造福工程补助资金管理办法》（2017）等，力求加强与规范财政扶贫资金的使用与管理，提升扶贫资金使用效率和效益。针对长期以来扶贫资金涉及部门多、资金监管难的问题，2017 年 4 月始，福建省纪委协调省财政厅等相关职能部门，探索建立贯通省、市、县、乡四级扶贫资金在线监管平台，以打破职能部门的“数据孤岛”，让每一笔扶贫资金都在阳光下运行。该平台自 2018 年初上线运行至 2020 年 12 月，已将中央、省级共计 37 个项目资金纳入监管范围，累计金额超过 230 亿元，[①] 覆盖十余个扶贫资金管理部门。2018 年底，福建省又优化升级该扶贫资金在线监管平台，建设全省扶贫（惠民）资金网，扩大监管范围，完善监督流程。为方便普通群众监督，福建省还推出扶贫惠民资金网 App。针对扶贫领域存在的各职能部门扎堆检查、相关部门疲于应付的现象，2018 年，福建省纪委监委、省扶贫开发领导小组办公室联合下发《关于建立扶贫领域监督检查联合工作机制的通知》，整合监督检查项目，严格控制单项检查次数、人员规模和检查时长，至 2019 年初，全省性检查从原计划的 20 项整合为 4 项。[②]

对于具体扶贫项目，相关机构也予以精准管理。如对于散居归侨的“侨居造福工程”，福建省侨办不仅要求补助资金专款专用，而且要求严

---

① 黄建龙：《福建扶贫资金在线监管系统范围扩大》，《中国财经报》2020 年 12 月 8 日。

② 福建省纪委监委：《福建：全省扶贫监督检查由 20 项整合为 4 项》，2019-01-11，http：//www.ccdi.gov.cn/yaowen/201901/t20190111_ 186831.html

把质量关，指定专人具体负责，对项目进展情况进行跟踪检查，并建立定期汇报制度。对于扶贫对象，福建省出台《关于建立贫困退出机制的实施意见》(2016)，建立健全贫困退出机制，实现扶贫对象的精准与动态管理。为巩固脱贫成果，2020年4月，根据福建省扶贫开发领导小组《关于建立防止返贫监测和帮扶机制的实施办法》的精神，全省开通"一键报贫"贫困农户在线申报系统和扶贫服务热线，受理贫困户和一般农户申报贫困监测对象。

四、精准考核

考核既包含扶贫主体考核，也包括扶贫专项考核。前者主要依据其扶贫成效来进行，其中的扶贫成效又包括贫困对象脱贫成效、扶贫资源使用效率等多个方面。专项考核如扶贫资金考核、贫困县考核等。在扶贫资金方面，通常中央及省里在下达扶贫资金的同时，也会同步出台扶贫资金考核的办法，如2017年《财政专项扶贫资金绩效评价办法》。近年来福建省还不断优化扶贫考核指标，健全扶贫考核体系。如贫困县考核，2018年2月，福建省出台了《福建省省级扶贫开发工作重点县退出专项评估检查实施办法（试行）》，全面创新扶贫考评体系，由侧重考核贫困地区生产总值向主要考核脱贫成效转变，并建立了年度脱贫攻坚报告和督查制度。

通常，具有扶贫任务的部门会在年度考核中将扶贫成效纳入其中进行考核。而扶贫部门也会进行扶贫资金的自评和审计工作，如根据2018年《福建省财政厅关于开展2017年度专项支出和整体支出绩效自评工作的通知》，省财政厅在各项目主管单位自评的基础上，聘请会计师事务所对17个项目进行绩效评价等。一些地方还形成了自己的精准考核经验，如晋江市推出的"回头看"制度，每年都对帮扶后贫困家庭的情况进行核对，由市里15个经济信息部门组成评估小组进行评估，工商、银行、人社等部门将信息进行联合比对，避免脱贫数据失真。通过精准考核，保障扶贫资源的精准使用，提升扶贫实效。

第三节 福建省精准扶贫成效和不足

近年来，福建省精准扶贫工作成效显著。表现如下：

一、脱贫成效显著

近年来，福建省精准脱贫成效显著。如前所述，“十二五”期间（2011—2015）全省扶贫开发对象从2010年的140万人减少到2015年的50万人。[①] 到2016年底，福建全省乡村扶贫开发对象降至20.44万人，2017年底降至4286人，[②] 2018年底为465人，[③] 福建省成为全国第7个基本消除现行扶贫标准国定贫困人口的省份。至2020年4月，福建全省23个省级扶贫开发工作重点县全部“摘帽”。

就典型贫困村而言，“中国扶贫第一村”福鼎市赤溪村30多年来经历了从就地扶贫、到造福工程搬迁扶贫、再到整村旅游扶贫的历程，走出了一条脱贫致富的新路子。至2016年，该村旅游收入近3000万元，农民人均纯收入15696元，是1984年人均166元的90多倍；[④] 2014年，宁德市屏南县甘棠乡小梨洋村被列为省重点贫困村，2015年被列为省扶贫“两会”重点挂钩帮扶村。在政府及社会各界的帮扶下，2016年当地人均纯收入由2014年的6300元增至1.2万元，村集体收入也由1万元增至11万元；[⑤] 泰宁县上青乡崇际村共400户1706人，其中建档立卡贫困户25

---

① 林萍：《福建乡村产业扶贫实践与机制创新》，《台湾农业探索》2018年第5期，第38页。

② 福建社科院课题组：《改革开放40年来脱贫攻坚的福建实践》，《福建日报》2018年11月5日第9版。

③ 《福建省长：去年底福建乡村贫困人口已降至465人》，2019-07-19，http：//www.sohu.com/a/327932815_ 428290

④ 黄玲：《扶贫开发四十年的福建经验》，《福建党史月刊》2018年第3期，第27页。

⑤ 吴恩儿：《福建社会扶贫工作：凝聚社会力量 合力脱贫攻坚》，2017-10-11，http://fj.people.com.cn/n2/2017/1011/c181466-30818690.html

户 69 人。近年来，崇际村借助精品乡村旅游项目，打造“旅游+”产业，走出了一条依靠旅游产业助推脱贫攻坚的新路子。2017 年底整村贫困户实现“两不愁三保障”、人均纯收入超脱贫标准线脱贫，2018 年摘帽；另漳州市诏安县是省扶贫开发工作重点县，近年来主抓产业扶贫，因地制宜摸索出“突出青梅主导、孵化富硒产业、实施文旅带动、创新党建引领、政策资金助力”脱贫攻坚组合拳，2018 年荣获“中国十佳脱贫攻坚与精准扶贫示范县”称号，实现从“贫困县”到“十佳县”的华丽转身。整体上，福建贫困地区发展势头良好。如 2014 年，23 个扶贫工作重点县生产总值增长 10. 5%，高于全省平均水平 0. 6 个百分点，地方公共财政收入增长 13. 8%，高于全省平均水平 2. 3 个百分点，乡村居民人均可支配收入增长 11. 3%，高于全省平均水平 0. 4 个百分点。①

单一扶贫项目也取得了不俗的成绩。如截止到 2016 年底，福建省造福工程已累计搬迁了 157 万人，7000 多个自然村整体搬迁。搬迁群众收入年均增长 15%以上，明显高于当地平均水平；② 自 2017 年 7 月 1 日实施医疗叠加保险政策，到 2019 年 8 月 31 日，福建省共有 62. 42 万人享受到健康扶贫政策，其中 11. 96 万人享受医疗叠加保险补助，累计补助金额 9171 万元。③

对于贫困群体而言，脱贫不仅仅是帮助他们告别了以往的拮据生活，也帮他们树立了脱贫致富的信心和积极的人生态度，培养了他们致富的能力，这更是弥足珍贵的。

二、创新了精准扶贫方式

在实施精准扶贫的过程中，福建各地探索出许多扶贫好经验和好做

---

① 许雪亚、郑景顺：《用硬措施啃“硬骨头”——福建省全力推动扶贫开发工作深入实施》，2015-10-13，http：//www.crnews.net/70/17020151013105659.html

② 黄玲：《扶贫开发四十年的福建经验》，《福建党史月刊》2018 年第 3 期，第 27 页。

③ 谢丹丹：《福建近 12 万人享医疗叠加保险补助》，2019-10-21，https：//www.hebeicdc.com/news/2019/10-21/74297.html

法，如宁德市生态扶贫经过多年的探索，形成以生态移民搬迁、生态旅游扶贫、生态产业扶贫、“地标扶贫”、林下经济扶贫、林业碳汇交易等为主要形式的生态扶贫模式，并形成了一批典型模型，对生态扶贫发展具有良好的借鉴意义；寿宁县下党村“扶贫定制茶园”和南安市蓉中村创业致富带头人培训的精准扶贫做法，成为十八届中央政治局第39次集体学习案例。其中，福建省寿宁县下党乡是1989—2002年习近平同志在福建工作期间唯一挂点联系的特困乡。建乡之初，农业总产值186万元，人均年纯收入不足200元，基础设施十分薄弱。经过20多年的发展，下党乡的反贫困治理取得了显著成效，2018年下党乡农民人均纯收入达14300元，建档立卡贫困户74户296人实现脱贫。[①] 下党乡脱贫离不开扶贫定制茶园模式。2014年7月，下党村推出600亩扶贫定制茶园，将原来一家一户零散的种茶卖茶方式，提升为专业合作社的规模化生产经营模式。合作社组织村民按标准化程序科学种植，并打造自有茶叶品牌，再引入专业茶叶经营公司负责项目推广和销售。同时，茶园装有48个摄像头，从种植到采摘，从加工制作到成品包装，全程可视可追溯，实现茶园生产经营全流程的可视化操作。另外，三明市“348”（三步”工作法、“四因四缺”分类法和“八种帮扶模式”的概括）、龙岩市“九措到户”（生存救助、就业辅助、生产扶持、住房援助、医疗援助、就学资助、科技帮扶、社会捐助、结对帮扶）、宁德市“664”（“六到户、六到村”帮扶举措，“四到县”对口扶贫办法）精准扶贫工作机制和屏南县小额信贷扶贫等，得到中央领导人的充分肯定。

在帮扶具体工作方法上，也积累了一些经验。如长汀县开展干部“联乡挂村帮户建点”活动，党员干部与贫困户“结穷亲、手拉手、一帮一”，每个贫困村都有下派干部任第一支部书记或蹲点驻村，每个贫困乡都有一个县领导挂钩，副处级以上干部挂钩两户以上，副科级以上干部

---

① 郑容坤：《整体性治理视域下的精准扶贫研究：基于福建省下党乡的调查》，《江汉大学学报（社会科学版）》2019年第5期，第53页。

挂钩一户以上，一般干部、村主干挂钩一户以上贫困户，实现挂钩贫困户全覆盖。

三、推动了农业发展方式的创新

近年来，精准扶贫战略的有效实施推动了福建省贫困乡村农业发展方式的转型，优化了贫困地区的产业结构。以往福建省贫困乡村产业结构单一，基本以种养殖业为主，抗风险能力差。精准扶贫战略实施以来，各级政府因地制宜，充分结合贫困地区资源特色与扶贫资源，大力发展农业产业园、旅游扶贫、“互联网+”等扶贫方式，从而使福建省农业增添了不少新亮点。包括建成一批特色产业农业园区，形成一批与贫困村和贫困户多元合作的新型农业生产组织，将一些贫困地区变成乡村旅游特色县，并促进了传统农业与新型科技的结合，如“一村一品”网店的开设，形成了一种新的销售模式等，从而带动了贫困地区的各业发展，促进了福建省农业发展方式的创新。而且，农业发展方式的创新不仅仅局限于农业和乡村，对于三大产业融合及城乡融合也有着积极的试点性意义。

以上是福建省精准扶贫的直接效果，事实上还有许多间接效果，尤其是因为福建当下奉行开发式扶贫为主的扶贫战略，其外溢效果是显著的。如脱贫攻坚大大改善了贫困地区的基础设施和公共服务，这些不仅使贫困人口和贫困地区受益，非贫困村民和非贫困地区也一起享受了这些成果。如宁德蕉城区为促进支提山红色旅游发展，斥资 2. 3 亿元新修九贝红色旅游公路，直接受益的老区人口达 10 多万人，极大带动了周边地区的扶贫开发。同时，蕉城抓住申报全国军民融合深度发展试验区的机会，创建支提山国家 AAAA 级旅游区，并拓宽改造飞鸾至三都疏港公路等，改善三都澳旅游基础设施。这些项目的实施，提升了旅游服务的质量和水平，促进了旅游目的地的形成，也为周边群众脱贫致富创造了更多条件。又如脱贫攻坚还促进了思想解放、产业发展、生态改善，培养了大批乡村专业人才，锻炼了大批扶贫干部，这些对于乡村振兴、乡村治理是影响长远的，也为将来缓解相对贫困问题奠定了基础。

当然，当前福建省精准扶贫工作也存在一些不足：一是相对贫困问题突出。虽然通过多年努力，福建乡村的贫困人口已基本消除，老区苏区经济社会持续快速发展。但从整体上看，福建省区域发展仍不平衡。统计数据显示，福州、厦门、泉州三市生产总值占全省比例超过 60%。一些革命老区和偏远山区发展还相对滞后，山海差距较大。即便是绝对贫困问题，由于目前国定贫困标准不算太高，因此也仍然是低水平的脱贫。二是扶贫工作方式和机制的问题。虽然近年来福建省精准扶贫工作成效显著，实践当中也积累了一些经验，但一些问题也不容忽视，包括：识别不精准，动态管理不及时；重数量和速度，扶贫效果不稳定；扶贫手段避难就易，重硬件、轻软件，重“输血”、轻“造血”；帮扶工作不平衡；扶贫长效机制不健全等。这些问题在各地均不同程度地存在。

第三章　福建省精准扶贫主体及其成效

在党和政府的倡导和部署下，2013 年以来，福建省扶贫工作进入精准扶贫阶段。这一阶段，福建省广泛动员社会各界参与精准扶贫工作，试图构建一种以政府为主导、以贫困群体为中心，企业、社会组织、社会个体等多元参与的“大扶贫”格局。在这一“大扶贫”格局中，扶贫主体主要包括政府、社会力量（包括企业、社会组织、个人）和贫困村民，其中贫困村民既是扶贫主体，又是扶贫对象。这里，主要对各外来帮扶主体在精准扶贫中的优势、成效和不足予以介绍并比较。

第一节　政府扶贫

作为民生保障工程，扶贫攻坚是政府的重要责任。政府是扶贫政策的制定者，扶贫资源的主要供给者，还是扶贫的重要执行者以及扶贫活动的组织者、协调者。

一、政府扶贫的优势

在福建，政府扶贫优势明显，具体包括：

1. 财政优势

近年来，福建省各级政府不断完善财政扶贫投入机制，持续加大对贫困县、贫困乡镇、贫困村的投入。“十二五”（2011—2015）期间，各级财政共筹集扶贫资金60多亿元。2016年起，福建省每年按上年度地方一般公共预算收入的2‰筹集资金，专项用于精准扶贫事业。当年共下达省级以上（含中央）财政扶贫资金96.2亿元；[①] 2017年，省财政仅用于造福工程搬迁及23个重点县相关补助资金就分别有10.85亿元和8.42亿元；[②] 2018年，全省各级财政共下达财政专项扶贫资金30.64亿元；[③] 2019年，仅23个重点县补助资金9.75亿元。[④] 2020年，福建省委、省政府从就业、产业、“三保障”和饮水安全等方面加大帮扶力度，下达68亿元综合扶贫资金，全力保障脱贫攻坚资金需求。[⑤] 而中央财政专项扶贫资金，2017年有4.43亿元，[⑥] 2018年有3.77亿元，2019年有4.47亿元，2020年有10.94亿元。[⑦] 其下属各设区市也筹集本级及县级财政资金扶贫，如2018年泉州市市级扶贫资金9.24亿元，其中市本级约1.78亿元；[⑧] 而自2013年至2018年4月，泉州市市本级财政专项扶贫资金有4.94亿元。[⑨] 如此庞大且持续的财政扶贫资金，只有政府才能做到。

---

① 《2016福建脱贫攻坚报告：又有超过26万名群众摆脱贫困》，2017-02-20，http://www.fjrd.gov.cn/ct/4-121152

② 福建省农业乡村厅：http：//nynct.fujian.gov.cn/ztzl/fpgz_ 1/fpxx/

③ 《省财政多项举措加快财政专项扶贫资金支出进度》，2018-11-13，http：//czt.fujian.gov.cn/zwgk/zwzx/czxw/201811/t20181116_ 4608311.htm

④ 王永珍：《省财政提前下达23个省级扶贫开发工作重点县补助资金9.75亿元》，2018-11-09，http：//czt. fujian. gov. cn/zwgk/zwzx/czxw/201811/t20181109_ 4602350.htm

⑤ 《福建下达68亿元综合扶贫资金决战决胜脱贫攻坚》，《中国县域经济报》2020年5月18日。

⑥ 《4.43亿扶贫资金已全部下达 这4种情况可申请专项补助》，2017-08-08，http：//czt.fujian.gov.cn/zwgk/zwzx/czxw/201708/t20170808_ 763525.htm

⑦ 福建省农业乡村厅：http：//nynct.fujian.gov.cn/ztzl/fpgz_ 1/fpxx/

⑧ 《泉州市2018年度各级各类扶贫资金分配情况公示表》，2019-01-26，http：//www.quanzhou.gov.cn/zfb/xxgk/ztxxgk/fp/gggs/201904/t20190424_ 1559238.htm

⑨ 泉州市扶贫办。

2. 强大的动员组织能力和执行力

在现有行政体制下，政府可以用行政手段短时期内集聚大量的扶贫资源，并动用行政力量予以实施。如在对口帮扶方面，在前述相关政策的基础上，2012 年福建省委、省政府出台《关于深化山海协作的八条意见》，要求每个扶贫开发工作重点县都有 1—2 名省领导挂钩联系、4 个省直或中央驻闽单位、1 家中央或省属企业挂钩帮扶、1 个沿海较发达县（市、区）对口帮扶。而且，每年帮扶县须落实对口帮扶资金 1200 万元以上。[①] 2013 年福建省委、省政府在《关于进一步支持省级扶贫开发工作重点县加快发展的若干意见》中，要求积极推进挂钩帮扶工作。这样，在政府的组织下，十年（2004—2014）来，福建省、市、县三级共选派 1.4 万名优秀年轻干部到贫困村和村级组织薄弱村担任党组织“第一书记”，各级挂钩部门共落实帮扶资金 140 多亿元，扶持项目达 7 万余个。[②] 在前期派驻党员干部驻村工作的基础上，2015 年《省委办公厅、省政府办公厅关于选派干部驻村蹲点的通知》下发，开始选派干部驻村蹲点，为期一年。之后，这一做法得以延续。另外，由于具有自上而下较为健全的行政体制，政府在基础信息搜集方面也较为全面和细致。如 2018 年以来，福建省各地对就业扶贫数据展开了“三摸底”工作，即进行贫困户基础信息、就业意愿和就业信息等的摸底工作，具体涉及建档立卡户数、人口数，其转移就业意愿、培训意愿、创业意愿及转移就业、职业技能培训、享受就业扶贫政策（如公益岗位）等具体信息，并做好全省联网就业数据库的建设和更新工作。

政府的动员能力不仅体现在体制内，还体现在体制外对社会组织、企业等社会扶贫力量的动员上。如在旅游扶贫方面，2017 年福建省旅发委等部门制定了《福建省乡村旅游扶贫工程行动方案》，省文化和旅游厅组织邀请省内外多家旅游规划单位对福建省 52 个建档立卡旅游扶贫试点

① 黄玲：《扶贫开发四十年的福建经验》，《福建党史月刊》2018 年第 3 期，第 28 页。

② 石伟：《福建扶贫开发向纵深挺进》，《经济日报》2014 年 6 月 8 日第 1 版。

村进行公益规划。因为有这样的安排，福建省寿宁县下党村、政和县念山村、建宁县高峰村等3个旅游扶贫公益规划，荣获2016年国家旅游局“旅游扶贫公益规划示范成果奖”。

3. 帮扶较为全面

由于政府扶贫资源较为充足，动力能力强，信息掌握较为全面，因此全面帮扶是政府扶贫的重要特点，能够覆盖到贫困人口生产、生活的主要方面。在单一方面也是如此，如教育精准扶贫，福建省一方面针对重点县进行倾斜式的教育投入和教育资助服务，从教育布局、教育设备设施、师资力量、教育质量等多方面着手改进，以提升重点县的义务教育水平；另一方面，在掌握建档立卡家庭子女就学情况的基础上，每年筹集专项资金，对从学前教育到大学教育各教育阶段的贫困户子女进行全覆盖帮扶。

4. 宣传优势

由于具备自上而下的整套行政体制和专门的宣传部门，加之政府在民众心目中的权威性，政府扶贫的宣传优势是明显的。如2016年《中华人民共和国慈善法》实施以来，福建省持续开展《中华人民共和国慈善法》的宣传贯彻活动，除及时制定《福建省民政厅关于转发民政部学习贯彻〈中华人民共和国慈善法〉的通知》《福建省民政厅关于印发学习宣传贯彻〈中华人民共和国慈善法〉实施方案的通知》《福建省民政厅转发民政部办公厅关于落实〈中华人民共和国慈善法〉部内职责分工的通知》等相关文件外，还动用大量行政资源，通过各种渠道大力宣传慈善文化，弘扬慈善精神。为便于各慈善组织之间的沟通交流，2017年福建省民政厅组织编印了《福建省慈善公益组织名录和实务工作指引》，收录了全省近600家慈善公益组织的基本情况。另外，厦门市也编制了《社会组织常用政策法规选编》，引导社会力量积极参与慈善事业。

总之，由于具备自上而下的整套行政体制，有较为可观且相对稳定的财政扶贫资金以及政府在民众心中的权威性，政府扶贫优势明显。这种优势主要体现在：具有强大的扶贫资源动员和筹集能力，能够借助国家行政权威建立起自上而下的扶贫体制，在全省范围内全面推进精准扶贫事业，并能在一定程度上保证其扶贫绩效。

二、政府扶贫的局限性

正因为上述优势，使得近年来福建省政府主持的扶贫事业进展顺利，成效显著。对此，前面已有所交代，这里不再赘述。但毋庸讳言的是，政府扶贫也有其局限性，表现如下：

1. 救助资金的有限性和使用效率问题

扶贫资金的充足与否直接影响到贫困人口的关照范围和关照程度。虽然前期福建省在基础设施建设、造福工程等方面投入较大，在一定程度上减少了今后的扶贫负担，但由于福建省大多数贫困地区地形复杂，交通、水利等配套设施建设非一朝一夕所能完成，而且社会保障、产业开发、文化教育、人才培养等方面都需要持续投入大量资金，因此扶贫资金的需求仍然较大。虽然自 2016 年开始，福建每年按上年度地方一般公共预算收入的 2‰筹集专项扶贫资金，但由于一般公共预算收入很难每年稳定增长，因此，这种支出结构在扶贫经费有所保障的同时，很难保证扶贫资金每年增长。如 2019 年 5 月，受税收政策调整的影响，福建全省一般公共预算总收入 477. 95 亿元，地方一般公共预算收入 259. 40 亿元，同比下降 3. 8%和 8%，这是继 3 月份两项收入减收后的再次下降。[①] 此外，贫困地区经济发展滞后，地区财政配套能力差，难以筹措足够的资金用于脱贫攻坚。因此扶贫资金需求与供给的矛盾在福建省扶贫开发中仍然存在。

不仅如此，政府扶贫资金的使用效率也有待进一步提升。这首先是因为，对政府而言，扶贫工作具有很大的政治性，各级政府对财政扶贫

---

① 王永珍、戴艳梅：《1 至 5 月福建省一般公共预算总收入完成 2526 亿元》，2019-06-07，https：//www.sohu.com/a/319095652_ 100253941

资金的关注重点在规范资金的发放和使用上，资金的成本效益倒在其次。比如根据 2017 年 12 月福建省财政厅、省扶贫办公布的《财政专项扶贫资金绩效评价指标评分表》，资金使用成效分值 62 分，资金投入 8 分，资金拨付 10 分，资金监管 20 分。在“资金使用成效”的子指标体系中，资金统筹整合使用成效、精准使用和年度资金结转结余率各占 20 分、15 分和 12 分，另贫困人口减少 15 分。由于贫困人口减少是一个长期的过程，因此，这种安排有其合理性，但也在一定程度上表明，目前关注的焦点仍在资金的发放和使用方面，扶贫资金利用效率和效益的占比还有待提升。其次，监督及追责机制上的种种问题，容易导致资源使用低效，甚至形成扶贫领域的腐败，不仅浪费了扶贫资源，还损害了政府公信力。如据省纪委通报，2017 年 1—8 月福建省共处理了 664 件扶贫领域违纪问题，涉及 1172 人次。① 而且，政府扶贫对于贫困对象的责任约束也不够。近年来，虽然为增强贫困对象的主体意识和竞争意识，龙岩等地开始探索激励性扶贫的运作方式，贫困户主要通过竞争上岗和项目竞争性参与等方式脱贫。其中竞争上岗是指由企业、农林项目业主提供岗位，用工需求向贫困户倾斜，但贫困户需考核后才能上岗；项目竞争性参与是指贫困户采取自主经营或者投资入股的方式竞争参与项目业主的种养业。贫困户的日常生产需进行考核，并采取奖励先进和末位淘汰的办法，定期跟踪考核帮扶对象。但就全省层面而言，这种方式并不普遍，各地为实现扶贫目标，对贫困对象接受扶贫资源除“专款专用”“户借户还”外并无太多的制约，这可能导致扶贫资源的低效使用。贫困县也有类似的问题，包括近年来长（汀）连（城）武（平）扶贫开发试验区三县地方公益性债务的处理问题等。再次，由于福建省各级财政扶贫资金囊括广泛，包括直接用于精准扶贫、精准脱贫的财政专项扶贫资金，省级乡村

① 《福建省纪委通报八起扶贫领域不正之风和腐败问题典型案例》，2017-09-29，http：//www.xmcdi.gov.cn/zt/fsf/bgt/qhqzly/201709/t20170929_ 5117446.htm？from=groupmessage

低保、五保精准扶贫转移支付补助资金，省级精准扶贫“五个一批”转移支付资金，根据省委、省政府支持连片特困地区发展政策切块到片区县市的省级农业综合开发项目资金，以及其他用于精准扶贫、精准脱贫的财政性资金等，这些扶贫资金来自多个渠道，目前还缺乏足够的整合，这也可能影响到资金使用效益。最后是扶贫项目效益问题。近年来，福建省个别扶贫项目由于事前缺乏足够的科学论证，缺乏与扶贫对象的充分沟通，对项目的可行性、实施风险等估计不足，造成项目效果不佳。如一些地方的产业组织化程度低，产业规模偏小，产业趋同性严重，扶贫项目在市场上没有竞争力，一些项目甚至无法形成支出；部分扶贫项目重视前期建设，对后期的维护管理、运营以及收益分配等事项不够重视，造成项目未能完全发挥效益等。归结起来看，主要是帮扶项目缺乏足够的可行性论证，未能充分结合贫困地区实际与贫困户需求，致使项目实效有待提高。

2. 扶贫人力不足，专业性不强

相对于繁杂的扶贫任务而言，政府基层扶贫人员是不够的。如对于贫困县而言，一般由县扶贫办负责统筹协调全县扶贫工作，但由于编制不足、人力欠缺、工作经费少等原因，无法完全承担贫困户信息管理、人才技术培训、小额信贷和项目扶贫等大量工作；在乡镇，根据福建省督导组要求，各乡镇至少需要配备一名专职扶贫干部。然而从现状看，仍有不少乡镇扶贫干部是兼职的，他们疲于应付扶贫督查、档案建设等工作，进村入户的时间较少，不能及时掌握贫困户的动态变化，细致了解贫困户的需求，致使实践中容易出现瞄准偏差、供需不匹配等问题，最终导致扶贫效率不高。如一些地区存在着为贫困户建档立卡时出现信息错误、帮扶措施记录不完整等现象，导致不能及时了解扶贫工作的开展情况。由于扶贫是一项系统、精细的工程，在心理疏导、智力扶持、产业发展等方面需要专业人才方能胜任，这在当前扶贫已由传统的生存贫困转向发展贫困、贫困目标群体需求多元化的情况下尤其如此。而众所周知，政府的本职工作是对社会的综合治理，并非专为扶贫工作而设，因此在扶贫的过程中难免有些力不从心，专业人才欠缺严重。如闽中某贫困县的文化扶贫就存在专业人才不够的现象，据调查，该县共 16 个文化站，除了 2 个乡镇分别配备 2-3 名专业人员之外，其他 14 个乡镇均只配备 1 名编制内工作人员，且在岗人员老化，一人数职，办事效率不高。[①] 因此，如何进一步调动民间组织、企业、高校、文艺院团等社会力量来进行协同扶贫，是弥补政府扶贫人才不足的必然要求。

3. 政府扶贫体制的弊端

如前所述，政府“自上而下”的压力型扶贫体制能够保证扶贫政策得到执行，但这种扶贫体制又缺乏足够的灵活性，在实践中存在着边际效益递减的现象。这是因为压力型工作环境下，政府组织为了如期完成上级下达的扶贫指标和任务，会尽可能用有限的财力在短期内办更多的事情，即主要关注短期目标而忽视扶贫的长期效益，常常采取一些治标不治本的扶贫手段，忽视扶贫对象脱贫能力的提升，使得乡村减贫、返贫现象频发，没有从本质上解决贫困问题。同时，这种自上而下的扶贫体制无法深入贫困乡村了解贫困户的实际需求，导致扶贫需求应对不足，以及扶贫模式的单一化。比如现今政府主导推进的一些扶贫项目，由于决策过程中较少吸取贫困群体的意见，对其扶贫需求估计不周，致使贫困农户参与积极性不高；一些项目由于没有根据贫困人口的意愿及实际需求设定，以致实践中资源效益发生偏离。比如在一些农业扶贫项目区，农民的主要收益是土地租金，以及偶尔帮龙头企业劳作获得的低廉报酬，而龙头企业则利用农民土地和廉价的贫困劳动力进行规模化的种养，因为贫困项目的实施，还获得了政府的大量扶持。在这种情况下，真正应获得扶持的贫困农户只是获得少量项目溢出效益，对脱贫致富影响不大。此外，这种扶贫体制还可能会因过多的官僚层级导致扶贫信息的扭曲和

---

① 刘淑兰、连文：《协调发展理念下乡村文化扶贫的现实困境及路径选择——以福建省为例》，《中共福建省委党校学报》2019 年第 3 期，第 131 页。

失真，扶贫项目的持续性也可能会因官员流动而难以保证等。

政府扶贫还存在着成本较高，农村资源和扶贫资源整合效果不佳等问题。此外，政府扶贫主要以政策优惠、资金辅助、对口支援等行政手段为主，偏重于经济脱贫而忽视对其他层面的关注。

总之，政府扶贫虽然存在着资金上有保障、动员能力强等扶贫优势，但也存在着基层扶贫能力有限、专业性不足，扶贫资源使用低效、扶贫供需不匹配，扶贫成效不稳固等问题，难以完全满足贫困人口的差异化需求及持久脱贫的需求。

第二节　社会力量扶贫

由于政府的扶贫资源、能力和精力有限，难以完全胜任扶贫工程复杂性、长期性的要求，因此，还必须充分发挥企业、社会组织和社会个体等社会力量的扶贫优势，共同攻克贫困难题。

一、社会力量的扶贫优势

广义的社会扶贫力量除民营企业、社会组织和社会个体外，还包括党团、军队、学校等机构。目前，福建省注重发挥各级扶贫开发协会、工青妇、科协、残联、工商联、侨联和计生协会等群团组织的功能，利用其与政府、与群众联系密切的优势，协同推进扶贫事业的发展。狭义的社会力量，仅包括民营企业、社会组织和社会个体，他们有物资、科技、信息或服务优势，而且相对独立，具有较大的扶贫适应性，能根据贫困地区和贫困对象的实际条件自行确定扶贫战略和具体措施。本研究主要讨论狭义的社会力量扶贫，即民营企业、社会组织和社会个体。这三大群体各有其扶贫优势。

具体而言，民营企业扶贫具有市场反应灵敏、技术性强、注重效率、扶贫规模效用显著等优势。各类企业不仅可以开展捐赠等扶贫公益事业，还可以到贫困地区、贫困村直接投资设厂开发扶贫项目，开展贫困劳动力转移培训，吸纳贫困人口就业。同时，充分发挥贫困地区的自然禀赋，利用自身较为完善的市场流通渠道和成熟的市场运营手段，快速建立起贫困地区的生产、加工、流通和贸易体系，推动贫困地区产业经济持续发展。如2005年落户福建宁德东侨经济技术开发区的安发生物科技有限公司以合同保护价的形式采购当地的农、林、牧、渔、菌等原料，并带动农民专业合作社和农户参与配套生产，从而有力地推进了当地村民的脱贫致富。从2012—2017年，安发公司每年带给农民的收入增幅都在20%以上。同时，凭借安发公司的营销，闽东古田的食用菌、灵芝、白木耳、猴头菇，柘荣的太子参、紫苏，福鼎的白茶等特色农产品也得以闻名全国，从而真正将资源禀赋转化为资源优势，并再次转化为产业优势。此外，企业参与扶贫开发有利于打破贫困地区的封闭状态，增强贫困地区民众的市场观念和竞争意识，开阔他们的视野，给他们带来新的致富观念和思路等。

社会组织包括各种社会团体、民办非企业单位和基金会等。社会组织扶贫具有覆盖面广，专业性、针对性强，扶贫方式多元化等特点，是当前精准扶贫事业中一支不可或缺的力量。2018年福建省社会组织投入扶贫资金超过3.3亿元，60多万贫困人口从中受益。[①] 具体而言，其扶贫优势主要体现在：

1. 动员能力强

在全国层面，截至2018年底，共有各类社会组织81.6万个，其中社会团体36.6万个，民办非企业单位（社会服务机构）44.3万个，基金会7027个。[②] 不同类型的社会组织又代表和汇聚了其各自领域的社会阶层，

---

① 吴剑锋：《福建引导社会组织精准扶贫》，2019-04-28，http：//jrcj.chinareports.org.cn/dfjj/20190428/1546.html

② 《中国社会组织报告》2019蓝皮书最新发布：社会组织增速下滑，不代表支持减少或发展环境恶化》，2019-07-18，http：//www.chinadevelopmentbrief.org.cn/news-23053.html

因而扶贫动员能力强，还能为企业、公众等力量参与扶贫搭建平台。以中国扶贫基金会为例，其发起的“爱心包裹项目”致力于改善贫困地区农村小学生综合发展和生活条件。社会各界爱心人士可以通过身边的邮政网点、银行汇款、淘宝网、腾讯月捐、短信捐赠、支付宝等多种捐赠途径来实现一对一的捐助，在快速吸收社会闲置资金、提高扶贫资金的利用率等方面具有优势。

2. 执行速度快

政府扶贫因为行政层级多，帮扶流程长而容易影响到帮扶效率，甚至可能错失帮扶时机。相比较而言，社会组织帮扶流程简化，可以有效缩短帮扶时间，及时制订帮扶举措。而且社会组织成员具有较强的志愿性、主动性和团队合作精神，作为自治组织，在组织结构、活动方式方面有很大的弹性，能够快速、高效地投入到扶贫行动中，还能根据实际情况的变化及时做出调整，具有较强的执行力和较大的适应性。

3. 扶助精准度高

由于社会组织参与扶贫是自愿行为，而非迫于行政压力，也不受短期扶贫目标的驱使，注重扶贫工作的可持续性，因而更能实现“扶真贫”与“真扶贫”。通常，其扶贫不是简单的资金注入，而是更注重扶贫对象脱贫能力的提升，比如更强调“扶贫先扶志、扶贫先扶智”的扶贫理念，通过对贫困群体的教育、培训，改变其思维观念，唤起其自我脱贫意识，加强其脱贫能力建设。同时，由于社会组织的成员绝大部分来自基层，这就意味着他们了解基层，也善于融入基层、深入乡土社会，掌握贫困群体的真实信息和实际需求。加之作为自治性机构，社会组织采取自下而上的决策模式，追求决策的科学化和民主化，因而往往能提供较为合理的扶贫思路，并优化扶贫资源配置。

4. 个性化服务强

政府扶贫关注的多是普遍性问题，难以满足贫困群体的个性化需求。而社会组织具有专业化特征，扶贫项目往往也集中于自身优势领域，因而不同的社会组织能够从不同侧面对贫困地区、贫困群体提供多样化需求和个性化服务，在调查研究、宣传策划、技术推广、技能培训、心理辅导等方面具有明显的优势，能够有针对性地帮助贫困者脱贫。比如各异地商会，具有“两头熟”的独特优势，在帮助家乡欠发达地区招商引资、推销家乡特色农产品或特色产业（如旅游）、帮扶贫困人口联系就业等方面优势明显。近年来，一些异地商会也对此予以关注。如抱着“输血”不如“造血”的扶贫理念，福建省浙江商会积极对接“本来生活网”和华莱士食品有限公司，把福建顺昌县丰富的竹木资源和优质的农产品推向全国；又如“童心彩虹桥：关爱孤儿亲情守护成长”公益计划是云霄县七彩虹志愿队已坚持数年的大型公益活动项目，主要通过开展困难救助、学业辅导、亲情陪伴、社会体验、自护教育、心理咨询、环境融入等方面的志愿服务，守护和陪伴云霄城乡孤儿和“事实孤儿”的成长。2018 年 2 月，该项目获得“全国最佳志愿服务项目”表彰；再如中国扶贫基金会为不同贫困对象制定了相应的扶贫项目，如针对母婴的“母婴平安 120 行动”项目。

社会个体扶贫可以吸收社会闲置资源，并因主体庞大而形成扶危济困的“燎原之势”。近年来，网络技术的普及和信息传播机制的改变，造就了一大批具有广泛社会影响力的网络慈善公益个人、团体和项目品牌，为人人参与扶贫提供了可能。尤其是以微博和微信为主体的“自媒体”传播平台，使每个人都能够成为精准扶贫的参与者、号召者和推动者。此外，以消费扶贫和众筹扶贫为代表的电商扶贫平台项目也获得了广泛的社会支持。总之，在“互联网+”的时代，人人都能借助各类网络平台，提供扶贫资金，参与扶贫项目，加强扶贫宣传，形成“人人皆可为、人人皆能为”的社会帮扶网络和帮扶氛围。

当然，社会力量扶贫也有其不足，最大的问题在于资源分散和扶贫自发状态，缺少参与的主动性和有效整合。如在具体的帮扶过程中，一些企业基于“应付”心态，主动性不足；一些社会组织倾向于单打独斗，彼此间在信息及其他资源方面缺乏足够的整合，扶贫碎片化现象严重。社会力量开展活动以“关系亲疏、便利”等为主要依据，缺少扶贫统筹，又由于自身能力限制，覆盖领域和对象有限，容易导致扶贫资金、人员等的分散化或重叠化。同时，我国社会组织成立时间不长，扶贫资金有限、经验不足、运作不够透明、公信力不强等问题也制约着最终的扶贫成效。如由于缺乏稳定的资金来源，个别社会组织在开展扶贫服务的过程中还出现了短期化、集中化现象，持续性不足。另外，目前对社会力量扶贫的政策规范不足也制约了社会层面参与贫困治理的有效程度。如近年来，社会力量扶贫的监管问题就屡屡引发舆论争议，典型如水滴筹等众筹类扶贫平台的监管、众筹发起人的资格审核等问题。

综上，社会力量扶贫有利于广泛吸纳分散在社会各个领域中的扶贫资源，使政府、市场、社会的扶贫资源，国内外扶贫资源互为补充，形成合力；同时，社会扶贫主体的多元化也决定了其扶贫方式和扶贫举措的多样化。广泛动员社会力量扶贫，一方面可为贫困地区提供更多的资源支持，缓解政府的扶贫压力；另一方面又可拓展扶贫领域，创新帮扶方式。近年来，福建省民营企业通过投资兴业、捐赠救助、就业帮扶等方式助力乡村精准扶贫，其中阿里巴巴、京东等新型民企的电商扶贫方式也初见成效；各类社会组织以教育扶贫、产业扶贫、医疗扶贫、生活救助等形式助力福建省扶贫事业，并在产业扶贫、教育扶贫等方面卓有成效。如2018年福建省各类社会组织投入3.3亿余元扶贫资金，惠及60多万贫困人口；[①] 个人扶贫以捐赠扶贫为主，伴有智力帮扶、义务劳动等形式。总之，各类社会力量充分利用自身资源，各展所长，实现了对扶贫资源的精准、灵活配置。

---

① 林先昌：《去年福建社会组织投入扶贫资金超3.3亿元60多万贫困人口受益》，2019-04-27，https：//fj.qq.com/a/20190427/001974.htm

二、社会力量扶贫的必要性和重要意义

社会力量扶贫之所以被纳入各级政府的扶贫规划当中，既因为社会力量的精准扶贫优势和骄人的扶贫成绩，也因为当前的扶贫困境和社会力量自身进一步发展的需要。

社会力量扶贫与当前我国政府主导的扶贫困境有关。经过不懈努力，当前我国精准扶贫已进入最后的冲刺阶段，但政府主导的传统扶贫模式也日益暴露出各种不适应性，如资金不足、帮扶措施简单、难以瞄准最困难群体及其最迫切需求、扶贫边际效益下降等问题。社会力量扶贫是对政府扶贫的有益补充，它既是对政府扶贫资源的补充，也是对政府扶贫领域和方式方法的补充，还因其专业性、灵活性、精准性等特征，有利于实现扶贫资源的高效配置。

同时，社会力量扶贫也是社会力量自身进一步发展的需要。在当前经济新常态背景下，我国经济增速放缓，不少民营企业进入了转型发展期，面临市场变窄、经营模式单一、发展层次不高等发展瓶颈，亟须拓展市场和创新经营模式。同时，民众对民营企业唯利是图、社会责任意识不强的指责也影响到企业形象及其今后的发展。因此，民营企业到贫困地区投资创业，既可以带动贫困地区经济发展，促进贫困人口收入提高和脱贫能力提升，也可以实现企业的战略延伸，是展现企业社会责任、树立良好企业形象的需要。对于社会组织而言，近年来频繁曝出管理混乱、资金使用不明等负面新闻，影响到社会组织的公信力。如“郭美美事件”及多起“诈捐门”给中国红十字会的声誉和社会公信力带来负面影响，并使其筹资能力受损。因此，引导社会组织扶贫，将其置于政府和民众的多重监管之下，使社会组织拓展了业务范围，积累了更多的实务经验，还因自身管理的渐次完善而有利于社会组织重拾社会信任。因此，支持、引导和规范各类社会力量参与精准扶贫，在当前环境下有其必要性。

社会力量扶贫不仅具有明显的经济意义，而且从宏观层面看，鼓励社会力量扶贫还具有重要的政治和社会意义。其中，政治意义体现在：一是有助于国家治理体系的完善和治理能力的提升。支持和引导社会力量扶贫，必然要求政府转换扶贫职能、改变扶贫方式，如更多地与社会力量共商扶贫决策，协同开展扶贫举措等，这有利于推动政府管理体制与工作机制的创新。从这个意义上讲，引导社会力量扶贫，并不仅仅是为了完成2020年的扶贫目标任务，更是深入推进国家治理体系和治理能力现代化建设的一项长期任务。事实上，2013年11月中共十八届三中全会《关于全面深化改革若干重大问题的决定》，明确要求推进“国家治理体系和治理能力现代化”，而“创新社会治理体系”的重要内容之一就是要坚持党委领导、政府主导、社会协同、公众参与的多元治理格局，妥善处理好政府、市场和社会的关系，加快政府职能转变，让市场、社会承接更多的社会治理责任和义务；二是有利于推进新时代统战工作的发展。统战工作是和谐社会发展的需要，支持和引导社会力量扶贫，有利于改善政府与社会力量之间的关系，也因扶贫效果的整体提升而团结了更多贫困群体，因此，动用社会力量扶贫的过程又是新时代政府统战工作延伸的过程；三是社会力量扶贫给社会个体和贫困群体提供了更多的、直接的民主参与实践，有利于公民参与意识和责任意识的培育，对于“小政府、大社会”的长远建设也有着重要的推动意义。

社会力量扶贫的社会意义则在于促进和谐社会发展和社会主义新风尚的形成。支持和引导社会力量扶贫，有利于促进不同社会阶层的沟通交流，增进相互理解和相互信任，降低社会转型期的潜在隐患，促进社会和谐稳定。当然，扶贫成效的提升也有利于减少社会阶层发展差距，削弱贫困群体的不平衡感，进而促进社会和谐和社会稳定。同时，社会力量扶贫，让企业、社会组织和社会个体承接更多的扶贫责任，有利于弘扬中华民族扶危济困的传统美德，营造乐善好施、互帮互助的社会“大家庭”氛围，进而促进社会主义新风尚的形成。此外，贫困地区往往具有内敛性和封闭性的社会文化氛围，思想保守，文化相对传统。通过社会力量的多方参与，能够在贫困地区和外部社会之间架起多层次的沟通桥梁，促使其吸收和接纳一些现代化的理念和思维，增强竞争意识、商品意识，并促进其生活方式的改变，这对于提升贫困地区和贫困群体的脱贫致富能力也是长久有利的。

三、政府吸纳社会力量扶贫

基于社会力量的扶贫优势，其扶贫功能也逐渐为政府所认可。1989年中国第一个全国性的民间扶贫组织“中国扶贫基金会”成立，为众多慈善组织参与扶贫事业做出了表率。随着这些慈善组织在扶贫领域的出色表现，政府对社会力量的态度开始由排斥变为接纳，逐渐将民间扶贫纳入扶贫开发体系，并陆续出台了一些法律法规，在规范慈善组织行为的同时，也极大地拓宽了其参与扶贫的政策空间。

进入21世纪以来，国家对社会力量的控制逐渐减弱，特别是在乡村扶贫领域，国家开始承认和吸纳更多社会力量参与扶贫。2013年中共十八届三中全会通过了《中共中央关于全面深化改革若干重大问题的决定》，从转变政府职能的角度提出“推广政府购买服务，凡属事务性管理服务，原则上都要引入竞争机制，通过合同、委托等方式向社会购买”。该《决定》还从激发社会组织活力、创新社会治理体制的角度提出，要“正确处理政府和社会关系，加快实施政社分开，推进社会组织明确责权、依法自治、发挥作用”。2014年初，中共中央办公厅、国务院办公厅印发《关于创新机制扎实推进乡村扶贫开发工作的意见》，明确提出创新社会扶贫参与机制，鼓励、引导各类企业、社会组织和个人以多种形式参与扶贫开发。该《意见》还要求进一步建立扶贫志愿者组织，降低扶贫社会组织注册门槛，构建贫困地区扶贫志愿者服务网络，组织和支持各类志愿者参与扶贫活动。这是新中国政府颁布的首个社会扶贫专门文件。同年5月，国务院扶贫办和中组部等多个部门联合出台了《创新扶贫开发社会参与机制实施方案》，要求进一步创新扶贫开发社会参与机制，形成政府、市场、社会多种力量协同推进的大扶贫工作格局。12月，国务院办公厅颁布《关于进一步动员社会各方面力量参与扶贫开发的意见》，提出培育多元社会扶贫主体，积极引导社会组织扶贫。2015年11月《中共中央国务院关于打赢脱贫攻坚战的决定》，进一步要求"健全社会力量参与机制"，以"实现社会帮扶资源和精准扶贫有效对接"，强调通过政府购买服务等方式，鼓励各类社会组织开展到村、到户精准扶贫。

社会组织一直是社会扶贫的中坚力量，政府对此十分关注。2016年12月，国务院《"十三五"脱贫攻坚规划》对社会组织参与脱贫攻坚予以专门规划，并明确要求相关部门制定出台社会组织扶贫的指导性文件。应此要求，次年11月，国务院扶贫开发领导小组出台《关于广泛引导和动员社会组织参与脱贫攻坚的通知》，明确了社会组织参与脱贫攻坚工作的重点领域，即产业扶贫、教育扶贫、健康扶贫、易地扶贫搬迁、志愿扶贫等，并要求相关部门为此创造条件。这份以国务院扶贫开发领导小组名义印发的政策文件，实际是对社会组织扶贫的顶层设计。随后，全国自上而下积极行动起来，动员社会组织积极参与深度扶贫。

与此同时，近年来，全国工商联、中国光彩事业促进会、民政部和国务院扶贫办先后出台了《关于鼓励和引导非公有制经济参与农村扶贫开发的意见（2011—2020年）》、《关于鼓励支持民营企业积极投身公益慈善事业的意见》（民发［2014］5号）、《"万企帮万村"精准扶贫行动方案》（全联发［2015］11号）等系列文件，引导企业扶贫。

可见，广泛动员社会力量扶贫已获得党和国家的高度重视和相关政策支持，其中，社会组织和企业扶贫的具体思路也已经明确。

第三节　福建省社会力量扶贫

一、福建省社会扶贫力量

福建省民营企业众多，海外华侨华人历来就有关心家乡公益事业的传统，民间扶贫资源较为丰富，扶贫济困氛围较为浓厚。

社会力量的发展是福建省扶贫攻坚的重要支撑力量。改革开放以来，借助政策优势和侨力资源优势，福建省民营企业发展迅速，工商界人士数量庞大。截至2016年底，仅福建省工商联就有会员16.6万，各类商会2098家，其中行业商会438个，异地闽籍商会759家，[①] 网络覆盖中国各地。同时，闽籍企业家素有乐善好施、扶贫济困的优良传统。不少企业的扶贫意识较强，如福耀玻璃工业集团董事长曹德旺就表示，他与河仁慈善基金会愿意为国家扶贫事业减轻一点压力，贡献一份力量；厦门永同昌集团董事局主席张宗真认为：企业家要有一种使命感，要发扬中华文化“利他”的精神，将自身财富用之于社会，贡献社会。[②] 事实上，近年来在政府的倡导下，扶贫捐赠已成为目前企业家重要的捐赠领域。根据胡润研究院发布的《2019胡润慈善榜》，扶贫捐赠成为仅次于教育之外的第二大捐赠领域。而当年114位上榜的中国慈善家中，闽商占18位。福建省工商联等组织充分利用这些优势，组织发动工商界人士参与家乡扶贫事业。自2010年至2016年4月，福建省民营企业和企业界人士累计捐资63.18亿元，用于开展福建省产业扶贫、教育扶贫及救灾济困等活动，资助近4万名贫困学生，落实169个光彩事业项目，使成千上万贫困

① 《福建省工商联：五年成就不寻常》，2017-08-11，https://baijiahao.baidu.com/s?id=1575402990770173&wfr=spider&for=pc

② 钟新：《企业家在福建捐赠1亿元设立扶贫基金》，《人民政协报》2016年6月21日第C10版。

家庭受益。[①] 这中间有一些突出的个案，如截至 2019 年 1 月，泰禾集团在赈灾救济、扶贫助困、文化体育、教育医疗等方面公益捐款已超过 14 亿元，其中相当一部分在福建；[②] 厦门恒兴集团在董事长柯希平的带领下，多年来持续关注扶贫事业，涉及助学、定点扶贫、慈善助老等多个方面。如 2014 年柯先生与厦门广电中心《第 1 民生》栏目合作，为 50 位贫困大学生捐助恒兴助学金。又如根据福建省“万企帮万村”精准扶贫行动部署，恒兴集团与省级扶贫村留山村、大坂村三年结对帮扶，迅速成立“精准扶贫小组”，由柯先生带队，多次前往贫困村调研帮扶，并取得阶段性的进展。此外，恒兴集团也关爱孤老，向厦门市湖里区慈善会定向捐赠 200 万元成立“恒兴助老基金”，并成立“恒兴青年志愿者协会”，时常组织员工走访厦门市各养老院，用实际行动践行社会责任；福建申远新材料有限公司自 2015 年起连续 5 年开展慰问当地贫困户的“暖冬”行动。多年来，申远公司在助学、助医、扶贫以及慈善工程建设等领域积极履行企业的社会责任，累计投入慈善资金近千万元；福建西岸生物科技有限公司对接柘荣县英山乡凤洋村，建立优质太子参生产基地，通过基地扶持建档立卡贫困户；新大陆科技集团有限公司定向捐助安溪县上智村 100 万元扶贫资金，用于该村特色产业扶贫和贫困群众帮扶济困项目等。

同时，福建省社会组织发展迅速。至 2019 年初，全省经民政部门登记的社会组织达 29700 个，其中社会团体 17591 个、民办非企业单位 11754 个、基金会 355 个，全省每万人拥有社会组织 7.8 个，位居全国前列，已基本形成遍布城乡、门类齐全、覆盖经济社会生活各领域的社会组织体系。[③] 其中较具代表性的有：以福建省慈善总会为代表的各级慈善

① 《福建推进精准扶贫 民营企业结对帮扶》，《闽北日报》2016 年 3 月 18 日第 4 版。

② 《黄其森心中的好榜样：陈嘉庚先生》，《福建侨报》2019 年 2 月 1 日第 5 版。

③ 张阿峰：《充分发挥社会组织在建设更高水平的平安福建中的重要作用》，2019-12-23，http：//fj.people.com.cn/n2/2019/1223/c181466-33655921.html

会，以福建省扶贫基金会和扶贫开发协会（简称省“扶贫两会”）、省儿童基金会、省青少年发展基金会为代表的各类基金会，以及红十字会、妇女儿童基金会、残疾人福利基金会、志愿者协会、光彩事业促进会等慈善组织。其中，福建省慈善总会于 2002 年 8 月正式成立。至 2020 年，福建 94 个设区市和市县（区）均已成立慈善总会，覆盖率达 100%。经福建各级民政部门登记的慈善组织 645 家，其中具有募捐资格的 94 家。与此同时，基层慈善组织建设也取得新进展，晋江、长乐、福清、永泰、蕉城、湖里、漳浦、武平、上杭等县（市、区）慈善总会做了大量的促进工作，把基层慈善组织向行业扩展，向乡镇、村居延伸。据初步统计，至 2020 年，全省共成立 177 个乡、镇、村级慈善分会和慈善工作站。[①] 近年来，慈善组织不仅筹资能力提升，而且也已成为福建省扶贫攻坚的重要力量。如自 2002 年成立自 2012 年 4 月，全省慈善组织共募集善款 60 多亿元，为近 500 万人次困难群众送去了温暖。[②] 在这之后，全省慈善组织继续募集善款运用于扶贫事业。如 2017 年福建省慈善会系统共募集善款 21.34 亿元（含物折款），其中，省慈善总会通过项目筹募、政府购买服务、网络众筹和日常筹募，全年共募集善款 38356.71 万元，同比增长 15.08%。同时，全年共安排 34806.41 万元慈善救助金，重点用于开展医疗扶贫、教育扶贫、助老扶幼、造血扶贫等精准扶贫项目。[③] 2018 年，省慈善总会全年累计募集善款 37467.97 万元（含实物折款），支出善款 37228.6 万元，其中 34108.76 万元用于重大疾病医疗救助项目，为 11506 人次适应病患者提供救治。支出 3119.84 万元，用于开展助养、助学、助

---

① 《公益之路　福建省慈善总会》2020-09-29，https：//www.sohu.com/a/421687681_120182140

② 陈鸿鹏：《闽侨力量 慈善见证》，《福建侨报》2012 年 5 月 10 日第 3 版。

③ 蒋巧玲、张楠：《2017 年福建慈善会系统共募集善款 21.34 亿元》，2018-03-09，http：//www.fj.xinhuanet.com/yuanchuang/2018-03/09/c_ 1122514868.htm

困、助医、助残、精准扶贫等活动，帮扶各类困难和弱势群体。[①] 可见，慈善组织从事的活动中不少与扶贫相关。

近年来，一些扶贫专业组织应运而生。如自 20 世纪 90 年代初以来，福建各地扶贫协会纷纷建立。其中，福建省扶贫开发协会成立于 1993 年 5 月，与福建省扶贫基金会是两块牌子一套人马，属于地方性公募基金会。近年来，扶贫协会下沉到乡。如 2017 年 6 月，安溪成立福田扶贫开发协会。截至当年 8 月中旬，安溪县乡镇扶贫开发协会实现全覆盖。首期募集扶贫资金 1.23 亿元，并开启了乡镇扶贫开发协会及专业合作社结对帮扶活动。[②] 此后，各地扶贫协会纷纷成立。2017 年 12 月，福州市扶贫发展基金会正式成立。该基金会由福州市一些热心公益的企业家发起成立，成立伊始就已筹集到曹德旺、黄其森等企业家捐出的爱心善款 7000 万元。

一些其他公益组织对扶贫事业也比较关注。如福建省扶老公益协会——泉城公益团队是一支以孤寡困难老人和贫困学生为主要帮扶对象的公益团队，该团队 2014 年 7 月创立，目前已发展成一支拥有 3000 多名志愿者的团队，至今累计开展志愿帮扶 200 多场，捐赠物资超 300 万元；[③] 仙游“海绵团”是由一批 80 后、90 后社会爱心年轻人于 2012 年自发成立的青年公益组织，以资助贫困家庭学生就学为主要公益方向，共有成员 300 多位。近 8 年来，团队坚持以助学为主要公益方向，每月定期开展“关心下一代”爱心助学走访活动，直接将助学款送到贫困生手中，共组织了近百次贫困生走访活动，累计发放资助金达 120 多万元，帮助近

---

① 魏桂莲：《福建省慈善总会晒账本 2018 年支出善款 3.7 亿多元》，《福建侨报》2019 年 3 月 29 日第 5 版。

② 《安溪 24 个乡镇全部成立扶贫开发协会 激发社会扶贫潜力》，2017-09-17，http：//fjnews.fjsen.com/2017-09/17/content_ 20136576.htm

③ 《福建省扶老公益协会：扶贫助困暖人心》，2018-06-15，http：//qz.wenming.cn/zyfw/201806/t20180615_ 5272208.shtml

千名贫困学生圆梦。①

全省农民合作社也发展到一定规模，这使农村产业扶贫有了一定的组织基础。截至 2017 年 6 月，全省农民合作社总数达 3.4 万家，合作社联合社 92 个，合作社成员数 98.6 万人。全省已认定国家级合作社示范社 167 家，省级合作社示范社 852 家。② 如 2014 年安溪县西坪德峰茶叶专业合作社、龙涓乡举源茶叶专业合作社、山格淮山专业合作社、龙门镇桂林村农民用水户协会 4 家入选国家农民合作社示范社。其中成立于 2008 年 7 月的龙涓举源茶叶专业合作社，社员从当初的 29 户发展到 2014 年的 158 户，贫困户凭茶园入社，合作社统一销售茶叶；另外，山格淮山专业合作社 2008 年 1 月注册成立，是安溪县首家淮山专业合作社，至 2019 年，入社成员发展到 636 户。合作社采取“合作社+基地+农户+订单农业”的经营模式，实行产业化、规范化运作。合作社还与安溪淮山协会共同合作，通过示范带动，在安溪淮山优良种植区域实施“安溪县千亩淮山基地”项目建设，由合作社提供薯种、免费提供技术指导，收成后再以高价全盘收购，推动附近 8 万多群众共同致富。

一些社会爱心人士也是重要的扶贫力量。如 2019 年 2 月春节期间，福清市江阴镇乡贤们不仅通过座谈会积极为家乡建设与发展贡献智慧，也为家乡建设慷慨解囊。其中赤厝、后庄村乡贤们分别捐资 150 多万元、60 余万元支持家乡建设；何厝村乡贤与村两委共同商讨 2019 年“美丽乡村”建设计划，并捐资 90 余万元支持家乡建设；门口村两委与乡贤们就塘边小学重建、“美丽乡村”建设等进行了探讨，乡贤们捐资 121 万元支持家乡建设；高岭村乡贤积极为该村发展提建议，并捐赠 110 余万元支持家乡建设；龙门村乡贤则成立了乡贤促进会，并捐资 130 余万元用于支持

① 陈国孟：《仙游“海绵团”8 年资助贫困生 1500 多人次》，《福建侨报》2019 年 4 月 26 日第 5 版。

② 《福建省农业厅关于〈福建省农民专业合作社条例〉实施情况的报告》，2018-05-22，http：//www.fjrd.gov.cn/ct/68-140359

村内各项事业建设。[①]

华侨华人也是福建省精准扶贫的重要力量。作为全国第二大侨省，福建有 1580 多万华侨华人，分布在世界 188 个国家和地区。他们对精准扶贫认同度高，参与意识强。2017 年 2 月，世界泉州青年联谊会发出了《侨爱精准扶贫倡议书》，呼吁海外侨胞、港澳同胞以及社会各界热心人士关注、支持和参与侨务扶贫事业。世界泉州青年联谊会及其成员还带头向泉州市“侨爱精准扶贫基金”捐款；2018 年 9 月，厦门市侨商联合会发出“百侨帮百村——联村助户”精准帮扶倡议书，得到 50 多位企业家的积极响应。同月，平潭综合实验区侨商会常务理事会表决通过精准扶贫资助项目并发出精准扶贫倡议。一些侨界组织和个人在发展过程中逐渐将扶贫助困作为其重要活动内容。如 2016 年成立的林文镜慈善基金会是侨领林文镜后代在福州设立的，成立刚满一年就为精准扶贫捐资 1300 万元；李新炎慈善基金会 2009 年为响应国务院侨办“侨爱工程——万侨助万村”活动倡议，专门设立“扶贫助侨”项目，10 年来共资助困难归侨侨眷 685 人次，资助总额达 118 万元；[②] 成立于 2004 年的福建省石竹慈善基金会一直致力践行各类慈善活动，2017 年以后，基金会重点开展捐资助学、扶贫助老、扶危济困、支持体育公益事业等各类公益慈善活动。

国际组织及国际友人也参与了福建省扶贫项目。如 2019 年 3 月 15 日，深圳狮子会在仙游县结对资助 28 名高一优秀贫困学子，每人每年获助 5000 元，连续资助 3 年，直至考上大学。深圳狮子会是 2002 年 4 月成立的社会慈善组织，也是 1917 年总部设于美国的国际狮子会的分会。又如福建富闽基金会是日本友人、东海租赁株式会社社长塚本幸司先生捐资 5 亿日元于 1993 年成立的，旨在资助福建省优秀贫困学生完成学业，以及培养经济建设和社会发展的各类人才。

---

① 滕端钦：《江阴乡贤助推乡村发展》，《福建侨报》2019 年 2 月 15 日第 5 版。

② 罗赐：《龙岩“扶贫助侨”助困金发放》，《福建侨报》2018 年 11 月 9 日第 5 版。

可见，福建省社会资源十分丰富，若能有效动员和整合起来，必将极大地推动精准扶贫事业的发展。

二、福建省社会力量扶贫及其特点

近年来，福建省把引导和动员社会力量扶贫作为落实中央打赢脱贫攻坚战的重要措施加以推动，积极探索符合本地特色的社会力量扶贫路径。在党和政府的倡导和组织下，各社会力量发挥各自优势，积极作为，形成全省社会力量扶贫精彩纷呈的良好局面。其中，民营企业充分发挥其资金、技术、信息、市场等方面的优势，通过与贫困地区相关组织和贫困群体的合作，以产业培育、市场对接、技能培训、就业吸纳等多种形式参与脱贫攻坚；各类社会组织，利用其专业优势与资源聚拢功能，以扶贫济困、扶老救孤、恤病助残、救灾助医、培训助学等多种方式扶贫；公民个体则主要通过公益捐赠、志愿服务等形式参与精准扶贫。综合起来看，福建省社会力量扶贫主要体现在以下几个方面。

（一）产业扶贫有序开展

企业是产业扶贫的主体。近年来，福建省民营企业响应政府号召，积极投身于扶贫事业。截至 2017 年 11 月，福建全省进入“万企帮万村”台账管理系统的民营企业 609 家，精准帮扶 35479 人，涉及 630 个村，企业实施项目 1042 个、总投入 44979 万元，安置就业 2011 人，技能培训 2657 人。[①]

实践中，各企业各施所长，形成了多种产业扶贫模式：

1. “企业+农户”或“企业+基地+农户”模式

企业发挥自己的技术、设备、资金及市场优势，发展规模生产，而贫困户则通过流转土地、资金入股或优先提供劳务等方式增收。落户在闽侯县大湖乡的蓝田艾蓝蓝莓有限公司即采取“企业+农户”模式运营。

---

① 俞凤琼、徐志南、陈向东：《脱贫劲风扶摇起——福建省推进“百企帮百村”精准扶贫行动纪实》，《中华工商时报》2017 年 11 月 24 日第 12 版。

因蓝田村附近村落较为集中，该公司不仅吸引了蓝田村本村的村民，还带动了周边雪峰、大池等村贫困户到公司就业和参股；福建省沈郎公司在尤溪县结对村建设油茶示范基地，实行“公司+基地+农户”模式，扶持贫困户种植油茶树，每户贫困户每年增收 1 万多元。

2. “企业+基地+合作社+农户”模式

如民企福鼎市天湖茶业有限公司在福鼎市采用“公司+基地+合作社+农户”的形式进行产业扶贫。该公司 2000 年在福鼎市太姥山镇方家山村建立了第一个茶叶基地，之后又在太姥山镇其他地区，以及邻近磻溪、管阳、硖门等乡镇建设茶叶基地，带动周边农户脱贫致富；2008 年以来，宁德柘荣县返乡大学生缪霞英先后创立了“五姐妹农业开发有限公司”、柘荣县旺兴养殖专业合作社和旺展种植专业合作社，采取“务工为主，土地入股、承包管理、包购包销为辅”的扶贫方式，发动柘荣县际头村 12 户建档立卡贫困户参与，实现了企业、合作社与贫困群众共同发展。一些企业综合采取多种扶贫模式，如 2012 年福州春伦茶叶集团与罗源县叠石村、中房村签约结对帮扶后，利用自身产业优势，采用“企业+农户”“企业+合作社”等模式，在当地建立茉莉花、茶叶种植基地，带动 2400 多户农户每年增收 3 万元。[①]

3. “电商推动”模式

采取“互联网+”方式扶贫，如福建多地商务局与京东集团、阿里巴巴集团达成签订电子商务战略合作框架协议，通过在贫困村建立电商服务站点、培训贫困户，帮助贫困户脱贫。

4. “旅游拉动”模式

充分发挥贫困地区特色旅游资源，大力发展乡村旅游业，不仅有效解决了贫困户的就业问题，而且带动了整个贫困地区的产业发展。如宁德市旅游资源丰富，多个村被列为旅游扶贫开发示范村和全国旅游扶贫

① 《善行八闽 传递温暖 福建省贯彻落实《慈善法》实施两周年工作纪实》，《福建日报》2018 年 9 月 5 日第 4 版。

开发重点村。相关部门以示范村、重点村为基础，加快旅游景点、农村道路改造，打造苏家山、梧柏洋等一大批乡村旅游示范点，带动群众增收致富。2016年全市累计实现乡村旅游收入62.3亿元，1.79万人在乡村旅游经营单位直接就业，17.34万人间接就业。① 次年，全市实现乡村旅游收入81亿元，直接就业人数达到3万，间接就业人数30万人。② 在三明市，截至2017年底，19个村编制了旅游扶贫规划，游客中心、停车场、旅游厕所、标识标牌等一批乡村旅游基础设施相继建成完工，当年旅游业带动62个村、1226户共计4005人实现脱贫。③

社会组织也积极参与到产业扶贫当中。如2015年，福建省扶贫“两会”（省扶贫基金会、省扶贫开发协会）确定用3年时间挂点帮扶6个村。通过3年不懈努力，省扶贫“两会”共争取扶贫项目188个，帮扶资金1.25亿余元。6个挂钩帮扶村农民年人均纯收入较2014年增长67%，达到12012.5元。原定挂钩帮扶20户，实际帮扶41户，均于2017年底脱贫。2018年省扶贫“两会”又启动了“1138”提升工程（即帮扶11个联系村、30个联系户、8个产业联系点），切实推进福建省产业扶贫的发展；④ 2018年，福建省光彩事业促进会与省委统战部、省工商联等部门将之前联合开展的“百企帮百村”扩展为“千企帮千村”精准扶贫行动。在各部门的发动和有力组织下，截至当年年底，已有1181家企业（商会）结对帮扶全省1208个贫困村、34653名贫困人口，共投入帮扶资金4.67亿元。其中，产业帮扶占主体，共投入资金约2.58亿元，另与之相关的就业帮扶、技能帮扶也占0.43亿元。除这种与政府联系密切、影响较大的社会组织外，其他社会组织在产业扶贫方面也表现积极。如

① 《福建宁德创新旅游扶贫模式铺百姓“致富路”》，2017-06-03，http://www.china.com.cn/travel/txt/2017-06/03/content_40957304.htm

② 《宁德市农业局政务访谈》，http://spzb.ndwww.cn/zhengwu/zwftnyj/

③ 陈家清：《精准扶贫推动乡村旅游结硕果》，2018-02-07，http://www.sm.gov.cn/zw/zwxx/sjdt/201802/t20180207_1080266.htm

④ 潘园园：《福建省扶贫“两会”精准扶贫见成效》，《福建日报》2018年3月22日。

2018 年 5 月，福建省浙江商会与南平市顺昌县政府签订“助推扶贫顺昌战略合作协议”，通过实施“12333”工程，即建立 1 个浙商产业园，挂钩帮扶 2 个重点贫困村，每年对口帮扶 30 个贫困户，3 年内争取 30 家企业落户顺昌，3 年内落户企业实现产值 30 亿元以上。[①] 经商会的不断协调，2019 年底总投资约 40 亿元的顺昌浙商出口家具产业园已动工建设，届时将解决上万人的就业问题。而顺昌县也于 2019 年顺利摘帽；类似的还有 2016 年南安市 101 家商（协）会在南安市委统战部、工商联的组织联系下，与当地 50 个扶贫开发重点村和 53 个欠发达村开展结对帮扶；[②] 由曹德旺创办的河仁慈善基金会 2016 年筹集慈善资金 3000 万元，自 2016 年至 2018 年连续三年在长汀、屏南、永泰等三个扶贫重点县选择 10 个贫困村进行产业帮扶，每个村每年帮扶资金 100 万元。不仅如此，一些专业技术社会组织也发挥其专业优势参与其中。如福建省老科学技术工作者协会自 2008 年起与省老区办等部门合作，在全省老区贫困县相继共建了 100 多个农业科技示范项目，涉及农、林、茶、菌、果等领域，科协专家主要从品种引进、示范种植、高产培育、加工制作等方面提供指导，帮助贫困农民走科技兴农富农之道。类似案例不胜枚举。

个人也是产业扶贫的主体。2018 年 7 月，福建省侨联开展的“百侨帮百村——联村助户”（即联系贫困村、帮扶贫困户）精准帮扶活动，得到香港联泰集团董事长陈守仁先生及仁善基金会的大力支持，2018 年 11 月捐赠 200 万元，定向扶持贫困乡村，用于精准扶贫、创业脱贫。

贫困地区合作社组织也是重要的自主脱贫集合体。如 2016 年 10 月，在陈由健等人的发起下，闽侯县成立了“廷坪乡酿造青红酒扶贫项目合作社”，组织具有一定酿酒经验的困难群众入社，廷坪乡 215 户建档立卡

---

① 郭奇、李锋华：《民政部门引导动员显成效 社会组织积极作为显身手——福建省社会组织参与脱贫攻坚综述》，《中国社会组织》2019 年第 2 期，第 22 页。

② 俞风琼、徐志南、陈向东：《脱贫劲风扶摇起 ——福建省推进“百企帮百村”精准扶贫行动纪实》，《中华工商时报》2017 年 11 月 24 日第 12 版。

贫困户入社。入社后，由合作社统一购买生产设备和原材料，并聘请酒厂专业技工指导村民酿酒，村民酿成的青红酒最后由合作社统一销售。目前，该乡大部分村民收入稳定，部分村民甚至开起了网店或到县城乃至福州市区开店，将青红酒销往各国各地。

为了解决产业发展中的资金问题，金融扶贫也在政府组织下有序开展。当前，福建省小额信贷市场的参与者既包括传统的政策性金融机构、合作金融机构、公益组织等社会团体，也包括各类商业银行、小额贷款公司以及乡村资金互助社。农村信用合作社是实施小额信贷的主体，属于集体所有制企业。福建省农村信用社的小额信贷种类多样，主要包括农户小额信用贷款、农户联保贷款、乡村青年创业贷款、生源地信用助学贷款、林业小额贴息贷款、扶贫小额贴息贷款、巾帼扶贫小额贴息贷款等。近年来，福建农村信用合作社还推出了金融扶贫“1550”示范工程，即创建 1 个金融扶贫示范区（宁德辖区）、5 个金融扶贫示范县（福州永泰、漳州平和、三明清流、南平光泽、龙岩长汀）、50 个金融扶贫示范点（23 个扶贫重点县所在地联社及福鼎联社各 2 个、宁德农商银行及福安联社各 1 个），试图形成一批可复制、能持续的金融扶贫经验和做法。另外，福建省也成立了几家社区互助性金融机构性质的乡村资金互助社。这些互助社须经当地银行业监督管理机构批准，由乡村村民（含小企业）自愿入股组成，为入社社员提供存贷款等业务。如 2016 年 5 月成立的福建省南安市助民合作社资金互助部，由向阳乡 18 位村民（含小微企业）共同发起成立，原始股金 90 万元。

（二）就业扶贫稳定推进

一人稳定就业，全家脱贫。不少社会力量对此比较关注。尤其是一些企业通过开展就业扶贫，在解决企业用工问题的同时，也帮助解决了一批贫困户劳动力的就业问题。如总部设在南平的圣农集团在其 500 多个生产基地有序安排农民工参加就业技能培训，培训合格后到各基地上班。至 2020 年，来自帮扶的 5 个县农民工占圣农公司员工的 70%以上；香港祥龙集团在结对村宁化县禾坑村设立外贸鞋加工厂，安置130多名村民就业，每月增收2000多元；近年来，福建恒安集团专赴永春新板村开展技术培训与就业指导，并累计安排600余名村民到其集团上班。① 一些企业关注贫困大学生创业，如纵横集团支持结对村霞浦县水门乡承天村返乡大学生创办农业合作社，建设养殖基地。企业还无偿地为当地贫困户提供家禽种苗，并予以保底销售，解除了贫困户的后顾之忧。

一些社会组织专注于技能培训。如近年来，福建省商盟公益基金会与福建省雕刻艺术家协会联手在霞浦县实施文化脱贫工程，筹资举办农民油画培训班，至2020年底已办班数十期，培训了300余人；福州市闽人职业培训学校为其帮扶对象提供各类职业技能“三免”（免住宿费、免餐费、免培训费）培训服务，并为其定向推荐就业；自2015年起，福建省恒申慈善基金会发起了“贫困母亲帮扶计划”，对于有劳动能力又有外出务工意愿的贫困母亲，免费提供家政培训，并联合其他机构为贫困母亲提供就业岗位。截至2018年年底，已成功开展四期贫困母亲家政就业培训，76名参训的贫困母亲结业；② 南平市各类公益慈善组织通过采取“定点培训”“送技下乡”“送训上门”等多种形式，开展各类就业技能培训，帮助贫困人口稳定就业。至2017年共开展各类培训200多期，培训贫困人口12000多人次。③

一些社会组织和社会个体还搭桥引线，直接为贫困劳动力对接就业岗位。如至2018年底，武夷山茶业同业公会为贫困户提供茶业生产相关就业岗位500余个，并引导4家茶企与13户贫困户建立长期用工关

---

① 俞风琼、徐志南、陈向东：《脱贫劲风扶摇起——福建省推进“百企帮百村”精准扶贫行动纪实》，《中华工商时报》2017年11月24日第12版。

② 《恒申基金会2018年度贫困母亲帮扶计划项目交流会圆满落幕》，2018-12-17，http：//www.360doc.com/content/18/1217/11/59320440_802381335.shtml

③ 张帆、江泽：《跨跃式发展的福建路径》，《社会福利》2017年第9期，第48页。

系。[①] 一些社会个体也为此尽心尽力，如仙游县林秀川持续 28 年义务招工，奔走于福建、贵州、浙江、四川等地，将乡村富余劳动力介绍给泉州洛江各企业，在当地传为美谈。而他本人也于 2019 年 6 月入选“福建好人榜”。

(三) 健康扶贫备受关注

近年来，健康扶贫愈益受到社会力量的关注。如福建省慈善总会近年来致力于解决贫困家庭因病致贫问题，从 2013 年起，携手各市县慈善总会、省人民医院及其他有关单位，先后赴全省 20 多个县（市、区）开展“慈善健康快车进乡村”活动，至 2018 年底，已为近万名 60-75 岁乡村贫困老人提供全身免费体检；与上海远大心胸医院合作开展困难家庭小儿先天性心脏病救助，成功救助 78 例；与中华慈善总会合作开展 12 个重大疾病药品援助项目，已援助价值超过 18 亿元的药品。另由省民政厅、省人社厅等多家单位联合举办的大型义诊活动自 2010 年实施以来，医疗专家服务团已在寿宁、长汀等老区顺利开展，解决老区患者“看病难、看病贵”的难题。其中，2018 年 6—7 月在宁化、清流县为 2098 人提供义诊服务，并举办多场乡村医生培训及健康知识科普讲座，向民众发放健康教育科普资料。[②] 一些宗教组织也常年开展义诊活动，如厦门南普陀寺慈善会经常携手医院，奔赴革命老区持续开展扶贫义诊工作。

一些企业家对此也比较关注，如圣农集团创始人傅光明关注医疗保险助困工程，他出资 3600 万元，为南平市 6 万多名建档立卡贫困户兜底购买医疗补充保险，全额资助全市白内障患者治疗，并为该市所有残疾人配备了轮椅。与此同时，他还利用其南平市慈善总会会长的身份，积极推动南平市慈善总会拨款 1200 多万元为该市 3000 名特困重大疾病患者

① 郭奇、李锋华：《民政部门引导动员显成效　社会组织积极作为显身手——福建省社会组织参与脱贫攻坚综述》，《中国社会组织》2019 年第 2 期，第 22 页。

② 郭奇、李锋华：《民政部门引导动员显成效 社会组织积极作为显身手——福建省社会组织参与脱贫攻坚综述》，《中国社会组织》2019 年第 2 期，第 22 页。

提供应急救助。[①]

华侨华人、港澳同胞对此也比较热心。如自 2002 年以来，泉州市慈善总会和香港泉州慈善促进总会共同推进“慈善门诊”工程，2003 年在各县（市、区）开设 9 个“慈善门诊部”，为贫困群众、下岗待业人员、社会弱势群体实行医疗保障，全年接收贫困群众就医 8703 人次，每人次补助 30 元，投入善款 26.11 万元。[②] 从 2006 年开始，泉州市慈善总会对慈善门诊进行了改革，改向低保户发放慈善门诊卡，一年补助 300 元，次年提高至 400 元；[③] 2005 年菲律宾侨胞黄如论向福建江夏百姓医疗救助基金会捐赠 1 亿元，资助福建患病贫困人口；香港慈善家骆志鸿先生热心公益，持续 7 年共捐资 70 万元，为惠安县、泉州台商投资区的老年朋友做白内障手术提供费用补助，帮助 700 多名老年白内障患者重见光明；2018 年 10 月，陈守仁家族福利基金会向泉州花桥慈济宫捐赠 315 万元，支持花桥慈济宫未来 5 年为泉州市民提供免费送医送药服务。陈守仁家族基金会、花桥慈济宫还联合开展义诊赠药活动，此项义诊活动于农历每月初一，定点在王宫社区颍川宗祠面向所有居民开展。[④] 一些慈善组织还关注另类健康关怀。如 2001 年成立的福建省立医院宁养院免费为贫困晚期癌症患者提供临终关怀服务——宁养服务，而“宁养计划”系 1998 年李嘉诚基金会捐资 2000 万元在全国各地开展，基金会对每一家宁养院提供每年 100 万元的资助，并负责培训宁养大使、招募义工，提供社交心理支持、哀伤辅导服务，历年来让数十万家庭受惠。

慈善信托这种新的慈善模式也在福建省诞生。慈善信托属于公益信

---

① 林潞、陈志鸿：《“亚洲鸡王”傅光明的慈善情怀》，《福建侨报》2020 年 9 月 11 日第 5 版。

② 《泉州年鉴》（2004），第 326 页。

③ 胡苏：《香港泉州慈善促进总会累计向家乡捐赠 3213 万元》，2007－09－22，http：//news.enorth.com.cn/system/2007/09/22/002026978.shtml

④ 鲤城区侨联：《陈守仁家族基金会捐赠 315 万元》，《福建侨报》2018 年 10 月 12 日第 5 版。

托，是指委托人依法将其财产委托给受托人，由受托人按照其意愿开展慈善活动的行为。2016 年 9 月，福建省产生了全国首支慈善信托——“兴业信托·幸福一期慈善信托计划”，该慈善活动涉及养老扶老、教育助学、扶贫济困等多个领域。

（四）生活救助一脉相承

福建省素有热心公益、扶贫济困的民风传统，广大社会力量通过捐款捐物参与扶老助残、助医助学等活动，帮助贫困户解决实际生活困难。特别是海外华侨华人较多的侨乡大都建立了慈善基金，扶贫助学，救助孤寡老人，有的甚至为老年人提供免费餐食并发放养老金。如福建省慈善总会每年春节前夕还开展“慈善情暖万家”活动，走访慰问贫困群体，为困难家庭发放生活物品；自 2017 年以来，美国福建联合总会驻闽办事处“慰问献爱心”活动已在福建各贫困地区陆续开展，由爱心侨领庄淑好组织开展，主要向当地建档立卡贫困户发放大米、食用油等物资；[①] 2017 年 1 月，由世界福建青年联会组织的“侨心慈善行”活动走进永春北硿、宁化泉上、武夷山华侨农场进行新春慰问，为 55 户当地贫困归侨侨眷每户送去 1500 元慰问金和一条毛毯。成立于 2007 年的世界福建青年联会由海内外闽籍青年精英组成，至 2017 年“侨心慈善行”活动已持续开展 4 年；福州辉旺食品有限公司向低保困难户低价出售食用油等。

个人也是慈善扶贫的重要主体。如 2005 年，曹德旺向永泰县福利院捐资 70 万元扶助乡村贫困老人；2011 年初，新加坡侨胞许栋委托亲属为鼓楼区鼓东街道开元社区和东街街道竹林境社区的 60 户贫困家庭每户送上 200 元慰问金和慰问品，许先生已连续十余年为社区贫困家庭、特困户发放度岁金；[②] 美国侨胞孙清开、孙义文持续多年在春节期间慰问家乡贫

① 周治杰：《美国福建联合总会驻闽办事处赴三明慰问献爱心》，《福建侨报》2019 年 8 月 16 日第 5 版。

② 《新加坡华侨许栋先生爱心献社区》，2011 - 03 - 16，http：//www.mdqs.org/contents/108/6700.html

困家庭和特困乡亲，其中，2016 年春走访慰问了连江县晓澳镇百胜村 50 名五保户、低保户和特困户，给予每户慰问金 500 元、一瓶食用油和一袋大米；2016 年清明节期间，美籍侨胞林方文、张秀华夫妇出资 5 万美元资助连江琯头镇“五保户”和“低保户”；2017 年“六一”节，港胞黄峰女士前往闽侯县白沙镇上寨村慰问该村 4 名贫困儿童，逐户送上 1000—3000 元不等的慰问金及衣物、牛奶等物品；2018 年旅外侨胞柯保安关注安溪县蓬莱镇 40 名五保户，每户每季度发放 10 斤油和 60 斤大米等。[①]

安居工程建设也是社会力量关心贫困群体生活的体现。如从 2007 年起，福建省残疾人福利基金会持续开展乡村贫困残疾人“安居工程”项目，采取“发动社会募集、企业支持、亲友帮扶”的方式，帮助全省乡村贫困残疾人解决住房问题，至 2018 年底已为此募集 1 亿多元，惠及全省 1 万余户贫困残疾人；[②] 2016 年，香港实业家劳锶淇女士捐助 18 万元为长汀县伯湖村 6 户贫困户捐建脱贫小院等；[③] 曾金镀是南安市官桥镇成竹村的贫困户，2016 年被纳入政府安居工程，但建房资金有较大缺口。2016 年 6 月，在天津市南安商会和一群热心社会贤达的主动帮扶下，2017 年曾金镀终于如愿住进了新房。

天灾人祸也是社会力量关注的焦点。如为帮助受 2016 台风“莫兰蒂”灾害的群众尽快重建家园，泉州市社会各界积极开展爱心捐款活动，截至当年 9 月 20 日，为台风受灾地区捐款超 5600 万元，其中侨胞捐资 1008.85 万元。[④] 台风发生后，河仁慈善基金会向福州市闽清、永泰两县及三明市尤溪县各捐助 500 万元紧急救助资金，用于帮助灾区群众生产生

---

① 陈克振：《安溪侨胞办敬老早餐》，《福建侨报》2018 年 8 月 3 日第 5 版。

② 《民政部门引导动员显成效 社会组织积极作为显身手》，2018-12-21，http://mzt.fj.gov.cn/xxgk/gzdt/mtgz/201812/t20181221_4715082.htm

③ 陈天长：《捐建 6 套脱贫小院》，《福建侨报》2016 年 6 月 10 日第 5 版。

④ 吴泽华、陈桂胜：《大爱！泉州各界为台风受灾地区捐款超 5600 万！泉企、商会爱心接力中……》，《泉州商报》2016 年 9 月 20 日。

活的救急救难和灾后重建。随着灾情的发展，曹德旺决定再捐赠 4000 万元，专项资助闽清、永泰两地“7·9”洪灾房屋倒塌户建设安置房。疾病也为社会力量救助所关注。如几年前，福清市江镜镇吴塘村村民王昆旺因车祸脑部受伤一直依靠药物治疗，后来又患上了尿毒症，手术费用昂贵。在村委会的帮助下，2019 年 1 月王昆旺收到了来自美国夏威夷福建同乡会的捐款 4500 美元（约 3 万人民币）。2018 年，江镜镇谢塘村村民谢秀财赴美打拼时不幸患病，同乡会成员也捐赠了 6.75 万美元（约 45 万人民币），助其抗击病魔。①

（五）教育扶贫稳定发展

教育是福建省社会力量的传统扶贫领域，不少企业、教育基金、社团或个人对此予以持续关注。企业界，如圣农集团创始人傅光明十分重视教育扶贫，连续多年每年向南平市慈善总会捐赠 100 万元用于助学。他还推动南平市慈善总会出资 200 万元，兜底保障南平全市 400 名建档立卡贫困户子女就学；②“同心·海西春雨光彩助学”是福建省非公有制经济人士助学助教的一个品牌活动，由省委统战部、福建日报社、省工商联、省光彩事业促进会联合主办。2012—2016 年间累计筹集 840 多万元，帮助 1700 多名困难学生圆了大学梦。2016 年省光彩会创新助学模式，结合省“百企帮百村”精准扶贫行动展开光彩助学，动员企业资助结对村贫困子女上大学，共有 15 家企业通过省光彩会向 43 名贫困子女捐赠 21.5 万元。③ 一些普通个体也开展结队帮扶。如 2019 年 3 月，南安 70 对新人以简办婚庆树立新风的方式许下婚约，并在现场与 9 名贫困儿童进行爱心结对帮扶。

侨界人士是重要的扶贫助学力量。福建省侨捐一半以上用于教育，

---

① 朱婷：《在美众乡亲伸援手 情暖冬日》，《福建侨报》2019 年 2 月 1 日第 3 版。

② 林潞、陈志鸿：《“亚洲鸡王”傅光明的慈善情怀》，《福建侨报》2020 年 9 月 11 日第 5 版。

③ 郑昭：《“海西春雨光彩助学”捐助仪式举行》，《福建日报》2016 年 9 月 14 日。

其中相当一部分用于扶贫助学。如林文镜慈善基金会先后捐资近千万元用于资助贫困学生上大学，帮助一届又一届的莘莘学子圆了大学梦；至2018年，福建省黄仲咸教育基金会已捐资8477.5万元，资助全省贫困学生12.83万人次；[①] "海西春雨·侨青助学"活动是泉州市侨青联为贫困归侨侨眷子女实施的一项助学圆梦活动，自2008年始至2018年8月，已举行9次助学活动，累计资助1016人次，合计101万余元，全部资金均由侨青联委员自愿捐助。[②] 个人方面，旅菲侨领蔡友铁捐资办学不遗余力，特别是从2003年起，每年成批资助石狮多名学习成绩优秀、家庭经济困难的大学生上学，每人每年1万元，至2019年共资助17批89人，资金近400万元；[③] 侨领丘季端先生热心助学由来已久，厦门市侨联自2013年以来连续6年举行"邱季端先生高考助学"活动，累计为132人次厦门市贫困大学生发放助学金68.3万元。[④] 2015年8月，丘先生还向福建省23个贫困县100名贫困学子捐赠助学款50万元。

省内外公益组织对此也十分热心。如2003年在福州发起、2013年底正式注册成立的福建省简单助学公益协会以服务乡村困境儿童教育为己任，至2018年共投入2000余万元，惠及3400余户乡村贫困家庭儿童；[⑤] 福建省妇女儿童发展基金会最早成立于1981年，是为妇女儿童教育、福利事业发展服务的非营利性公益社会团体。至2017年共募集资金1.26亿元，资助贫困学生11.61万人次，援建春蕾班52个，春蕾小学38所，"爱心书屋""儿童快乐家园"121个，救助"两癌"贫困母亲5755名；[⑥]

---

① 郭奇、李锋华：《民政部门引导动员显成效 社会组织积极作为显身手——福建省社会组织参与脱贫攻坚综述》，《中国社会组织》2019年第2期，第22页。

② 钱侨：《期待贫困生"越吃苦、越成长"》，《福建侨报》2018年9月7日第5版。

③ 蔡名扬：《旅菲侨领蔡友铁助学金颁发》，《福建侨报》2019年8月30日第5版。

④ 夏闻：《邱季端6年"高考助学"132人次》，《福建侨报》2018年9月7日第5版。

⑤ 郭奇、李锋华：《民政部门引导动员显成效 社会组织积极作为显身手——福建省社会组织参与脱贫攻坚综述》，《中国社会组织》2019年第2期，第22页。

⑥ 每人一次性资助5000元 福建助239名贫困女生上大学，2017-08-17，http://news.youth.cn/gn/201708/t20170817_10534971.htm

2012 年成立的仙游“海绵团”以资助贫困家庭学生就学为主要公益方向，近 8 年来，该公益组织通过微信红包、现场认捐、公益洗车、成立网上“海绵团微爱店”及爱心拍卖会等方式募捐善款，每月定期开展“关心下一代”爱心助学走访活动，直接将助学款送到贫困生手中，共组织了近百次贫困生走访活动，累计发放资助金达 120 多万元，帮助近千名受助者圆梦；[①] 尤溪县星源爱心基金会自 2015 年成立以来，扶困助学形成了常态化机制，共发放了 80 多万元的扶困助学金，还与特困学子建立了一对一的帮扶关系，每月为帮扶学子提供 600-800 元不等的生活费，直到其大学毕业；为让家境贫寒、品学兼优的初中毕业生能够享受优质教育，2018 年 9 月，由江苏中远助学帮老基金会捐资设立的南安一中“圆梦班”正式开班，基金会向“圆梦班”捐助资金 120 万元，用于“圆梦班”学生高中三年的学习、生活资助及教师奖励。此前，江苏中远助学帮老基金会已在泉州安溪一中和龙岩市龙岩一中捐资设立两个“圆梦班”。

教育培训活动也为社会力量所关注。如 2017 年福建省林文镜慈善基金会、福建日报助村栏目、滋农游学公司携手发起“大地之子计划”，由美和公益提供运营支持。该计划旨在培育乡村发展带头人，2017—2018 年各为省内 10 个村庄的 10 名乡村发展带头人（主要是村两委成员、返乡创业青年、合作社带头人等）提供资金、专业经验、社会资源等支持，直接带动各相关村庄增收及当地贫困户脱贫。

（六）信息科技扶贫方兴未艾

信息扶贫是近年来社会力量关注的新领域。如 2015 年 12 月，福建省首个乡村多媒体信息扶贫项目启动。该项目由福建省扶贫基金会、扶贫开发协会主办，人民日报数字传播（福建）有限公司承办，河仁基金会提供资金支持。项目利用互联网技术和远程播控技术，旨在使村民了解最新的市场信息和技术服务，同时也为村民提供便民资讯等信息服务，

① 陈国孟：《仙游“海绵团”8 年资助贫困生 1500 多人次》，《福建侨报》2019 年 4 月 26 日，第 5 版。

以此推进当地村民脱贫。

2017 年，福建省科协与省扶贫开发协会联合实施科技扶贫“万名培训”，其中科协 7000 名，扶贫开发协会 3000 名，由科协和扶贫开发协会分别组织实施，面向 23 个省级扶贫开发工作重点县的农民开展培训。培训内容以发展现代农业、休闲农业、绿色农业、农村电商为主题，重点围绕现代农业实用技术、农村信息化、农村金融知识、农民创业和现代职业农民所需的技能开展技术培训与推广，以助力闽省精准扶贫、精准脱贫工作。

社会力量扶贫还体现在其他多个方面，如心理关注。一些贫困群体缺少的不仅仅是物质，还缺少精神慰藉和关爱。对于小朋友而言，缺乏社会关爱可能影响其将来的健康成长。鉴于此，自 2016 年始，福建省扶贫开发协会、省扶贫基金会与省希望工程办公室带领福建电视台金秋栏目组，持续组织小记者们赴霞浦等省级扶贫开发重点县以及一些贫困村小学，开展“你我同行 · 聚力扶贫”小记者手拉手结对帮扶贫困学生活动。通过捐款赠物、互动交流，以及之后的跟踪回访，受帮扶儿童及其家庭感受到来自社会的关爱，从而以更加积极、更为阳光的心态面对未来的生活；类似的还有 2019 年“六一”前夕，仙游瑞容爱心协会联合县民政局、初心青少年社工服务中心，组织近 30 名爱心志愿者走进仙游县度尾镇砺山小学开展关爱留守儿童公益活动，旨在让留守儿童感受到社会的关爱。当天，协会为这些孩子带来各种食品、学习用品和生活日用品，还为学校捐献体育用品。青年志愿者们带领孩子们开展文艺表演、法律安全知识竞答、集体互动游戏等，并动手为孩子们准备了丰盛的“爱心午餐”。这种专业化、个性化的扶贫活动正是社会力量扶贫的优势。又如基础设施扶贫，交通等基础设施落后是贫困地区发展的重要阻碍。2019 年，兴华财富集团有限公司董事长陈茂春夫妇决定捐赠 1.2 亿元，修建福安市溪柄镇北山村至城阳镇荷洋村的乡村公路。公路的建设，将促进溪柄镇柏柱洋红色旅游景区和城阳镇棕树山旅游区的交通联网，带动公路沿线乡村发展和村民脱贫致富。

综合来看，福建省社会力量扶贫有其鲜明的特点：

1. 侨界扶贫突出

与其他非重点侨乡省份相比，福建省侨务资源丰富。实践中，华侨华人个体、侨企和涉侨组织对福建省扶贫事业十分关注。以南安侨领黄仲咸为例，1990 年他在家乡南安创建“南安市黄仲咸教育基金会”，持续关注家乡教育事业的发展，主要在南安开展奖教助学活动。1998 年在其事业正蒸蒸日上之时，黄老毅然变卖海外所有资产回国投身公益事业。从 2002 年开始，他的公益范围已扩大到全省老区、山区，开始持续性地为老区学生发放奖助学金。在南安市黄仲咸教育基金会的基础上，2004 年他成立了福建省黄仲咸教育基金会。次年 2 月，黄老将多年苦心经营积攒下来的全部资产——南安、厦门两幢必利达大厦、香港中行 1. 1 万两黄金、厦门中行 800 多万元存款以及南安水头镇 60 亩土地的使用权等，全部捐赠给福建省黄仲咸教育基金会。其中，仅厦门必利达大厦市值已超过 3 亿元。几十年来，黄老及其独资创办的黄仲咸教育基金会在福建捐资教育、文化、卫生、福利等社会公益事业累计高达 5 亿多元；① 又如 2017 年印尼侨胞翁俊民捐赠 500 万元给福建省扶贫基金会，用于资助 250 位建档立卡贫困户子女在大学 4 年期间的学费，每人每年 5000 元。正是在黄仲咸、翁俊民等侨亲的引领下，闽籍华侨华人和港澳同胞已成为福建省精准扶贫和乡村振兴事业中一支不可或缺的力量。

2. 项目推动

近年来，福建省社会力量帮扶多呈现项目推动模式，通过持续、深入开展“巾帼扶贫”“春蕾助学”“希望工程”“青年志愿者”“光彩事业”“幸福工程”“光明行动”“科普惠农兴村计划”等扶贫活动，形成一定的品牌效应和资金聚集效应。如“希望工程”是共青团中央、中国

---

① 陈璇、林再发：《捐资五亿多元 支持社会公益》，《厦门日报》2014 年 10 月 27 日。

青少年发展基金会于 1989 年发起的旨在救助贫困地区失学少年儿童的一项公益事业。1992 年 6 月，福建省希望工程办公室成立，广泛动员海内外民间资源，资助福建农村家庭经济困难的学生继续完成学业，援建希望小学和配套设施，改善福建省贫困地区的办学条件，促进农村基础教育事业的发展。近年来，省希望办进一步拓宽服务领域，创新公益项目，积极助力脱贫攻坚，资助重点覆盖了全省 23 个省定扶贫重点工作县和 22 个中央苏区县，得到了社会各界和海外人士的广泛响应。如 2006 年省希望办启动“福建省希望工程圆梦行动”，动员全省各级团组织及社会各界资助福建省贫困地区考入二类本科以上院校、家庭困难的大学优秀新生。截至 2018 年，省希望办筹集社会各界捐款 6240. 4 万元，让 1. 32 万名农村困难家庭大学新生顺利迈进大学校门；2014 年省希望办又启动了“青春同行助孤行动”，动员全省各级团组织与社会各界爱心人士积极参与事实孤儿帮扶工作，获得福建省青年商会、柯庆丰助学基金、海南成美慈善基金会、美国感天益善会、乔丹体育股份有限公司等社会各界爱心单位、人士的大力支持，捐款 620 余万元，帮助福建家庭困难事实孤儿 14445 人次；从 2015 年至 2018 年，省希望办开展的“福建省希望工程支教志愿服务”活动累计选拔 81 名应届大学毕业生志愿者，赴福建省 23 个省级扶贫开发重点工作县的希望小学及农村学校，开展为期 1—2 年的支教志愿服务，帮助当地农村学校提高教学质量；截至 2018 年，省希望办已在全省 9 地市援建希望小学 507 所；在希望小学和农村学校援建希望工程图书室 1222 个、希望工程快乐体育园地 319 个、希望工程电脑教室 106 个。总之，发展数十年，“希望工程”已成为福建省共青团促进贫困地区教育事业发展的知名品牌。[①] 又如泉州市实施的“三百工程”（百企帮百村、百会扶百村、百侨助百村），截至 2017 年底，市县两级共发动企业、商会 854 家，结对帮扶 473 个贫困村，实施帮扶项目 1889 项，投入帮扶资金 1. 26 亿余

---

① 郑夷：《倾囊铺就扶贫之路爱心点亮多彩梦想——福建省希望工程办公室助力脱贫攻坚纪实》，《福建青年》2019 年第 6 期，第 26-28 页。

元，惠及困难群众 11955 人；共发动侨青、侨商 105 人，23 家侨企参与，结对帮扶 85 个贫困村，实施项目 169 项，投入资金 8745 万元，惠及群众 24770 人。① 至 2020 年 9 月，南平市共有 112 家民企和商会参与到"百企帮百村"工程中来，结对帮扶 123 个贫困村，累计投入帮扶资金 6 亿余元，惠及贫困户 3450 人。② 可见，项目推动效果明显。

3. 帮扶方式多元

帮扶方式多元体现在多个方面。如从帮扶性质上看，社会力量帮扶可分为无偿扶贫和有偿扶贫两种。社会力量扶贫大多是无偿的，无论是对贫困户的慰问、对贫困学生的资助，还是对受灾地区贫困群体的紧急救援，大部分情况下都是无偿、不求回报的。但对于产业扶贫而言，有不少是有偿或互惠的。如企业通过投资兴业带动贫困地区脱贫，企业在获得一定投资回报的同时，也为贫困地区提供了就业机会和商品销售市场，帮助贫困地区进行资源开发，进而也产生了相当的扶贫效果。当然，相比一般企业投资兴业而言，由于扶贫企业抱着扶贫的目的，能在一定程度上主动让利，因而其扶贫效果较一般投资产生扶贫的外溢效果更佳。典型如省统战系统、工商联系统大力推动的"光彩事业"，通过引导民营企业在贫困地区投资兴业，较大程度上促进了贫困地区经济社会全面发展及贫困者持续增收。此外，一些扶贫本来就对被扶助者有所要求。如由马来西亚屏南籍热心教育的华侨华人筹募资金成立的马来西亚砂罗越屏南公会清寒子女大学贷学金，主要以无息贷款形式扶助家境清寒的大学本科学生，每人 5000 元，毕业后一年内还清。从扶助内容来看，除捐资赠物外，还包括技艺传授、志愿服务等多个方面。如 2016 年 12 月"南安市医疗卫生志愿者服务队"成立，成员近千人，自组建以来至 2018

① 林萍：《福建乡村产业扶贫实践与机制创新》，《台湾农业探索》2018 年第 5 期，第 41 页。

② 林潞、陈志鸿：《"亚洲鸡王"傅光明的慈善情怀》，《福建侨报》2020 年 9 月 11 日，第 5 版。

年4月，已开展精准扶贫义诊活动500余场，为近3万名群众免费义诊。[①] 截至2017年，福建全省志愿服务超过3.4亿小时，由4000多万人次青年志愿者无偿提供。[②] 值得一提的是，近年来精准扶贫战略的实施对社会力量帮扶也提出了更高的要求，使得帮扶方式更加多元和精准。如同样是就业创业扶贫，精准扶贫背景下的技能扶贫更加注重与时代接轨，不再局限于种、养殖业扶贫，而是在此基础上，结合当地实际情况，发展旅游扶贫和电商扶贫等。在此过程中，还拓宽了扶贫渠道，如在2017年9月，福建省扶贫基金会首次将扶贫与互联网结合，推出了“一元扶贫 共献爱心”App等。

4. 帮扶层次更高

以往社会组织扶贫侧重于救济式扶贫，更多的是捐钱献物，改善生活条件。精准扶贫战略提出之后，社会组织扶贫由原来的“输血”逐渐转向“造血”，强调“助人自助”的扶贫理念。因此，这些组织更加重视对村民内生动力和脱贫致富能力的培育。如前所述，成立于2016年的林文镜慈善基金会，2017—2018年度携手其他组织发起了“大地之子”计划，旨在帮助乡村“领头雁”练好内功，以便更好地带动所在村庄的发展。此外，近年来社会力量热衷于产业扶贫、教育扶贫，这些均是造血式、可持续的扶贫，是扶到“点子上”和“根子上”的精准扶贫。这些均表明，近年来社会力量扶贫逐渐从传统的捐款献物向扶智扶志、产业发展等“造血型”扶贫转变，扶贫层次更高。

5. 具有一定的连续性

由于近年来社会力量热衷于项目扶贫，而项目通常是连续性的；同时也由于不少社会力量尤其是基金会和各类慈善组织的运作方式通常较

---

① 苏明明：《南安市医疗卫生志愿者服务队：组建一年多开展500多场专业义诊》，《海丝商报》2018年4月28日第4版。

② 陈宝国、张琦：《福建慈善公益力量参与扶贫攻坚的对策研究》，《学会》2019年第3期，第17页。

为持续，因此在扶贫上具有一定的持续性。如近年来，在相关部门的引导下，不少教育基金或社团持续关注贫困侨生。如泉州市侨联青年委员会自2008年始，一年一度举办“海西春雨·侨青助学”活动，资助对象主要为泉州地区品学兼优的贫困归侨侨眷子女；旅居印尼的吴世富蒋丽钻夫妇设立鲤城区慈善会吴世富蒋丽钻助学基金，自2006年起，连续5年每年捐资10万—20万元，专门扶助鲤城区贫困归侨侨眷子女、低保户及因病因灾致贫家庭子女完成学业。其他如魏可英助学奖学金、王汉章助学金、永春县侨联扶贫基金等均关注贫困归侨、侨眷子女。这些基金对学生的支持一般延续到其毕业之后。一些企业虽未设立基金，但其对贫困地区的支持也是持续性的，如民企福建百盛科教设备有限公司连续五年每年资助15万元，为重点贫困乡镇幼儿园捐赠幼教设备；福建美亚健康管理有限公司连续五年每年资助15万元，为贫困乡镇的卫生院添置医疗设备等。

三、福建省社会力量扶贫成效和局限性

福建省社会力量扶贫成果显著。发动社会力量扶贫，不仅使福建省扶贫参与主体更加多元，扶贫方式和内容更加全面，而且还实现了行政机制、市场机制、社会机制的综合运用。具体而言，其成效主要体现在以下几个方面。

1. 扩展了扶贫资金来源

通过鼓励社会力量扶贫，吸纳了社会资金，弥补了政府扶贫资金的不足。如福建省通过鼓励和组织各类企业开展“百龙联百村”活动，至2018年，先后有150家省级重点龙头企业与151个村结对共建，投入资金14亿元。[①] 2016—2018年间，全省各级慈善总会获得捐赠款物价值40

① 福建社科院课题组：《改革开放40年来脱贫攻坚的福建实践》，《福建日报》2018年11月5日第9版。

亿元，其他各类组织获得慈善捐赠超过 50 多亿元。[①] 2018 年全省社会组织投入扶贫资金逾 3.3 亿元，60 多万贫困人口从中受益。[②] 即便是一些普通的社会人士，也通过其热心服务聚焦了不少扶贫资源。如菲律宾归侨胡云豹是一名退休教师，长年来为贫困生牵线搭桥筹集爱心助学款。1995 年至 2017 年，每年他都留下一本厚重的助学名录，里面记载着贫困生的姓名、地址、就读学校、家庭情况等详细信息，以及爱心人士、企业的信息，每个学生都有独立的档案表。胡云豹还及时跟踪反馈，给资助者一个交代，取得资助者的信任和支持。20 多年来，共筹资 1639.6 万元，资助 5638 名贫困生。[③] 可见，社会力量的加盟，有力地推动了福建省扶贫攻坚工程的进展。

2. 扩大了贫困群体的受益面和受益度

社会力量的热心参与，将大大延伸贫困群众的受益面。如在侨界和社会力量的热心支持下，厦门市侨联 2015 年"温暖送百爱·真情暖侨心"活动的帮扶对象包括该市鳏寡独居、年老多病的老归侨，无固定收入、无子女赡养的乡村散居贫困归侨，因病致贫、下岗待业、家庭负担重的归侨，家庭成员长期患病的困难归侨，低保归侨户等。涉及群体广泛，超出了政府的扶贫面。又如截止 2017 年底，全省动员民营企业（商会）613 家，精准帮扶 628 个贫困村，通过帮助安置就业、提供技能培训，实施帮扶项目等，惠及 3.4 万建档立卡贫困人口。这对于贫困人口而言，不仅扩大了受益面，而且增加了受益度。

3. 涌现了扶贫新模式和新载体，为政府扶贫创新提供了思路

社会力量扶贫突破了以往的惯有做法，出现了网络扶贫等新的精准扶贫平台，这些新的平台为新时期如何整合和监管扶贫资源提供了新的

---

① 陈宝国、张琦：《福建慈善公益力量参与扶贫攻坚的对策研究》，《学会》2019 年第 3 期，第 16 页。

② 《去年福建全省社会组织投入扶贫资金超 3.3 亿元》，《福建日报》2019 年 5 月 19 日。

③ 《归侨胡云豹：闪光的助学路》，《福建侨报》2018 年 10 月 19 日第 5 版。

思路和新的要求。如福建广电网络集团积极开发建设的“互联网+TV 党媒精准扶贫平台”，属于闽省扶贫工作的创新之举。自 2012 年成立以来，福建广电网络集团发挥自身优势，从加大典型宣传、为扶贫攻坚工作营造舆论氛围，到利用党媒公信力及平台优势，帮助农产品拓宽销售渠道，精准助力脱贫。实践中，这种“互联网+TV”党媒精准扶贫的“福广模式”已帮助不少贫困村脱贫。如宁德市寿宁县下党乡下党村是福建省扶贫重点村，也是“福广模式”精准扶贫的示范村。2015—2016 年间，仅“可视化定制茶园”项目，就使村民多创收 200 万元，不少村民因此得以脱贫;① 又如由莆田城厢区华亭镇扶贫开发公司牵头，于 2016 年 6 月建立的“华亭镇扶贫爱心帮帮团”微信群，有近 500 人加入，涉及企业家、镇村干部、老师、普通群众等各个群体。微信群成员通过“一日一善”发送红包的方式进行捐资，募集的资金进入专门账户，既可以由镇扶贫办统筹使用，也可以由捐赠者指定帮扶特定对象。为确保资金使用公开透明，华亭镇扶贫办安排专人负责统计微信群捐款数额，每天上下午各一次，在微信群一笔笔公布前日捐款详情，每月在微信群、镇党务政务公开栏等平台公布支出详情，接受群众监督。同时，资金由专人监管，纪委、审计等部门定期监督检查，这种筹资方式和监管模式值得借鉴；再如上述菲律宾归侨胡云豹，创立“爱心助学 济困育才”等十余个微信群，最多的群有 300 多人。大家齐心协力、接力助学，聚集效应越来越大。近年来，民间互联网捐赠的发展也引起了政府对互联网捐赠的重视，2016 年《慈善法》对互联网募捐予以规范。此后，福建省更加积极地探索“互联网+慈善”的发展模式。如 2017 年 9 月，腾讯公益、福建省慈善总会等部门联合举办“腾讯 99 公益日福建公益生态发布盛典”，将乡村留守老人养老项目和留守儿童帮扶项目，作为福建公益慈善的优先项目进行宣传推广；南平市慈善总会联合福建省圣农实业有限公司，通过

---

① 李珂：《福建广电网络集团党媒精准扶贫成效显著》，《福建日报》2017 年 5 月 12 日第 1 版。

腾讯“益行家”平台，号召网民线下徒步行走，线上捐赠步数，筹集善款等。

社会力量扶贫也使得新的帮扶载体不断涌现，如上述微信平台，既便于爱心人士开展“一对一”“一对多”结对助学，而且便于联络互动和跟踪反馈，加深资助者和受助者之间的情感和信任，巩固和扩大助学成果。又如近年来在各地涌现的各种爱心超市、慈善超市、扶贫超市等扶贫载体，以发放实物券形式救助特困群体。一些慈善超市还具备多种功能，如2018年开业的福州仓山区福建省慈善服务协会首家“为爱前行”慈善超市，不仅将长期对21名低保户进行帮扶，还承接受捐、义卖变现、扶贫救助、志愿服务、社区便民服务和公益培训服务等功能，可为周边群众提供多样化服务。一些新扶贫组织的诞生为破解一些扶贫难题提供了思路。如2007年成立的屏南县小额信贷促进会，集贷款推介担保、农户小额借款、农户信用评价、农户项目对接服务为一体，对于破解一贯以来金融机构与农户之间的隔阂有所帮助。在该模式下，农户根据需要向促进会提出小额贷款申请，促进会根据农户信用档案对其资信状况进行评估，并审查其相应的生产项目，而后推介给金融机构。金融机构同意后，由促进会提供担保，并协助农户办理贷款。可见，由这样的机构充当中介，不仅可以协助金融机构减小放贷风险，也可以部分解决贫困户借贷专业性不足的问题。

此外，社会力量扶贫还调动了全省社会力量扶贫助困的热情，强化了社会主体的责任意识，这一点也是弥足珍贵的。

当然，福建省社会力量扶贫也有其局限性。一是社会力量扶贫整体而言仍不充分，参与精准扶贫的力度、广度、深度参差不齐。如虽然当前社会力量扶贫模式愈益多元，但个人参与精准扶贫的模式仍较为单一，以捐资赠物为主。近年来，福建省一些热心人士积极构建“互联网+”慈善平台，推出直捐、小额捐款等公益模式，但其内容主要聚集在传统的救急救难领域，扶贫项目趋同；大部分民营企业仍热心于捐资捐物，一些企业开始到贫困地区发展农业项目，但整体而言，这方面的投入仍然有限，其组织模式也主要是政府劝导式的村企共建模式，帮扶途径和内容比较单一，产业基地建设、技能培训等深层次延伸还不够。如在闽侯县工商联引导的村企共建模式中，福州弘博工艺品有限公司缩小厂庆十周年规模，把节省下来的 100 万元作为闽侯县“精准扶贫”捐助款，类似捐助的村企共建方式在各地也屡见不鲜；社会组织扶贫因目标群体明确、管理层级少，容易获得成效。但与此同时，大多数社会组织规模偏小，扶贫资源有限，主要着眼于微观贫困治理，规模效应有限。大部分侨界慈善机构目前仍倾向于生活救助类帮扶，除助学外，较少关注“造血”型生产项目和贫困个体能力提升问题。二是不同的社会主体参与效果参差不齐。一些社会力量系主动、积极作为，倾心投入，效果较为明显；一些则是在政府劝导下扶贫，本身对扶贫缺乏足够的责任心和耐心，因而在扶贫中被动、应付，对扶贫缺乏整体和长远规划，其扶贫行为存在推一把动一下的现实，效果自然有限。一些甚至打着“扶贫”旗号，干着“与民争利”的事实，需要进一步引导和规范。三是各类社会力量扶贫多各自为政，缺乏足够的整合。这将导致各扶贫力量多倾向于发挥各自所长，如医疗企业多选择医疗项目，教育行业多选择教育项目，不一定能结合贫困地区的当前急需来进行，致使扶贫整体效果有限。

不仅如此，福建省社会力量扶贫还面临一些困境。一些是外在的，如民营企业、社会组织和个人扶贫还存在着组织动员不够、政策支持不足、参与体制机制不完善等问题。目前，引导力度不够、政策配套不到位，已成为福建省社会力量精准扶贫的重要制约因素，并导致目前社会力量扶贫仍然存在参与力量少、参与面窄、参与深度不够等问题。其中，民营企业虽以捐赠扶贫、产业扶贫等方式取得了一定的效果，但是规模有限，不少企业仍处于观望态度；社会组织对扶贫的关注仍然不够，专业性扶贫组织较少，已有的扶贫项目中，普惠性质偏多，专业性、针对性扶贫较少。在政策支持方面，近年来，政府在扶贫准入、税收激励等方面做了一些改进，但在配套信息支持、沟通交通平台构建等方面仍有待进一步完善。参与机制不完善也阻碍了社会力量扶贫，其中协调合作机制就比较典型。扶贫攻坚需要全社会共同参与，但目前，福建省缺乏专门机构对社会力量扶贫进行引导和协调，加之信息封闭，难以构建起社会力量之间以及社会力量与政府、贫困地区（贫困户）之间的高效合作体系，使得慈善资源难以发挥整合效果。此外，现有乡村留守贫困群体能力不足的现象也比较突出，难以完全承接起政府和社会力量的精准扶贫工作，使得精准扶贫因乡村脱贫主体的脆弱性而步履维艰。

一些是内在的原因，典型如企业的自利性。民营企业作为民间资金的代表性主体，并不十分青睐于贫困地区。这是因为盈利是企业的根本目标，而贫困地区的道路、水电等基础设施不够完善，城乡物流配送体系、人才体系不健全，民营企业在此投资兴业，通常需要投入更多的资金，承担较大的风险，这就制约了民营企业对贫困地区的产业投资。又如市场主体参与乡村金融扶贫仍然不踊跃。这是因为乡村信用贷款机构作为经济组织，追求的是经济利益和风险管理，而乡村贫困主体抵押能力和还贷能力均不强，不是理想的放贷主体。倘若只注重其社会效益，一味强调扶贫性，就会加大放贷机构的经营风险，甚至可能导致其难以正常运转。对社会组织而言，由于社会组织的非营利性特征，成员大多低薪或者无薪，而且缺乏相应的福利保障。因此，社会组织普遍面临着人才流失和难以吸引人才的双重窘况，进而导致其专业化和可持续性不够的问题。

总之，社会力量扶贫有着主体的多元化、方式的多样化和目标的精准化等优势，这就决定了社会力量扶贫在精准扶贫工作中占有重要的一席，尤其是社会力量能够提供政府难以有效提供的物品、资金、人力资本、理念、技术手段等，有助于弥补政府扶贫的不足，因而近年来也愈益受到重视。与此同时，社会力量扶贫内部也有着明显的差异性和互补性。其中，企业扶贫资源较为丰富，在资金、产业发展、市场等方面更有经验和优势，扶贫通常具有规模效应，但主动性和个性化服务欠缺，因追求利润，有时还无法全身心投入；社会组织主动性较强，对扶贫事业耐心、负责，在教育培训、医疗服务等方面较具优势，但扶贫资源相对欠缺，来源不够稳定；社会个体涉及面广泛，扶贫潜力巨大，但较为分散，缺乏组织性。倘若政府、企业、社会组织、个人等诸多扶贫力量在乡村精准扶贫中能够各施所长，相互间取长补短，协同帮扶，则更能集中全社会力量精准脱贫。

第四章　当前福建省协同帮扶现状

本章在探讨扶贫力量分散性与精准脱贫、乡村振兴矛盾的基础上，分析政府、社会力量、村民三方及各扶贫力量内部协同帮扶动因、协同模式、协同程度和协同效果，并比较其中的差异性。

第一节　协同帮扶动因

福建省各方力量协同帮扶有其内在和外在的动因，这里主要探讨扶贫力量分散与精准脱贫、乡村振兴之间的矛盾，以及政府对此的规划和发动。

一、扶贫力量分散性与精准脱贫、乡村振兴的矛盾

“碎片化”是对社会力量扶贫现状的一种形象化描述，是指社会力量扶贫仍处于一种零散性、非系统性的运行状态。相对于政府扶贫而言，社会力量本身包含企业、社会组织和社会个体三大群体，各群体之间相互独立，同一群体内部也无等级森严的层次隶属关系，因而在自发扶贫的状态下容易处于一种零散、非系统的状态。不仅如此，政府系统和准政府系统在扶贫事业中虽能统筹规划，但政府系统与社会力量之间也处于一种相对独立、分散的状态，这种状态与精准脱贫的要求不相符合。

从理论上分析，精准扶贫重在“精准”，贵在“精准”，不仅要求有

充足的扶贫资金，更要求有精准的识别，针对性的帮扶举措，专业化的考核评估，而这些都不是单一帮扶主体所能独立完成的。如前所述，无论是政府，还是企业、社会组织以及社会个体等帮扶主体均各有其优势和不足，如政府扶贫有较为充实的扶贫资金和人力资源，但在专业帮扶、分类帮扶、考核评估上仍有其不足；企业在产业扶贫上有优势，但其扶贫动力不足；社会扶贫组织较为积极主动，在单一领域专业性强，但扶贫资源有限，难以全面；社会个体扶贫潜在资源丰富，但极端分散，缺乏组织性。各扶贫主体唯有携手，才能解决精准扶贫中的“精准”问题，否则难免顾此失彼，无法全面实现扶贫“精准”化。

从扶贫对象的情况来看，贫困地区和贫困者致贫原因的多样化也要求多主体协同扶贫。目前，我国贫困人口致贫原因复杂，无业、因灾、因病、因教、自然环境恶劣等各种主客观因素多交织在一起；贫困地区也是如此，自然条件恶劣、基础设施落后、产业结构单一、民主治理欠缺、思想意识保守等，均可能导致贫困地区的贫困并呈固化演进之势。由于任一扶贫主体均非“全能”扶贫者，因此，要解决这些多样化难题，需要多主体协同解决，以促进贫困地区经济社会协调发展，贫困者各方面问题的综合解决。

再从实践中观察，目前我国精准扶贫、精准脱贫已进入攻坚阶段，但这种由政府主导的传统扶贫模式也日益暴露出各种不足，如瞄准失误、帮扶措施简单、效率低下等问题。事实上，问题的出现有其必然性。国际经验表明，政府主导的扶贫模式适合解决大面积的贫困问题，而当贫困人口下降到10%以后，扶贫方式就必须向微观层面转变。[①] 这时候再坚持以政府为主体的扶贫模式，就必将面临诸多困境，如资金不足、瞄准失误、扶贫举措供需不匹配、扶贫边际效益下降等问题。社会力量参与进来，可有效缓解这些难题。如企业扶贫在专业性和资源利用效率方面

---

① 陈元：《乡村扶贫中非政府组织的参与》，《农业经济》2007年第6期。

更有优势，这对于弥补政府扶贫专业性不足和高成本问题颇有裨益；大多数社会组织由于扶贫资源有限，主要着眼于其专业领域的微观贫困治理，扶贫对象以贫困村（贫困社区）或贫困户为主，项目相对较小。但正因为关注范围小，其贫困干预往往更加精细和精准，多能准确了解扶贫对象的贫困情况、致贫原因和发展需求，并有针对性地制定贫困干预方案，实施扶贫援助的精准化。在单一方面，如慈善救助，政府关注主流贫困群体，帮助解决这些重点帮扶对象的生活救助问题。而社会力量则重在解决因病、因残、因子女上学负担重在接受政府救助后仍然无法摆脱困境的人群，或政府救助边缘人群，以及因重大疾病或家庭灾害等原因造成短期生活困难的群体。也就是说，社会力量的慈善救助主要在一些政府财力有限而未能有效、及时开展救助的领域，或将资助对象延伸至边缘贫困者等非主流贫困群体，做好政府救助的衔接和补缺工作，配合政府做好社会救助工作。总之，加强政府和社会力量合作扶贫，既可聚集社会扶贫资金，扩大扶贫受益主体和受益度，又可因扶贫方式的专业化和多元化，以及瞄准、监督和评估体系的健全而提高资源使用效率。

可见，精准扶贫有着识别精准、信息精准、措施精准、管理精准、考核精准等各项精准化要求，而这仅靠单一扶贫主体难以完全实现。换言之，精准扶贫与扶贫力量分散性之间是存在矛盾的。基于各扶贫力量在扶贫方面的差异性和互补性，协同帮扶有利于更好地实现精准扶贫、精准脱贫。

继精准扶贫之后提出的乡村振兴战略，同样对社会力量协同扶贫、协同参与有所要求，这不仅因为乡村振兴阶段同样有着扶贫、脱贫的要求，而且因为精准脱贫本身就是乡村振兴的基础和前提。在此之后，乡村振兴阶段的扶贫主要着力于摆脱乡村的相对贫困和城乡相对贫困问题。不仅如此，乡村振兴是一个更为系统的工程，涵盖了“产业兴旺、生态宜居、乡风文明、治理有效、生活富裕”等多元要求，是乡村的全面振兴。也就是说，乡村振兴对乡村发展提出了更为多元、更高标准的要求，这更非单一主体所能独立实现，需要各帮扶主体和内在参与主体齐心协力，协同推进。总之，无论是从目前实现“生活富裕”的脱贫致富要求，还是从将来乡村经济、政治、文化、社会、生态各方面齐头并进的总要求来看，均需要多元参与，多元协同。

二、福建省各级政府对协同帮扶的动员和规划

精准扶贫是政府的重要责任，因此，长期以来政府是扶贫的主要倡导者和实践者。但脱贫问题是一项系统工程，也是一场持久战，仅靠政府的力量无法很好完成，需要多方面力量的积极参与和有效配合。为此，21 世纪以来，福建省一再强调政府主导、社会参与的帮扶方针，努力构建一种政府和社会各方面力量共同参与的扶贫关爱机制。

对于社会力量，政府主要通过政治动员、经济鼓励这两种方式倡导其扶贫。前者主要号召企业、社会组织和个人积极承担社会责任；后者包括税收优惠、经济补贴等，使企业在扶贫的同时也能有所回报。对于前者，近年来，福建省通过一系列举措引导和组织社会力量参与精准扶贫事业，典型如开展全国扶贫日系列活动。自 2014 年国务院将每年的 10 月 17 日设立为“扶贫日”起，福建省各部门每年均会在全国扶贫日期间，动员和引领社会力量参与扶贫济困，并为此制订了方案，如省扶贫办出台的《福建省 2018 年扶贫日活动方案》。2015 年 12 月，国务院又将每年的 9 月 5 日确定为“中华慈善日”，相关部门也举办过类似的活动，以弘扬全民扶贫精神。

在税收优惠方面，2009 年 11 月，财政部、国家税务总局相继颁布《关于非营利组织企业所得税免税收入问题的通知》和《关于非营利组织免税资格认定管理有关问题的通知》，明确了非营利组织免税范围，以及享有免税资格的非营利组织的条件和申请程序。但相关手续仍然烦琐，相关条件也较为严苛，大大限制了享受免税的社会组织范围。为支持社

会力量扶贫，2014 年国务院办公厅印发《关于进一步动员社会各方面力量参与扶贫开发的意见》，要求全面落实扶贫公益事业税收优惠及相关支持政策，对符合条件的社会组织给予公益性捐赠税前扣除资格。同时，针对以往社会组织注册门槛高、登记程序烦琐等问题，《关于进一步动员社会各方面力量参与扶贫开发的意见》要求降低社会扶贫组织注册门槛，简化登记程序。2014 年后，财政部、国家税务总局先后颁布了《关于非营利组织免税资格认定管理有关问题的通知》（2014）和《关于非营利组织免税资格认定管理有关问题的通知》（2018），经此修改，非营利组织免税资格的条件更加宽松，但管理更加严格，体现了“宽进严出”“宽进严管”的思路。为了解决享受免税社会组织认定问题，2015 年，福建省财政厅、省国家税务局、省地方税务局出台《关于加强非营利组织免税资格认定管理的通知》，并于当年 12 月由省财税部门公布了 2015 年度获得免税资格的非营利组织名单，这些非营利组织自 2015 年起，5 年内享受税收优惠政策。2018 年 8 月，福建省财政厅、国家税务总局、福建省税务局再次出台《关于加强非营利组织免税资格认定管理的通知》，对认定要求有所放松，同时简化了认定程序。在企业捐赠方面，根据 2007 年《中华人民共和国企业所得税法》，企业公益性捐赠支出在年度利润总额12%以内的部分，准予在计算应纳税所得额时扣除。但这项“公益性捐赠税前扣除”在 2016 年以前是有限度的，企业年捐赠如果超过了年度利润总额的 12%，超过部分就不能抵扣了。为了调动企业捐赠的积极性，2016 年《中华人民共和国慈善法》对此予以放宽，提出企业慈善捐赠支出超过法律规定的准予在计算企业所得税应纳税所得额时当年扣除的部分，允许结转以后三年内在计算应纳税所得额时扣除。2017 年 2 月，全国人大常委会修订的《企业所得税法》对此予以确认。但如果企业在后续三年又有新的捐赠，该如何处理？为了解决这些具体问题，2018 年财政部、税务总局《关于公益性捐赠支出企业所得税税前结转扣除有关政策的通知》，2019 年财政部、税务总局、国务院扶贫办《关于企业扶贫捐赠所得税税前扣除政策的公告》对此予以明确，继续落实企业扶贫捐赠所得税税前扣除相关问题。

在经济补贴方面，2014 年 11 月，国务院办公厅印发《关于进一步动员社会各方面力量参与扶贫开发的意见》，要求落实对相关扶贫企业信贷支持、财政贴息等优惠政策。针对有些企业扶贫缺乏资金支出依据的现象，《关于进一步动员社会各方面力量参与扶贫开发的意见》鼓励有条件的企业自主设立扶贫公益基金。

此外，对捐赠组织或个体进行表彰也是近年来突出的政策激励。如对于那些为扶贫事业做出突出贡献的民间组织和社会人士，各级政府授予其各种荣誉。2014 年在全国社会扶贫工作电视电话会议上，福建省黄仲咸教育基金会荣获“全国社会扶贫先进集体”称号。至 2018 年 9 月，在历届中华慈善奖评选中，福建省共有 27 人获得慈善个人称号、7 个企业获得慈善企业称号、6 个项目获得最具影响力慈善项目称号。比如在 2018 年第十届“中华慈善奖”表彰中，由香港特区推荐的祖籍石狮的世茂集团董事局主席许荣茂荣获“慈善楷模”称号，福建省司法警察训练总队志愿服务队（红苹果公益）策划实施的“穿墙引线”服刑人员贫困家庭未成年子女帮扶项目、由福建省残疾人福利基金会策划实施的农村贫困残疾人安居工程建设项目荣获“慈善项目”奖，泰禾集团有限公司获评“捐赠企业奖”，福耀集团董事局主席曹德旺、恒安国际集团有限公司董事局副主席许连捷、福建省圣农实业有限公司董事长傅芬芳荣获“捐赠个人”奖。在省级层面，福建省也颁布了各类表彰制度。如针对侨捐事业，1990 年福建省颁布了《福建省华侨捐赠兴办公益事业管理条例》（后经多次修改），提出“对捐赠兴办公益事业作出成绩和贡献的华侨，县级以上地方人民政府应当给予表彰”。1997 年泉州市政府出台了《关于表彰华侨、港澳台同胞捐资兴办公益事业的暂行规定》，后经修订，2004 年改为《泉州市华侨捐赠兴办公益事业表彰暂行规定》。有关的表彰活动是对华侨华人捐赠行为的肯定和鼓励，也再次激励了华侨华人捐赠的热情。如 2005 年 2 月，惠安县对 1980 年至 2004 年热心为惠安社会公益事业和慈善事业作出贡献的海外侨胞、港澳同胞、惠籍企业家、社会贤达和有识之士进行表彰，表彰会上还举行了修缮文庙和扶贫助学捐资活动，共筹集捐款 900 多万元;[①] 2006 年 3 月，澳门福建总商会会长王正伟荣获“泉州市慈善家”及泉州市慈善总会永远名誉会长荣誉称号，当天，王正伟名下的金爵房地产公司向泉州市慈善总会捐款 1000 万元，设立泉州市慈善总会金爵慈善基金。

相比以往，近年来，各级政府更加注重对社会力量扶贫的规划，更加注重政策引领和制度规范。中央层面，2014 年 11 月，国务院办公厅出台《关于进一步动员社会各方面力量参与扶贫开发的意见》，要求培育多元社会扶贫主体，进一步动员社会各方面力量参与扶贫开发，形成政府、市场、社会协同推进的大扶贫格局。《关于进一步动员社会各方面力量参与扶贫开发的意见》从多方面完善社会力量扶贫的保障措施，进一步强化其政策支持。2016 年 3 月《中华人民共和国慈善法》出台，进一步明确慈善组织的法律地位，慈善募捐的主体、程序、监督机制及主管部门，明确捐赠人、受赠人和受益人的权利义务，规范慈善事业准入、评估、监管等行为。2017 年 11 月，国务院扶贫开发领导小组发出《关于广泛引导和动员社会组织积极参与脱贫攻坚工作的通知》，就引导和动员社会组织积极参与脱贫攻坚工作进行部署。在具体措施方面，中央层面也有所规划。如近年来，政府购买民间组织扶贫服务也成为国家支持社会力量扶贫的重要方式。2013 年 9 月，国务院办公厅发布《关于政府向社会力量购买服务的指导意见》，对政府向民间组织购买服务做出了顶层设计。同年 12 月，财政部下发《关于做好政府购买服务工作有关问题的通知》，从财政角度提出政府购买民间组织服务的进一步要求。次年 12 月，国务院办公厅印发《关于进一步动员社会各方面力量参与扶贫开发的意见》，

---

① 邱锦溪、蔡学农、庄建平:《惠安县表彰热心公益的乡贤》，《福建侨报》2005 年 2 月 25 日第 2 版。

要求推进政府购买服务，并提出加快推进面向社会购买服务的具体举措。2015 年 11 月《中共中央国务院关于打赢脱贫攻坚战的决定》再次强调，通过政府购买服务等方式鼓励各类民间组织开展到村到户精准扶贫。

福建省也认真贯彻落实中央的精神。如自 2016 年《慈善法》实施以来，福建省积极制定配套政策法规，省民政厅、省委文明办等 7 个单位和部门制定出台了《关于支持慈善公益力量参与养老服务业发展的指导意见》(2017)，推动和支持慈善公益力量参与养老服务业发展；省民政厅、省侨办、台办、港澳办联合出台了《关于引导和鼓励港澳台胞、海外侨胞参与慈善事业发展的意见》(2017)，引导和鼓励港澳台胞、海外侨胞通过登记成立慈善组织、开展各类捐赠、捐建慈善工程等方式参与慈善事业；省民政厅、省扶贫办联合印发《关于广泛引导和动员社会组织参与脱贫攻坚的通知》(2018)，对引导和动员社会组织参与脱贫攻坚工作进行部署，要求相关部门通过思想动员、政策支持、典型宣传等方式，支持引导社会组织积极参与脱贫攻坚。该《通知》强调，落实社会组织扶贫的税费减免优惠政策服务、相关政策和业务培训在内的能力建设服务、共享合作平台和信息服务网络在内的信息服务等，推动社会组织资源供给和扶贫需求有效对接。此外，还要建立健全社会组织参与脱贫攻坚信息核对和抽查机制，确保“真扶贫”“扶真贫”。同时，按照 2017 年银监会、民政部颁布的《慈善信托管理办法》的要求，福建省制定了慈善信托备案办事指南模板，草拟了《福建省慈善事业管理办法》。为推动专项扶贫计划，相关部门也制定了不少引导社会力量扶贫的方案，如福建省工商联、省委统战部等多个部门联合制定的《福建省“百企帮百村”精准扶贫行动方案》(2015) 及其《实施意见》，福建省委统战部、省工商联等五部门《关于印发〈福建省“千企帮千村”计划实施方案〉的通知》(2018)，省民政厅《关于倡导社会组织参与 2018 年扶贫日活动的通知》等。

各地方政府也出台了不少的相关政策，如 2016 年 3 月，宁德市市委、市政府出台的《关于动员社会力量参与精准扶贫的实施意见》，要求全面推进社会扶贫机制体制创新，进一步动员社会力量参与精准扶贫。类似的还有2016年泉州市委统战部、市工商联等部门《关于"百企帮百村"精准扶贫行动实施意见》，2016年泉州市外侨办《关于组织引导华侨华人侨资企业参与精准扶贫工作的通知》，2017年福州市民政局、福州市扶贫办《福州市百会联百村扶贫攻坚行动方案》，2018年《福州市落实福建省"千企帮千村"计划的实施方案》等，这些文件对引导和规范社会力量扶贫提出了行动方案和具体要求。

为推动社会组织扶贫，福建省成立了以福建省民政厅厅长为组长、分管厅领导为副组长，有关处室主要负责人为成员的民政领域脱贫攻坚领导小组。领导小组通过听取脱贫攻坚工作汇报，了解社会组织扶贫进展，协调解决社会组织扶贫过程中面临的各种难题。福建省还注重建立沟通平台和对接机制，省民政厅经常组织省扶贫办、社会组织召开全省脱贫攻坚座谈会，与社会组织共商脱贫攻坚举措。省民政厅还建立了与社会组织的双向扶贫信息沟通机制，一方面，通过各种方式把贫困信息传递给社会组织，便于社会组织对接扶贫工作。如省民政厅把全省派驻第一书记的400个贫困村的名称、总人口、建档立卡贫困户数、建档立卡贫困人口数等情况和派驻第一书记姓名、联系方式等告知全省社会组织，便于社会组织对接扶贫工作；另一方面，建立信息报送制度，要求省级社会组织按时报送脱贫攻坚有关情况，便于民政厅了解扶贫实情，及时应对。福建省工商联系统及时收集全省贫困村的基本情况、人口状况、资源优势，并编发了《福建省"百企帮百村"精准扶贫重点村推荐名录》，向省内外闽商发出积极参与"百企帮百村"精准扶贫行动倡议。

同时，福建省还注重社会组织的扶贫能力建设。如省民政厅通过举办社会组织党组织支部书记和党务工作者培训班，举办社会组织脱贫攻坚经验交流会等，增强社会组织的扶贫能力。其中，由省民政厅组织的"重走红军路，学做继承人"专题党建教育活动，于2018年7月9日在古田会议会址拉开序幕，全省150家商协会书记及党务工作者参加培训；2019年8月14—16日，省民政厅社会组织综合党委2019年第二期省社会组织党支部书记、党务工作者培训班在长汀举办，来自省级社会组织党支部书记或党务工作者共130多人参训。2018年第五个全国扶贫日之际，福建省民政厅举办了脱贫攻坚经验交流会，福建省扶贫基金会、福建省浙江商会、福建省简单助学公益协会、福建省恒申慈善基金会受邀参加，并进行经验分享。

总之，精准扶贫、乡村振兴的内在要求和发展实践均要求政府和各社会力量协同扶贫，而福建省政府及相关部门也对此予以发动、规划和组织，这使得近年来福建省协同扶贫得到一定的发展。

第二节　福建省协同扶贫模式

20世纪80年代中期，福建省启动的大规模扶贫工作，最突出的特征就是在党和政府的组织动员下社会力量的广泛参与。为了增强贫困地区的干部队伍，1986年4、6月，福建省分别发出《关于选调省直属机关干部加强贫困县工作的通知》《关于省直各部门、各大专院校与县实行挂钩的通知》，由此建立了省级领导和省直机关、大专院校与贫困县挂钩联系制度，同时明确了干部、党员扶贫责任制，并发挥群众团体、民主党派和驻闽部队在扶贫中的作用。当然，此时的社会扶贫主要是广泛意义上的社会扶贫，即主要是体制内社会力量的发动。

2006年，国家选择了国际小母牛项目组织、江西省山江湖可持续发展促进会等6个民间组织，在江西省开展社会组织与政府合作实施村级扶贫规划项目。这是我国首次在全国范围内招收国际和国内社会组织与政府合作实施乡村扶贫的试验。此后，政社合作扶贫在全国各地陆续展开。发展至今，福建省协同帮扶主要有以下几种模式。

一、政府间协同扶贫

政府间协同扶贫包括政府部门间的协同扶贫，以及政府与体制内非政府力量的协同扶贫。

近年来，整合政府内部各扶贫力量得到党中央和国务院的高度重视和大力推动，各部门出台或联合出台相关扶贫文件，协同推进扶贫工作是其中最重要的体现。如前所述，不少扶贫政策是多个部门联合出台的。不仅如此，由于扶贫工作是一项系统工程，需要各方面事业的齐头并进，因此，即使是某一部门单独出台的扶贫文件，其主旨也是为了服务于扶贫大系统，实现协同帮扶效果的。如泉州近年来更加注重部门联动协调，市发改委、财政局、教育局、卫计委、人社局、民政局、住建局、旅游局、林业局等部门均结合行业扶贫任务，制定了《关于印发泉州市人力资源社会保障精准扶贫实施意见（2017—2020 年）的通知》（泉人社〔2017〕332 号）、《关于调整提高 2017 年度城乡居民最低生活保障标准和补助水平的通知》（泉民保〔2016〕145 号）、《关于扎实开展林业扶贫工作的通知》（泉林综〔2016〕90 号）、《关于印发泉州市 2017 年乡村危房改造实施方案的通知》（泉建村〔2017〕42 号）等扶贫文件，推动扶贫方方面面工作的解决，形成脱贫攻坚合力。

协同推进还体现在实践中各部门的分工合作和信息共享上。近年来，福建省非常重视建设政府各部门的分工合作工作机制。2016 年 5 月，福建省委办公厅、省政府办公厅下发《关于印发贯彻实施〈中共福建省委、福建省人民政府关于推进精准扶贫打赢脱贫攻坚战的实施意见〉重要政策措施分工方案》，对政府有关部门和单位的职责进行分工，最终协同推进福建省脱贫攻坚大局。类似的还有宁德屏南县成立的扶贫开发工作领导小组，该小组由“一办八组”（即扶贫开发工作办公室和产业扶贫、金融扶贫、造福工程易地搬迁扶贫、教育卫生扶贫、山海协作社会扶贫、社会保障兜底扶贫、宣传报道、扶贫督导等 8 个专业工作组）组成，有利于各部门扶贫信息共享和分工合作。此外，不少地方的扶贫、医保、卫计委、民政等部门在健康扶贫、低保兜底等工作中也能做到信息共享。由于同是政府部门，有着明确的层次和隶属关系，或有着共同的上级管理机构，效果比较明显。

近年来，福建省也按照中央部署进行扶贫资金整合。2016 年 4 月，国务院办公厅《关于支持贫困县开展统筹整合使用财政涉农资金试点的意见》出台，一方面，要求各开展贫困县涉农资金整合试点的省（自治区、直辖市）安排贫困县的资金增幅不得低于同期中央财政专项扶贫资金预算指标平均增幅；另一方面，要求分配给贫困县的资金采取“切块下达”，资金项目审批权限下放到县，不得指定具体项目或提出与脱贫攻坚无关的任务要求。同年 8 月，福建省确定平和、明溪两个省级扶贫开发工作重点县作为扶贫资金整合试点县，探索在县级层面打破部门界限，统筹整合扶贫资金使用。在试点工作中，省直部门改革财政扶贫项目资金管理模式，及时切块下达属于整合范围的扶贫资金，并尽量减少资金使用的具体要求，充分赋予试点县统筹整合使用财政扶贫资金权限。之后，为贯彻 2017 年《国务院关于探索建立涉农资金整合长效机制的意见》精神，2018 年 7 月，省政府颁布《福建省推进涉农资金统筹整合的实施方案（试行）》，提出涉农资金整合的原则、目标以及行内业、行内间涉农资金整合的具体要求，强调要改革完善涉农资金管理体制机制，到 2020 年形成一种权责匹配、相互协调、上下联动、步调一致的涉农资金统筹整合长效机制。2019 年 2 月，针对各地存在的涉农资金整合问题，财政部、国务院扶贫办联合印发《关于做好 2019 年贫困县涉农资金整合试点工作的通知》，对各地提出彻底放权到位、取消限制统筹整合等四项具体要求。福建省也要求各地严格遵照执行。

社会扶贫也是大扶贫体制的题中之意。广义上的“社会扶贫”除企业、社会组织和社会个体等纯民间力量参与外，还包括党政机关、群团组织、军队等部门所开展的社会扶贫工作，以及国有企事业单位包括高等院校、科研院所、国有企业等扶贫。这些机构在参与扶贫的过程中，有部门间接的、再分配的财政资源，因此，仍可算作体制内扶贫。目前，福建省体制内的社会扶贫主要包括鼓励和组织东部经济发达地区支持山区、贫困地区，即山海合作；组织、动员政府部门和国有企事业单位参加对口扶贫。

（一）山海协作

20 世纪 80 年代开始推行的“山海协作、联动发展”战略，是福建省大规模农村扶贫开发的重要举措，此后，继续推广和创新。2012 年 10 月，福建省委、省政府出台《关于深化山海协作的八条意见》，要求进一步完善山海协作体制机制，并提出山海共建产业园区、完善山海对口帮扶制度，发动 23 个沿海经济较发达县与 23 个扶贫开发重点县建立对口帮扶关系等具体措施。次年 8 月，省委、省政府出台《关于进一步扶持省级扶贫开发工作重点县加快发展的若干意见》，要求每年沿海经济较发达县须落实不少于 1200 万元的对口帮扶资金。为规范产业园区建设，2013 年相关部门出台《福建省山海协作共建产业园区规划纲要》，明确提出到 2015 年，23 个省级扶贫开发工作重点县在本县和对口帮扶县建成一个以上的共建产业园区的短期目标，以及到 2020 年，将产业园区建成“功能布局合理、产业特色鲜明、集聚效应明显、生态环境优美的产业共建先行区”的相对长期目标。《福建省山海协作共建产业园规划纲要》还强调了双方共建产业园区的具体要求。之后，福建全省 23 个省级扶贫开发工作重点县都与沿海对口帮扶的县（市、区）建立山海协作共建产业园区，到 2018 年底，23 个园区已开发建设面积共 70492 亩，累计投资 920 亿元，入园企业 820 家。其中，规模以上企业 228 家，园区从业人员 46900 多人，涉及竹木加工、机电、纺织、服装鞋帽、食品加工、机械制造、农产品深加工、生物医药，以及部分新能源、新材料、数字信息等产业。[①] 为提升实效，省农业农村厅、省发展改革委等五部门每年还按照《福建省山海协作共建产业园区考核评价办法》，组织有关专家对园区开展考核评价。各地也有相关的政策出台，如2018年5月，泉州市扶贫办《关于进一步做好山海协作对口帮扶工作的通知》等。结队帮扶也可发生在同一区域范围内，如根据2016年泉州市农村脱贫致富奔小康领导小组《关于市沿海乡镇（街道）结对帮扶市级扶贫开发重点乡镇贫困户工作实施方案》，泉州市组织30个沿海乡镇（街道）结对帮扶30个市级扶贫开发重点乡镇建档立卡贫困户，要求每个沿海乡镇（街道）结对帮扶相对应乡镇40户贫困户。

山海协作在各地也有不少成功的案例，如根据2012年《关于深化山海协作的八条意见》的相关部署，泉州石狮市与南平政和县结对帮扶。石狮市是全国百强县之一，而政和县长期以来被称为福建的“省尾”，2012年，该县县财政总收入仅2.89亿元，当年农民年人均收入6585元，十分贫困。

两县结对关系确定后，石狮县主要从以下几方面进行帮扶：(1) 共建产业园区。2012年9月，纺织服装产业发展基地——“石狮市政和产业园”开始动工兴建，双方在产业规划、项目招商、资金落实和招工用工等方面落实产业园共建。园区税收实现“利益共享”，双方商定，7500万元以内的地方留成部分全部给政和县，超过7500万元的部分双方均分。同年秋，政和县的“政和同心经济开发区”也开工建设，开发区建设资金中，有2亿余元来自石狮市。(2) 人才培育。从2012年至2018年的六年时间里，在石狮市的精心安排下，政和县先后派出4批40余名青年企业界人士赴石狮通达集团、福耀玻璃工业集团等知名

① 《〈关于深化山海协作，构建福建区域经济新格局的建议〉的答复》，2019-08-07，https：//gxt.fujian.gov.cn/gk/dbwyzs/201908/t20190807_ 4959893.htm

企业考察取经。2017 年 4 月，石狮市政府还组织政和县 16 名企业家人士与石狮当地企业界人士共同赴海南参加现代企业管理培训。不仅如此，根据双方先行签订的《石狮—政和人才交流培养方案》，此期政和县还安排了近 200 名机关事业单位干部赴石狮市挂职锻炼或进修培训，学习新的管理理念和管理经验，为今后政和县经济社会的跨越式发展提供人才保障。（3）劳务合作。劳务合作既可帮助政和地区解决就业问题，也可部分解决石狮企业的招工难题。2012 年以来，政和县先后在 5 个乡镇建立了山海劳务协作劳动力输出基地，其辖区内的县中等职业技术学校也建立了相应的山海劳务协作岗前培训基地，累计为石狮市各类企业提供了千余名工人。（4）教育扶贫。近年来，石狮市主要通过动员和协调石狮籍香港同胞在政和县捐建了 11 所希望小学教学楼，还组织志愿者协会、青商会等为政和县开展捐资助学活动。尤其是根据泉州市《2018 年山海协作对口帮扶工作计划》，从 2018 年秋季起，石狮市将对政和籍考取闽南理工学院、泉州纺织服装职业学院、泉州海洋学院等三所大专院校的 10 名贫困考生（名单由政和县政府提供）给予减免 50% 学费的优待，从而有效减轻了政和县贫困家庭子女就学负担，有利于阻断贫困代际传递。（5）乡镇对结。至 2018 年，石狮市九个镇（街道）全部与政和县相应乡镇建立了结对帮扶关系。至 2018 年底，两地共实施乡镇帮扶项目 10 个，已完成 9 个，乡镇对接帮扶成效显著。相关成果包括：石狮永宁镇援建的政和县铁山镇朱子文化公园于 2014 年投入使用；石狮鸿山镇援建的政和县外屯乡稠岭省级旅游特色村 2017 年成功通过国家 3A 级景区验收；石狮锦尚镇援建的政和县石屯镇环石圳湾旅游二级公路建成通车等。（6）其他扶贫措施。如 2018 年 9 月石狮市与政和县联同设立山海协作扶贫长效基金，双方各出资 600 万元，共1200万元，主要用于对因大病返贫的政和县贫困户进行兜底救助。总之，两地通过产业协作、劳务合作、人才交流、智力支持、乡镇对结、资金帮扶等多种方式开展山海协作。

2012—2018年以来，石狮市累计支持政和县2.48亿元。为了让协作常态化，石狮与政和两地还建立了山海协作年度联席会，两地领导、企业家经常互访，协商解决帮扶问题，深化两地协作。通过双方不断努力，近年来政和县发展明显提速：2013—2015年，政和县蝉联全省县域经济发展十佳，2017年政和县的地区生产总值、规模以上工业、农林牧渔业等三项指标增幅位居南平前列。① 2020年初，政和县终于在多方力量的协同帮扶下如愿摘帽。

（二）部门挂钩帮扶

福建省较早探索部门挂钩帮扶办法，近年来继续出台政策优化部门挂钩帮扶做法。如2013年福建省委、省政府出台《关于进一步支持省级扶贫开发工作重点县加快发展的若干意见》，要求每个省级扶贫开发工作重点县要有1—2名省领导挂钩联系，5—6个省直单位和省属企业挂钩帮扶。为落实挂钩帮扶制度，次年5月，省委、省政府要求挂钩帮扶的省直单位每年召集相关协作部门，联同为其共同挂钩帮扶的重点县制定帮扶计划，确定帮扶项目，落实帮扶资金。不仅如此，省委、省政府主要领导也定期召开重点县扶贫开发工作协调服务会，了解和协调解决各地挂钩帮扶中出现的新情况和新问题。

各地也有类似的政策，如2013年泉州市委、市政府《关于进一步做好扶贫开发工作的实施意见》下发，决定每年安排30个市级扶贫开发工作重点村，每村安排捆绑扶持资金100万元。2016年7月泉州市委办公室、市政府办公室联合印发《关于市直部门挂钩帮扶市级扶贫开发重点

① 《政和和石狮深化山海协作推动区域协调发展》，2018-12-20，http：//www.mnw.cn/news/np/2101846.html

帮扶村的通知》，确定用 2 年时间，30 个市直部门挂钩帮扶 30 个扶贫开发重点帮扶村，协助其脱贫。市财政局负责协调市直有关部门筹措捆绑扶持资金 3000 万元，每个重点帮扶村 100 万元。同时，市直挂钩部门和相关县（市、区）政府可根据实际情况另行安排资金进行扶持。次年各相关县（市、区）累计投入帮扶资金 2692.5 万元，落实帮扶项目 3060 个。[①] 2017 年之后，又相继下发《市直部门挂钩帮扶市级扶贫开发重点村实施方案》、泉州市扶贫办《关于切实做好结对帮扶工作的通知》等文件，要求各级各部门切实履行帮扶责任。

选派干部是挂钩帮扶的重要内容。在前期派驻党员干部驻村工作的基础上，2015 年《省委办公厅、省政府办公厅关于选派干部驻村蹲点的通知》下发，开始选派干部驻村蹲点，为期一年。之后这一做法得以延续。为了解决驻村干部的待遇问题，各年度省里还配套了省派驻村干部领队工作经费。就各地而言，从 2004 年开始，福州市开始从机关及企事业单位选派党员干部到经济发展相对薄弱的村担任村党组织第一书记、书记或副书记，截至 2017 年初共选派五批，每批任期三年，累计 3299 人。13 年来，福州市省市县三级驻村干部共为驻点村筹集各类帮扶资金 23 亿元，村均投入 104 万元，实施各类帮扶项目 7.4 万多项，村均 34 项。[②] 在泉州，2004 年泉州市委组织部等五部门联合下发《关于加强下派驻村任职干部管理的意见》，拉开了该市下派干部驻村帮扶的序幕。2013 年泉州市委、市政府《关于进一步做好扶贫开发工作的实施意见》下发，决定将市直下派干部驻村时间延长至二年。2012—2016 年，泉州市先后选派 1775 名干部驻村帮扶（含驻村任职和蹲点），共筹集资金 14.61 亿元，落实村集体增收项目 1767 个、农民增收项目 2043 个，基础

① 许雅玲、黄亚洲：《泉州获 2017 年省脱贫攻坚成效考核优秀 获奖 1000 万元》，《泉州晚报》2018 年 7 月 13 日。

② 《福州市以“四个一”为抓手打造一支“不走”的驻村扶贫攻坚工作队》，2017－03－14，http：//nyt. fujian. gov. cn/xxgk/gzdt/qsnyxxlb/fz/201703/t20170314_2540093.htm

设施项目4027个，帮助7149户贫困户脱贫。[①] 2016年5月，泉州市委办公室、市政府办公室印发《关于印发厅处级干部结对帮扶贫困户工作实施方案的通知》，要求全市30位厅级、57个市直部门的700多位处级领导干部每人结对帮扶2户贫困户。

为了让下派干部能有效发挥作用，相关部门还对之进行培训。如2017年10月，福建省农业厅、扶贫办举办的全省扶贫干部综合业务培训班；2018年2—3月举办的全省扶贫办主任综合业务培训班；2018年5月，省农业厅举办的全省乡村振兴和脱贫攻坚工作专题培训班及省扶贫办举办的全省扶贫开发重点工作培训班；2018年10月，省农业厅、扶贫办举办的全省扶贫干部综合业务培训班等，这些培训班均适用于驻村干部。培训的内容主要是学习中央相关扶贫精神和扶贫政策，进行扶贫业务培训，并对下一步工作做出全面安排。此外，还有专门针对驻村干部的培训班，如2016年3月的第四批省派驻村干部培训班，2018年8月宁德、南平片区第五批驻村第一书记脱贫攻坚专题培训班等。各地帮扶干部在扶贫实践中也摸索出一些行之有效的工作机制，如泉州市"四带一"挂钩联系帮带机制，由一名派出单位分管领导、一名县（市、区）委组织部干部、一名乡镇挂村领导和一名乡镇工作片长挂钩联系一名驻村第一书记，帮助熟悉村情，掌握乡村工作方法。又如近年来漳州东山县积极推广实行"干部当师傅"常态化机制，大力推广"田间学校"帮扶模式，让干部掌握一技之长，助力脱贫攻坚。

"村企共建"也是挂钩帮扶的重要方式。如2014年启动的第四轮省级重点村建设，福建省就安排了53家央属企业、省属企业结对帮扶74个特困村，要求每家企业每年帮扶资金不少于20万元。[②]

政府还和体制内社会力量如教育单位合作扶贫，这在培训和评估考

---

① 《驻村干部乐当"卖油翁"油茶林成了山村"摇钱树"》，2017-06-28，http://www.quanzhou.gov.cn/snb/sndt/201706/t20170628_451963.htm

② 《福建"六个机制"推动精准科学扶贫》，《农民日报》2014年6月25日。

核环节表现明显。如 2017 年 5 月，南安市举办当年第一期现代农业创业（新型职业农民）培训班，培训采用“5+6”的模式，邀请福建省农业科学院、福建师范大学、泉州市农业局等多家单位的相关专家面向 70 名参训学员开展为期 5 天的理论与实践培训，并由国务院扶贫办确定的贫困村创业致富带头人（蓉中）培训基地采取“1+1”“1+N”的形式，组织创业导师与学员结对帮扶，即针对学员创业需求进行为期 6 个月的创业跟踪指导，帮助学员解决创业过程中遇到的各种难题。又如为规范省级扶贫开发工作重点县的退出工作，2018 年 2 月，福建省扶贫开发领导小组印发《福建省省级扶贫开发工作重点县退出专项评估检查实施办法（试行）》，对贫困县退出实行专项评估检查。当年经公开招标，厦门大学被确定为重点县退出第三方评估机构。再如宁德屏南县为做好扶贫评估考核工作，出台《屏南县精准扶贫第三方评估办法（试行）》，组织部分人大代表、政协委员、离退休老党员、老干部等组成第三方评估组，深挖精准扶贫存在的问题。

二、政府与社会力量协同扶贫

如前所述，从以往政府主导的扶贫格局来看，社会力量扶贫本身是对政府扶贫的支持，因而可视为广泛意义上社会力量与政府的协同扶贫。除此以外，政府与社会力量协同扶贫还包括二者实际进行的扶贫合作，具体包括协同开展、动员引领、扶贫服务与后续管理支持等方面。

（一）协同开展

政府与社会力量协同开展扶贫活动是最直观的协同扶贫形式，这包括“政府+企业”和“政府+社会组织”等模式。

1. 政府+企业

比较典型的如政府和商业银行、保险公司合作扶贫。目前，国家注重从政策上调动金融机构扶贫的积极性：一是创设扶贫再贷款。2016 年 3 月，中国人民银行在支农再贷款下设立扶贫再贷款，专项支持贫困地区地方法人金融机构扩大涉农信贷投放。央行扶贫再贷款利率仅为 1.75%，较支农再贷款还低一个百分点，对金融机构可累计展期四次，这使得其最长使用期限为五年。扶贫再贷款的创设为地方金融机构扶贫提供了低成本资金来源，2018 年 3 月末，福建全省扶贫再贷款余额达 13.67 亿元；二是将对建档立卡贫困户贷款纳入普惠金融定向降准考核范围，引导金融机构在风险可控的前提下加大扶贫信贷投放；三是开展县域金融机构涉农贷款增量奖励试点。福建省级财政每年预算安排资金 0.77 亿元，对县域金融机构当年“农户”贷款和“农企”贷款等四类涉农贷款季均余额同比增长超过 13%的部分，按 2%的比例给予奖励；四是落实中央财政乡村金融机构定向费用补贴政策，增加“三农”金融服务供给。[①] 实践中，政府与农信社的小额信贷扶贫较有成效。农信社属于集体所有制企业，目前福建省扶贫办与福建省农信联社签署《金融精准扶贫战略合作框架协议》，省农信联社还建立了与农业厅、扶贫办等众多部门协作扶贫的联动机制，联合开展扶贫小额贷款业务。

在鼓励金融机构向贫困户贷款的同时，福建省还通过多种方式减少金融机构的经营风险：一是积极推进贫困户信用建档全覆盖、贫困信息和扶贫信息共享，减少因信息不对称而导致的经营风险；二是开展扶贫小额信贷贴息。针对贫困户资金筹集难问题，福建省从 1997 年开始实施扶贫小额信贷，主要对贫困户进行贷款贴息，但大多数贫困户因无抵押物仍然贷不到款。从 2012 年开始，省财政每年安排贴息资金 5000 万元，金融部门落实 10 亿元贷款额度，使 3 万多贫困户获得贷款贴息。2016 年后扩大扶贫贴息贷款规模，2016—2020 年每年新增 1 亿元贷款贴息资金，促进金融机构加大贷款投放额度；三是开展小额贷款担保。2012 年，福建省开始在屏南县开展扶贫小额信贷风险担保试点，次年扩大到全省 19 个县。2015 年，小额贷款担保创新试点已扩大到 23 个重点县，较好地缓

① 《关于省政协十二届一次会议 20181308 号提案的答复》，2018-06-14，http://nyt.fujian.gov.cn/ztzl/jyta/201810/t20181011_4534832.htm

解了贫困户贷款难、担保难的问题。2016 年，各级财政筹措 5.66 亿元信贷担保资金，支持 60 个贫困人口达千户以上的县（市、区）设立小额扶贫信贷风险担保金，为贫困户发展生产提供 3 万—5 万元无抵押生产性贷款。同时，为调动贫困户贷款的积极性，福建省还提高了财政风险担保金的风险承担比例。截至 2018 年 3 月底，共筹集财政风险担保金 7.9 亿元，累计发放扶贫小额信贷 28.8 亿元，扶持 64530 户贫困户发展生产；[①] 四是设立省级现代农业信贷风险补偿金，对金融机构为新型经营主体生产性贷款风险提供补偿。福建省在 2015 年启动了现代农业信贷风险补偿金项目，由省级财政安排 1 亿元，为新型农业经营主体（主要是市级以上农业产业化龙头企业、农民合作社示范社、家庭农场）贷款提供风险补偿，通过风险共担方式引导合作银行为新型经营主体贷款。

各地也探索出一些小额信贷扶贫经验。如 2014 年，安溪县被确定为全省扶贫小额信贷试点县，率先在全市成立了县级工作协调小组及扶贫小额信贷促进会，与县乡村信用联社合作，积极开展扶贫小额信贷工作。在扶贫工作中，安溪信用社与该县扶贫办建立了深度合作机制，创新推出了“银行+风险担保金+贫困户”的帮扶模式，让贫困户个人可以免担保、免抵押获得贴息小额贷款。整个泉州市各银行机构大力推进信用户、信用村、信用镇建设，加快形成“征信+财政资金担保+银行贷款”的扶贫小额信贷可持续发展模式，在风险可控的前提下适当放大扶贫小额信贷风险担保金的担保倍数，同时建立授信绿色通道，对符合条件的扶贫小额贷款 3 天内办结发放，并给予利率优惠。

可见，在金融扶贫领域，政府不仅做好贫困户信用建档等辅助工作，通过政策扶持鼓励金融机构的扶贫热情，还以贷款贴息、贷款担保、风险补偿等实际方式参与到金融扶贫中来，实现了政府与金融机构的合作扶贫。

---

① 蔡茂楷：《福建：精准发力 5 年脱贫近 110 万人》，《农民日报》2018 年 7 月 24 日。

政府也与保险公司合作，为贫困群体购买商业医疗保险。2017 年，泉州市扶贫办与人保财险泉州分公司签订协议，为全市乡村建档立卡贫困人口购买补充医疗保险。在保险期内，对符合当地政策范围内的住院医疗费用，在扣除基本医疗保险、城乡居民大病保险以及各类补充医疗保险、商业保险报销后，救助对象个人自付 2000 元（2019 年改为 1000 元），剩余部分由保险公司按照 50% 比例负责补偿，最高可补助 6 万元。同时，泉港、南安、安溪等 6 个县（市、区）也安排资金，为建档立卡贫困户购买商业补充医疗保险，构建了省、市、县多层次医保体系。一些地方不仅企业方（保险公司）比较主动，准政府组织（群团组织）也在其中发挥了积极的作用。如近年来闽侯县政府出资为建档立卡 16 周岁以上、60 周岁以下的贫困女性统一购买女性健康保险，这一行为的背后离不开县妇联和中国人寿保险闽侯县分公司的积极推动。

政府也和生产型企业进行协同扶贫。如 2015 年初，省侨办、省扶贫办携手在福州举办世界闽籍华侨华人社团联谊大会，推动海外闽籍社团、企业家与福建 23 个省级老区扶贫开发重点县开展“牵手家乡·共谋发展”结对子活动。活动促成上好佳（中国）有限公司与漳州平和县政府签订了金额达 5 亿元的合作协议，新加坡三达膜科技（厦门）有限公司董事长蓝伟光以蓝启林慈善基金会名义向每个老区扶贫开发重点县捐赠价值 50 万元的纳滤饮水设备，总价值达 1150 万元。2015 年 4 月，福建省政府与阿里巴巴签署战略合作协议，共同打造中国互联网经济示范区；政府也与企业一起创造了“竞争性扶贫”的激励式帮扶机制，这一机制最先在龙岩新罗区开展，采取“政企搭台、贫困对象竞争上岗”的方式，由政府或当地各类经营实体搭建竞争性项目资助平台，贫困对象须通过竞争方式无偿或低偿获得政府及当地经营实体提供的项目、技术、资金、岗位等帮扶。不仅如此，激励性帮扶还设定“上岗”贫困户考核制度，通过奖励先进和淘汰末位的办法强化了贫困者脱贫的自觉性和主动性。

这一模式在2016年底试点成功后，2017年开始在新罗全区推广。

> 竞争性扶贫有不少成功的案例。如新罗区江山镇山塘村原有6户贫困家庭小规模种植蔬菜，但大多是自给自足，收成不佳，难以脱贫。在“竞争性扶贫”思维的引领下，山塘村村主任主动和新罗区农业局、江山镇政府和当地农场老板沟通，提出了“政府+农场+贫困户”的激励性帮扶模式，即将山塘村贫困户的土地流转给农场，由农场统一建成蔬菜大棚，再由镇政府向农场租地，贫困户则通过竞争取得免费耕种权。在经营过程中，农场负责统一采购种子、肥料等农资物品，并依托专业合作社为种植贫困户提供包括信息咨询、技术指导、疫病防治等方面的服务，最终统一回收、销售蔬菜，销售所得扣除成本后归租种农户所有。农场还须与贫困户签订协议，兜底保障贫困户一年至少有8000元的收入。在此模式下，贫困户既获得了土地流转的租金收入，又能免费耕种土地，还能学到种植技术，最重要还有保底收入，彻底解除了其后顾之忧。于是，山塘村贫困户踊跃报名，甚至吸引了邻近铜砵村的贫困户前来报名。报名的人须进行筛选，择优上岗。农场等相关机构每年对这些贫困户进行一次综合考核，考核结果较好者第二年继续上岗，不好者则被淘汰“下岗”，空缺的岗位再招募其他贫困户。2017年3月，第一批贫困户成功进驻农场。到当年年底，平均每户增收1万元，最高增收1.3万元。①

政府也和互联网企业合作。如为进一步扩大对“两癌”（乳腺癌、子宫颈癌）贫困母亲的救助范围，从2015年5月母亲节开始，福建省妇

① 《福建龙岩 政府农场携手搭建“竞争性扶贫”平台》，《农村工作通讯》2018年第17期，第59页。

联、省体育局、福州市政府每年均联合主办“为爱奔跑”公益募捐活动。活动与腾讯公益慈善基金会联合，开通微信钱包功能—腾讯公益—“母亲健康 1+1”专项公益平台，使公益募捐大众化、常态化、便捷化。

近年来，在民政部门主导下，政社合作的爱心超市、慈善超市、扶贫超市等新扶贫载体也相继出现。这是一种社会捐赠和实物救助相结合的慈善组织新模式，此类“慈善超市”资金运作基本上以社会募捐和政府拨款为主，并由政府提供经营用地，以发放实物券形式救助特困群体。2016 年初，三明市民政局、中国邮政集团公司三明分公司联合下发了《关于推进“三明市邮政慈善超市”试点工作的通知》，决定携手开展全省首批“邮爱民生慈善超市”试点工作。邮政慈善超市采取“民政主导、邮政搭台、超市让利”的模式运作，开设线上、线下两种模式，实行特困群体特惠价，一般困难群体优惠价，以保障困难群众的基本生活需要。一些慈善超市还具备多种功能，如前述 2018 年开业的福州仓山区“为爱前行”慈善超市，不仅将长期对 21 名低保户进行帮扶，其功能还涵盖接收捐赠、义卖变现、扶贫救助、志愿服务、社区便民服务和公益培训服务等方面，可为周边群众提供多样化服务。

政府和企业也一起进行教育扶贫。如 2019 年 8 月，尤溪县委、县政府与尤溪开元投资有限公司签订了战略合作协议，该公司捐资 200 万元用于改善尤溪城区中小学办学条件。

2. 政府（准政府组织）+其他社会力量

政府部门还和社会组织协同开展扶贫，如近年来政府与相关组织一起通过义卖筹集资金扶贫。2015 年 5 月，省扶贫开发协会、省扶贫基金会联手尤溪县人民政府举办“扶贫济困 · 共富家园”书画义卖活动，筹得爱心善款 73 万元；同年 12 月，省扶贫基金会和闽清县政府主办的“扶贫济困 · 共富家园”书画义卖活动，筹得 113. 8 万元善款；2016 年 4 月，省扶贫“两会”、省文化厅等多个部门在福州市联合举办了“扶贫济困 · 共富家园”书画义卖活动，募集善款 86 万元。上述资金全部用于扶贫事业。2019 年初，云霄县教育局与云霄县彩虹公益联合会、七彩虹志愿总队协同开展了“2019，爱您要久，爱您依旧”的“暖冬行动”，此次“暖冬行动”以关爱孤儿和“事实孤儿”为重点，动员火田甘露寺会友会等社会各界爱心力量，开展了形式多样的物质帮扶、关爱慰问活动。

政府购买社会组织服务也在各地有所开展。如福州市闽人职业培训学校就经常承接政府向其购买的贫困群体各类职业培训项目，也因此获得了社会组织承接政府职能转移购买服务评估 AAAA 级学校以及“福建省政府购买残疾人服务试点单位”等称号；2014 年以来，晋江市政府通过购买社工服务，使“四帮四扶”工作[①]主体得以拓展，其具体的服务内容包括社工入户核实扶贫对象相关信息，帮扶贫对象定制帮扶方案，并为帮扶对象提供专业化扶贫服务。项目实施以来，多户被帮扶对象不同程度脱贫解困；再如晋江英林心公益慈善基金会自 2016 年成立以来，关注“强村、生态”事业，还争取到省级水土流失治理重点镇项目。[②]

政府也和个人合作推进某些扶贫工程。如 2019 年 3 月成立的上杭县陈丕显教育促进会，由上杭籍老一辈无产阶级革命家陈丕显亲属和上杭县政府、南阳镇政府共同倡议成立，其原始基金 1000 万元中，陈丕显之子募集 350 万元、上杭县政府募集 550 万元、南阳镇政府募集 100 万元。每年，促进会将利用基金收益奖教奖学和助学；类似的如 2002 年 12 月成立的晋江市慈善总会也汇聚了晋江市政府与晋江海内外民众的力量。晋江市政府不仅积极推动其成立，晋江市财政还为之拨款 1000 万元作为启动资金。正是在政府的带动下，海内外晋江人纷纷慷慨解囊，使晋江市慈善总会得到较快的发展。另外，一些社会个体积极参与到政府主导的扶贫项目当中，如 21 世纪初，印尼侨亲廖先生得知家乡政府心系计生二

① “四帮四扶”是指每年从低保家庭中重点挑选 300 户左右特困家庭，实施“帮就业、帮就医、帮就学、帮安居”和“扶贫困、扶老幼、扶伤残、扶志气”为主要帮扶内容的挂钩帮扶方式。

② 《泉州这个县市超有爱！他们做慈善就是“壕”》，2017-06-14，http://www.sohu.com/a/148923373_267895

女贫困户，正规划出一块土地专门安置本村的独生子女户和二女户后，慷慨捐资60万元帮助建造“计划生育光荣街”，让17户独生子女户和二女户早日住进新房。①

党务系统、事业单位由于其特殊的资金来源或独特的地位，可以将其划定为准政府组织。这些组织也时常和社会组织、社会个体一起开展扶贫活动。如公办学校和基金会等社会组织合作扶贫。在泉州，2018年9月，为使家庭贫困的初中毕业生能够享受优质教育，江苏中远助学帮老基金会在南安一中捐资设立了“圆梦班”，基金会向“圆梦班”捐助120万元，用于“圆梦班”学生高中三年的学习、生活资助及教师奖励。此前，全省已有两个“圆梦班”分别落户泉州安溪一中和龙岩市龙岩一中；类似的还有福建医科大学附属协和医院、上海远大心胸医院积极与福建省公益慈善组织联系，共同开展慈善医疗救助项目，社会反响热烈。又如党务系统、群团组织与社会个体协作扶贫。如“同心·海西春雨光彩助学”活动是由福建省委统战部、省工商联、省光彩事业促进会共同举办的大型公益活动，自2011年开始已连续举办多年，旨在发动更多非公企业界人士积极履行社会责任，帮助贫困学子圆求学梦。

还有一些综合性质的单位和群团组织联合扶贫。如“百侨百企科教扶贫助学”活动于2014年启动，由福建省侨联与省东南科技产业开发研究院联合组织。活动以23个省级扶贫开发工作重点县为帮扶重点，组织各企事业单位、港澳同胞和海外侨胞以及社会各界爱心人士，向省内贫困地区的学校和学子们开展捐助、资助和帮扶活动。省东南科技产业开发研究院是一个集政府、事业单位和企业人士在内的综合性组织。

3. 政府（事业单位）+企业+社会组织

一些扶贫活动涉及多方力量，是一种混合型扶贫合作。如南平市针对贫困学子举办的委培班教育扶贫就是如此。贫困学生经南平市相关部

① 李海水、王绪强：《旅外侨亲慷慨解囊　政府无偿提供用地，安溪有条“计划生育光荣街”》，《福建侨报》2003年11月7日。

门审核推荐，由福建卫生职业技术学院和福建瑞泉护理服务有限公司共同面试，合格后录取。委培班学生在校学习期间，学费全免，委培企业瑞泉公司还为其捐助住宿费，生活费则由政府、瑞泉公司、南平市慈善总会、南平市扶贫协会及学校共同解决。委培班学生毕业后，可直接进入瑞泉护理公司工作。在其他职业培训活动中，也经常出现政府、事业单位和培训中心合作扶贫。如前述 2017 年 5 月，南安市举办的第一期现代农业创业（新型职业农民）培训班，即邀请了福建省农业科学院、福建师范大学、泉州市农业局以及贫困村创业致富带头人（蓉中）培训基地等多家单位的专家、学者参与。多家单位协同，可以发挥各自所长，有利于从多方面为扶贫对象提供支持。

一些具体的扶贫活动中，政府充当监督方。如 2018 年 4 月，南安市举行“造血式”慈善扶贫项目多方签约仪式，乡镇政府及街道办事处（作为监督方）将与南安市慈善总会（资助方）与南安市多家合作社和农场（作为受助方）签约。具体运作方式是南安市慈善总会投入 100 万元为合作社和农场提供金额不等的扶贫资金，帮助其做大做强；合作社和农场为贫困户提供就业岗位；各乡镇（街道）发挥监督作用，并为贫困户提供相应技术支持。

（二）动员引领

除直接合作扶贫外，政府和社会力量协同扶贫还包括平台搭建、精准对接、流向引导等方面，这些均是政府为社会力量精准扶贫提供的支持和协助。

1. 搭建平台、精准对接

政府搭台，社会力量唱戏是常见的合作方式。典型如福建省各地通过开展“百会（企）联（帮）百村”“千企帮千村”等活动，动员、引导企业（商会）、社会组织、个人扶贫。

其中，福建省委统战部、省工商联、省扶贫办、省光彩会、省农发行等多部门于 2016 年 2 月联合启动的“百企帮百村”活动，至 2018 年 4

月升级为“千企帮千村”行动，持续动员全省非公有制经济人士踊跃参与脱贫攻坚战，取得了良好成效。其中，在产业扶贫方面，引导民营企业、商业协会因村因企施策，重在确保贫困户稳定就业，提高贫困户生产能力和贫困村集体收入，探索出不少产业发展和精准扶贫的双赢模式和经典案例。如在福州，福建春伦集团根据永泰县土质与气候特点，在永泰梧桐镇共流转 2000 多亩闲置土地，引导当地农民规模种植茉莉花，并以高价统一收购，使当地农户每年每户增收 3 万多元；在就业扶贫方面，引导民营企业、社会组织为结对帮扶村提供就地就近就业机会，或定点招收帮扶村农民进厂务工，极大地推动了乡村剩余劳动力的转移。如圣农集团帮扶的中坊村成为该集团产业聚集区，该村有 1300 人在圣农集团就业，占全村劳动力的 80%；在技能扶贫方面，通过开展多层次、多形式的贫困劳动力专业技能培训，一定程度上提升了贫困劳动力的就业能力和致富能力。截至 2019 年 5 月，福建全省共有 57 家民营企业投入 200 余万元帮助贫困劳动力开展技能培训，惠及 2700 多名贫困群众，使 2000 多人实现就业；在捐助扶贫方面，引导民营企业、社会组织采取直接捐赠、设立扶贫慈善基金、建设贫困地区公共基础设施等形式，大大改善了贫困地区和贫困人口的基本生活生产条件。整体上，截至 2019 年 5 月，全省共有 1282 家民营企业、商会组织参与各项扶贫行动，结对帮扶贫困村 1326 个，共投入帮扶资金 6.47 亿元，其中产业扶贫投入 6.37 亿余元、就业扶贫投入 3671 万余元、公益扶贫投入约 1.66 亿元、技能扶贫投入约 207 万元，近 4 万贫困人口受惠。①

又如 2019 年 11 月，福建省民政厅、省扶贫办联合出台《阳光“1+1（社会组织+老区村）牵手计划”行动方案》，动员 1000 家社会组织与 1000 个老区村结对共建，重点围绕特色产业发展、基础设施完善、致富带头人培训、产销平台搭建等方面开展。截至 2020 年 6 月，全省已有

① 《再升级！福建省工商联等部门尽锐出战，助推脱贫攻坚》，2019-05-31，http://www.sohu.com/a/317833675_99960000

1036 个社会组织与 1110 个老区村结对共建，其中福建省老区建设促进会、省扶贫开发协会等 153 个省级社会组织对接 181 个老区村，福州市民营企业家协会等 883 个市（县）级社会组织对接 929 个老区村。此外，福建省黄仲贤基金会等 41 个社会组织还与甘肃临夏州 70 个村结队帮扶。①

侨办系统在这方面也表现突出。省侨办在 2015 年组织开展“百家海外闽籍社团与重点县结对子”活动以来，截至当年年底，已对接善款 2000 多万元。② 2016 年初，省侨办又积极发动海外社团和侨商捐资扶贫助学，从每个县选 10 户因学返贫的困难户，每户每年捐资 1 万元，连续资助 4 年；③ 2016 年，省侨办在原有“百家海外闽籍社团与重点县结对子”活动的基础上，将“内外架桥”行动直接架设到全省 23 个扶贫开发重点县，将引资引智与慈善公益活动并举，对扶贫开发重点县进行精准扶贫，有的放矢。从 2016 年至 2018 年初，省侨办先后与三明市、宁德市、龙岩市、南平市政府共同举办四场“内外架桥”暨精准扶贫对接会。其中 2016 年 6 月，省侨办和宁德市政府主办的 2016 宁德市省级扶贫开发重点县内外架桥暨精准扶贫活动对接会在侨乡屏南县召开，这次活动收到侨商扶贫捐款 150 万元。

各地民政局也开展了不少活动。如全省民政部门自 2017 年在社会组织中开展了“百会联百村”行动，动员各社会组织发挥资源优势，不仅捐赠物资，而且提供创业技能指导、技能培训、就业岗位、销售渠道等多样帮扶措施，从多方面改善贫困户的生活状况。当年福州全市共有 105 家社会组织与 102 个贫困村结对帮扶，资助贫困学生 46 人，提供免费医

---

① 《福建：助力脱贫攻坚 社会组织在行动》，2020-06-18，http：//mzt.fujian.gov.cn/mgj/gzdt/202006/t20200618_ 5306331.htm

② 裴质斌：《内外架桥 精准扶贫》，《福建侨报》2016 年 4 月 8 日第 1 版。

③ 裴质斌：《内外架桥 精准扶贫》，《福建侨报》2016 年 4 月 8 日第 1 版。

疗服务142人次，捐赠资金、各类生活物资205.44万元；[①] 漳州2017年全市社会组织参与3个省定贫困县、17个欠发达乡镇及市级扶贫开发工作重点村脱贫攻坚工作，打造“基础扶贫+产业扶贫+智力扶贫+爱心扶贫”四位一体的“造血式”扶贫，至2018年底，共有120多家社会组织对接102个贫困村，投入各类扶贫资金150多万元。[②] 其他如三明市民政局会同各商会发起“百企帮百村”等精准扶贫行动，莆田市民政局会同市工商联开展“精准扶贫——莆商再行动”，龙岩市民政局会同市工商联、文明办联合开展“社会组织志愿精准扶贫行动”等。

其他单位，如2016年3月，省农业厅、省侨联、抠抠（福建）电子商务有限公司举办“互联网+百村”侨力扶贫行动。此次扶贫行动是省农业厅、省侨联结合“互联网+”新业态推进福建乡村扶贫开发工作和侨联系统“百侨帮百村——共建美丽乡村”活动的一项重要举措。又如2016年11月，福建省旅游发展委员会启动旅游百企百村专项行动，全省重点旅游景区、旅行社、旅游饭店、旅游车船公司、旅游规划设计单位、有实力的观光工厂、乡村旅游经营单位和旅游院校等500家旅游企事业单位，对全省472个全国旅游扶贫重点村进行帮扶脱贫。

基层政府对此也不遗余力。如2019年1月—5月初，仙游县龙华镇先后联系对接市红十字会、市老体协、海绵团、复茂食品、才子服饰、百威英博雪津啤酒等多家企事业单位和社会团体捐赠爱心物资，价值约20万元。

为实现精准对接，相关单位还召开脱贫攻坚动员会或组织企业、社会组织实地考察贫困村，了解扶贫需求，对接扶贫资源。如在2019年4月，省民政厅召开的福建省社会组织参与脱贫攻坚再动员会上，省浙江

---

① 《百会联百村　整合资源齐扶贫》，2018-02-04，http：//www.fuzhou.gov.cn/zgfzzt/tpgj/fpgz/201802/t20180224_ 2017943.htm

② 郭奇、李锋华：《民政部门引导动员显成效 社会组织积极作为显身手——福建省社会组织参与脱贫攻坚综述》，《中国社会组织》2019年第2期，第21页。

商会、省扶贫公益服务协会、省商盟公益基金会和省雕刻艺术家协会分别与安溪县石山村、永泰县后寨村、霞浦县下村村和长沙村签订了助力乡村扶贫合作协议。

对接也体现在具体的生产或销售环节。如福建省各县、市、村积极整合邮政、供销等资源，对接阿里巴巴集团、苏宁云商集团、京东集团等龙头企业，引导这些企业在全省各县建设乡镇、村级服务站点，优化乡村电商网点布局；又如结合农特产品散、杂、多的特点，2018 年，泉州市商务局一方面组织开展线下农产品产销对接活动，另一方面积极促成农产品采购商、生产基地和生产企业搭建交易平台，架设产销信息桥梁，拓展农产品销售渠道。据不完全统计，该年泉州全市开展新型经济经营主体与农业电商平台对接活动 34 次，75 家农民专业合作社，农产品生产、加工企业 1385 人（次）参与对接。① 最终使得贫困户的富余农产品通过“村小二+贫困户”“社区 O2O 平台+农业合作社+贫困户”等多种渠道销售出去。

一些企业或商会对此也非常积极。如 2018 年 4 月 28 日福建省“千企帮千村”工作会议现场，福建省青年闽商联合会与结对帮扶的三个贫困村代表签署帮扶协议。次日，该会组织会员企业开展贫困户的认领工作，仅用了三个小时，就全部完成了 48 户贫困户的认领，而这距该会成立不过 4 个月。在接下来的帮扶工作中，该会秉承“授人以鱼，更要授人以渔”的帮扶意识，先后三次深入结对贫困村开展调研，实地了解贫困户面临的难题，拟定产业帮扶、捐赠帮扶、销售分成帮扶等帮扶措施，助力贫困村脱贫攻坚。② 速度之快、调研之多、帮扶方式之多元，均表明该联合会认真帮扶的态度。

① 刘倩、叶冠庆、柯丽萍：《泉州乡村电商蓬勃发展》，《泉州晚报》2019 年 8 月 6 日第 7 版。

② 俞凤琼、徐志南：《福建省青年闽商联合会：为了 48 户贫困户的脱贫致富》，2019-05-24，http：//www.cbt.com.cn/sh/cssh/201905/t20190524_ 125533.html

一些社会个体也踊跃参与到政府倡导的扶贫活动中。如近年来，莆田市仙游县大济镇大力鼓励企业家积极参与“民企助才”“栋梁工程”“金秋助学”等公益光彩事业，通过“1+N”结对子、捐资助学、爱心帮扶等形式，帮助贫困学子完成学业。特别是自 2016 年起，坚持每年秋季开学前开展“金秋助学”活动，镇党委政府联系爱心企业家为贫困大学生捐资助学，有效解决了这些建档立卡贫困户子女上学难的问题。如 2018 年秋季开学前夕，仙游县大济镇举行爱心企业家帮扶贫困大学生对接仪式，36 名贫困大学生获得全国劳动模范黄加成等 32 位爱心企业家的结对资助，每人获得 1 万元资助金。①

2. 流向引导

流向引导主要指对社会力量扶贫的地区和领域流向进行引导。在地区方面，主要是引导社会力量更多地关注贫困地区，并把拟定开展的一些爱心活动投向贫困地区。事实上，如前所述，上述对接活动主要是围绕重点贫困县开展的。如 2008 年以来，根据国侨办、农业部《关于联合开展“侨爱工程——万侨助万村活动”的通知》的精神，福建各相关部门结合“侨爱工程—万侨助万村”活动，把侨捐引导投向老区、少数民族地区和边远山区的公益事业。2010 年以来，全省继续深入开展“侨爱工程—万侨助万村”活动，引导侨胞向欠发达地区捐赠。

在领域方面，福建省各地对此一直十分重视。以侨捐引导为例。改革开放之初，百业待兴，教育为重，泉州市主要引导侨捐投向教育。近年来，在教育、卫生等侨捐工作比较成熟的基础上，重点引导侨捐投向各地成立的慈善协会，进行统筹利用。2010 年以来，泉州市根据上级文件精神，大力开展“侨爱工程”和“关爱工程”活动，把侨捐引向新乡村建设上来，参与扶贫帮困工作，使侨捐工作与精准扶贫和乡村振兴工作有机结合。其下辖的晋江市是侨捐的重点接受地，近年来，晋江市政

① 陈国孟：《仙游大济镇 32 位企业家结对帮扶 36 位贫困大学生》，《福建侨报》2018 年 9 月 21 日第 5 版。

府根据经济社会发展需要和全市工作重点，在尊重侨亲意愿的基础上，加强对侨捐的投向引导，促进捐赠需求和捐赠意愿的有机结合，更好地发挥了侨捐的社会效益。比如 2017 年新春之际，晋江磁灶镇各村（社区）利用各界乡贤、异地磁商集中返乡时节，组织召开新春座谈汇报会，邀请贤达共同参与新乡村建设，并借机持续推进移风易俗工作。据不完全统计，春节期间磁灶贤达主动捐资教育、敬老等新乡村建设事业及城镇公共项目等社会公益善款累计超过 2000 万元；[①] 近年来，莆田市每年邀请海外捐赠人、受赠单位和有关部门参加座谈会，促进受捐单位与捐赠人之间的联系，引导侨捐对接该市实际建设需要的社会事业项目，力求侨胞捐赠效益最大化。

相比以往，福建省相关部门一方面通过对具体活动的策划，引导社会力量投入到相关领域。如在省民政厅等部门的大力引导、组织和支持下，各民主党派、工青妇联、侨联以及省扶贫基金会、扶贫开发协会、慈善协会等组织充分发挥自身优势，深入开展“青年志愿者”“幸福工程”“春蕾助学”“光彩事业”“巾帼扶贫”等形式多样的帮扶活动，这些活动均有明确的服务对象或受益对象，也针对某些特定的领域。另一方面，福建省正在完善相关项目数据库，通过对项目数据的整理和分析，加强对扶贫领域的整体规划和引导。如福建省侨务系统加紧了侨捐项目数据库的建设工作，加强对华侨华人、港澳同胞捐资的整体规划，在尊重捐赠人意愿、保护捐赠热情的基础上，对捐资投向进行适当引导，以减少不必要的重复捐建项目，最大程度地发挥捐资的社会效益和经济效益。

（三）扶贫服务与管理

一些社会力量的扶贫活动离不开政府的配合和服务，对于海外力量而言，尤其如此。由于他们大多生活在国外，对国内的情况不是特别了

---

① 《泉州这个县市超有爱！他们做慈善就是“壕”》，2017-06-14，http：//www.sohu.com/a/148923373_ 267895

解，因而更需要相关部门和人员的引领和服务。这里的服务首先是为其入关及项目开展提供“绿色通道”。如莆田市由侨务部门牵头，推动教育、卫生等相关部门为侨捐项目提供“绿色通道”，减免各种税费，加快审批速度，使侨捐资金尽快发挥效用。其次是为其提供贫困数据，并陪同调研和执行。如宁德市外侨办陪同胡文虎基金会工作人员深入蕉城区、霞浦县、福鼎市调研，了解各地扶贫需求，便于基金会精准对接。一些具体的侨界扶贫活动基本上都由各级涉侨机构陪同执行，如由海内外闽籍青年精英组成的世界福建青年联会自 2014 年起即开展“侨心慈善行”等活动回报故里，为困难群众（主要是贫困归侨侨眷）送去慰问金和物资，这项活动由省侨办负责人率队配合开展；2016 年 5 月，马来西亚福州社团联合总会副会长拿督斯里王英顺、居銮福州十邑会馆执行顾问林彪赴古田县，将捐助款 5 万元送至受助人手中，古田县侨务部门、城西街道办事处等相关领导陪同前往。

为做好社会力量扶贫，相关部门还认真做好后续的管理工作。如侨务部门认真做好侨捐资产的规范化管理。一是要求受捐单位对侨捐资金专款专用，收支分明，账目清楚，及时通报使用情况。如根据《泉州市慈善总会冠名慈善基金管理使用办法》，设立冠名慈善基金的捐资者可以设立专门账户，基金会每年须向捐资者报告基金的使用情况。基金可按照捐资者意愿定向捐助，也可统筹使用，但其预算须征得捐资者同意后再予以实施；凡捐赠收入，均须开具公益事业捐赠统一发票；年度慈善资金收支情况须向理事会报告，并定期向社会公布，接受社会监督和审计监督。二是参与侨捐项目建设工程质量的督查，要求受赠单位主动邀请捐赠者和有关部门共同参与项目监管。泉州市大部分侨捐工程都成立于政府相关部门参加的工程管理小组，全程监督工程进展、建筑安全、建筑质量，直至竣工验收交付使用。类似的如龙岩市侨务部门对于较大的侨捐项目，都成立专门领导小组或指定专人对项目进行全过程的跟踪服务和监督管理，从项目立项、选址、规模控制、资金使用、质量监管和部门关系协调等方面进行全程的参与。龙岩市侨务部门还把捐赠项目拍成照片，邮给捐赠人，及时向捐赠人报告捐赠项目的社会效益情况，认真听取捐赠人的意见和建议。相关部门对于督查中发现的问题，也及时予以解决。如香港福清同乡会捐建一都中心幼儿园，福清市侨办在督查中发现某承建施工单位没有相关资质，立即予以干预纠正，保证项目建设高质量，得到香港福清同乡会的好评。三是协助处理捐赠后期工作。如泉州市侨捐的70%集中在教育，针对近年来乡村学生生源减少，有些侨捐学校需撤并的情况，侨务部门与教育部门密切配合，认真贯彻国侨办和教育部的有关文件精神，深入开展调研，两次联合加强对侨捐学校撤并财产的管理。相关部门还依法护侨，及时处理好侨捐项目产生的问题，如侨建学校危改问题，侨捐学校被撤并问题等。加强调研和检查也是后期的重要工作，如2016年3月，永春县人大常委会组织调研组对侨捐项目管理工作进行调研；2018年5月，龙岩市侨联和侨办领导一同到武平县开展“龙岩市侨捐项目管理使用情况”课题调研。四是对于具备一定规模的捐款项目，认真组织好奠基、落成和受赠仪式，做好捐赠表彰工作。五是将历年捐赠情况进行整理登记，建立侨捐资料数据库，以随时掌握侨捐动态。目前这项工作在全省得以推广。

即便对于一般的社会力量扶贫，福建省相关部门也会提供扶贫信息或进行资金以及税务监管等。如香港仁善扶贫基金会进行产业扶贫就需由政府提供相关信息并负责审核，如2019年6月，由泉籍爱国侨领陈守仁博士创设的香港仁善扶贫基金会通过泉州市慈善总会，向德化县祥山大果茶油公司、双全农业公司各提供300万元、200万元的扶贫资金，这两家公司则承诺每年挂钩帮扶一批贫困户。而贫困户名单则由项目所在乡镇政府负责提供，并经德化县扶贫办、民政局筛选后确定。香港仁善扶贫基金会与这两家公司的合作期为三年，期满后，按照协议，两家公司将当初接受的共500万元慈善资金归还给泉州市慈善总会。届时，当地相关部门将再次循环利用该资金，继续寻找新的企业进行合作。在监管方面，如一般的扶贫基金会或扶贫组织需要接受政府税务、会计主管部门依法实施的税务监督和会计监督。而公益性社会团体为了获得公益性捐赠税前扣除资格，还必须将其登记注册、公益活动情况告知民政、财政等相关部门并获得资格确认才可。

三、群团组织与社会力量联手扶贫

（一）联合进行

群团组织和企业携手扶贫。如 2008 年 12 月，芗城区侨联和加拿大亿达再生资源有限公司共同发起成立了芗城区华侨慈善基金会，用于扶持芗城区的教育卫生、扶贫济困等社会公益事业。又如 2015 年以来，福建省残联、省扶贫基金会等部门共同发起“扶贫助残大学圆梦行动”，筹集资金，对全省 23 个省级扶贫开发工作重点县的残疾大学生和贫困残疾人家庭的大学生进行资助。

群团组织还与商会、社会组织合作扶贫。如 2014 年，省侨联推动的侨爱心关爱贫难侨系列活动获得了“黄廷方慈善基金”的支持。“黄廷方慈善基金”由香港信和集团主席黄志祥先生设立，黄先生通过“黄廷方慈善基金”捐赠 120 万元港币，支持省侨联正在推进的侨爱心关爱贫难侨系列活动，分三年到位，每年捐赠 40 万元。每年资助福建 160 户低保贫侨，每户资助 2000 元。① 2019 年 7 月，由省侨联主办，省新侨人才联谊会、省侨商联合会、省中西医结合协会、省留学生会福建医大分会、闽清县侨联、闽清县六都医院联合赴闽清县坂东镇开展“健康三宝”精准扶贫医疗义诊活动等。各地而言，“侨商侨青助学”活动是厦门市侨联组织青委会、侨商会精心打造的特色品牌，旨在帮助侨界家境贫寒、品学兼优的学生实现求学梦，从 2011 年举办至 2019 年，累计捐助 378 人

---

① 陈鸿鹏：《“黄廷方慈善基金”惠及 160 户低保贫侨》，《福建侨报》2014 年 1 月 31 日第 5 版。

次，发放助学金约 20.5 万元；[①] 类似的活动还有泉州市侨联举办的“海西春雨·侨青助学”活动，是市侨联联合泉州市侨青联为贫困归侨侨眷子女实施的一项助学圆梦活动，自 2008 年始已举行 10 次，累计资助 1116 人次合计 111 万余元，全部资金由侨青联委员自愿捐助。[②]

一些群团组织名下的基金组织与社会慈善组织合作扶贫。如 2019 年初，永春县侨联扶贫基金成立，每年从永春旅外乡亲捐资兴建的县侨联大厦运营所得中拿出 10 万元以上的资金委托县慈善总会管理，专项用于扶助贫困归侨侨眷、永春籍华侨、港澳台同胞以及华侨公益事业。

群团组织和社会人士等一起开展丰富多样的扶贫活动。如由福建省侨联与省东南科技产业开发研究院联合组织了“百侨百企科教扶贫助学”活动，2018 年省侨联专门策划了一款“福侨爱心包”（内含老人较为适用的保温杯、收音机、保暖手套、保暖袜、急救箱、多功能拐杖等 8 样物品），委托省东南科技研究院设计组装，用于慰问归侨侨眷和侨乡贫困老人。第一批“福侨爱心包”由著名侨领澳大利亚华贸会名誉会长林辉源先生捐款采购。这里的“福侨爱心包”属于省侨联、省东南科技研究院和侨胞个体合作扶贫，省侨联负责组织，省东南科技研究院负责策划，华侨个体具体捐助执行。类似的如 2019 年 3 月 9 日，福建省侨联带领由福州各大知名医院知名专家组成的侨界医疗团队，来到莆田仙游游洋镇开展侨界专家走基层精准扶贫医疗义诊活动，为当地老百姓以及归侨侨眷送上了健康呵护医疗大礼包。而省侨联组织侨界专家开展下乡义诊活动，是省侨联的一个常态化活动，已经持续了约 30 年，每年都为基层群众看病送药。

大多数群团组织成立的基金会也广泛吸纳社会力量参与。如莆田荔城区“侨心助学”基金成立于 2010 年，系荔城区侨联及全区归侨侨眷、海外侨胞及爱心人士为有效资助荔城区家庭经济困难学生而设；2011 年 5

---

① 林珍珍：《厦门侨联组织侨商侨青助学》，《福建侨报》2019 年 8 月 23 日第 3 版。

② 钱侨：《期待贫困生“越吃苦、越成长”》，《福建侨报》2018 年 9 月 7 日第 5 版。

月，福建省妇联设立了“母亲健康天使基金”，专项救助罹患“两癌”（乳腺癌、子宫颈癌）的贫困母亲。截至2019年初，该基金共募集社会资金4100万元，八年来发放救助金3130万元，救助“两癌”贫困妇女10605名；[①] 福建省华侨公益基金会是中国第一个省级华侨公益基金会，2013年由省侨联倡导成立，主要接受侨界及国内外企业捐赠，当年重点开展助建“侨心小学”“百侨帮百村”、关爱贫难侨和资助侨界贫困学生等公益活动。据悉，基金会成立当月，已实施包括扶助全省660家贫困户与低保户，帮扶三明市御帘村建设，资助侨界贫困学生等公益项目20多个。[②] 次年，华侨基金会开展了助推松溪、政和等省级扶贫开发工作重点县新乡村建设和医疗救护事业，启动第二期“百侨帮百村”关爱贫困户等公益活动。

（二）动员引领

群团组织主要通过搭建平台，引导社会力量对接扶贫项目，成效显著。如福建侨务资源丰富，侨联系统的扶贫工作开展得有声有色。如中国侨联发出开展“侨心工程”的号召后，福建省各级侨联充分发挥侨联组织密切联系侨胞的独特优势，引导侨胞关心家乡教育事业。自2009年至2019年上半年，全省各级侨联共组织引导海外侨胞在闽捐赠“侨心工程”善款超8.73亿元。其中引资捐（助）建侨心中小学402所，教学科研设备、图书室等科教项目354个，发放各类奖（助）学150个，资助42946位贫困学生。[③] 在2012年底，福建省侨联系统启动“百侨助百村——共建美丽乡村”活动，拟定组织100个以上侨界组织（含侨商会、侨联青委会等）挂钩联系100个以上侨村、华侨农场，很快筹集到帮扶

① 崔楠：《相约5·12母亲节“为爱奔跑”公益募捐》，《福建侨报》2019年4月26日第5版。

② 林潞：《闽华侨公益基金会获1070万善款》，《福建侨报》2013年3月28日第5版。

③ 《福建省侨联以联村驻户精准帮扶践行为民宗旨》，2019-07-17，http：//www.chinaql.org/n1/2019/0717/c419645-31239086.html

资金2566万元。[①] 2013年，省侨联还启动了“365侨爱心”活动，倡议侨界及海内外热心人士每人每天捐赠1元人民币，一年一次性捐赠365元。省侨联机关干部职工率先捐款，所得款项用于资助归难侨；经省侨联争取引导，2014年，上海豪盛集团董事长陈家泉和德辉国际总裁佘德聪认捐善款2000万元，专项扶助闽北松溪县的新乡村建设项目和扶贫开发事业；2018年，省侨联先后出台《福建省侨联关于开展精准帮扶贫困归侨家庭的实施方案》《福建省侨联“百侨帮百村——联村助户”精准帮扶活动实施方案》，在全省范围内广泛动员并号召全省侨企、侨商会、青委会、人才会、女杰会成员和海外侨胞、侨联委员参与“百侨帮百村——联村助户”精准帮扶活动。活动重点帮扶全省23个省级扶贫开发工作重点县，以及列入“百侨帮百村”结对帮扶村的贫困归侨家庭。原计划2018—2020年，每年帮扶1000户，累计辐射困难群众受益户达3000户。其中2018年“百侨帮百村——联村助户”活动已惠及1519人（户、项）帮扶对象，131.5万元救助资金全部落实并发放到位。[②] 2019年7月，省侨联又发出《福建省侨联关于闽北赈灾的倡议书》。上述引领包含了侨联系统的规划、动员和组织，因此可以说是与侨界人士的合作扶贫。

近年来，致公党福建省委员会也积极发挥侨、海资源扶贫。如成立于2017年的铂烽一心慈善基金，是海外华侨华人为祖（籍）国困难学生完成学业提供帮助的慈善组织。通过致公党福建省委员会的牵线搭桥，铂烽一心慈善基金在福建参与了多所致公学校的项目。

还有一些是建议，可视为一般性的引领。如晋江市侨联曾建议旅菲侨领陈祖昌慰问贫困归侨侨眷，自2008年起，陈先生就设立了针对晋江

① 孙贤迅：《福建侨联新春送温暖聚侨心 侨胞踊跃捐赠公益》，2013-02-07，http：//www.fjsen.com/y/2013-02/07/content_ 10581735.htm

② 《福建省侨联以联村驻户精准帮扶践行为民宗旨》，2019-07-17，http：//www.chinaql.org/n1/2019/0717/c419645-31239086.html

贫困归侨侨眷的春节慰问资金。

（三）扶贫服务与管理

如为社会力量确定扶贫对象，以及代侨胞执行扶贫活动。从 2001 年开始，侨贤姚忠从每年从印尼汇款 1 万元委托福清市宏路侨联开展春季慰问贫侨活动，至今从未中断。2012 年 6、7 月间，姚先生捐献 3 万元，委托宏路侨联到福建省寿宁县开展扶贫助学活动；南非新侨郭顺元热心公益，自 2005 年起，每个学期捐款资助莆田若干名贫困学生，直至他们大学毕业。受郭顺元的委托，莆田市侨联协助确定受助对象，并代发助学金；自 2014 年起，热心家乡公益事业的澳门乡亲许健康、许黄丽真伉俪每年捐资 10 万元，在春节前夕慰问晋江全市 100 户贫困归侨侨眷。为确保慰问金真正发放到贫困归侨侨眷手中，晋江市各级侨联早在春节前两个月就开始统一部署发放工作，组织各镇（街道）侨联对全市贫困归侨侨眷开展调查摸底工作，按实际困难情况确定慰问名单。慰问金最终由市领导和各级侨联组织直接发放到困难归侨侨眷手中，以帮助贫困归侨侨眷过个好年。

一些群团组织还受托管理扶贫基金，如侨联系统就时常受侨胞之托管理慈善基金。永春县侨联受托具体管理海外乡亲梁良斗先生等设立的三个基金会；2012 年新加坡永春籍侨胞颜先生慷慨拿出 1000 万元，委托永春县侨联交给家乡代管、运作五年，并将其所产生的利息捐给家乡教育及其他慈善公益事业；① 为支持闽清灾后重建，2016 年 8 月，澳大利亚福清同乡会将 13 万元支票交给闽清县侨联，用于坂东镇困难归侨侨眷的灾后重建。

还有一些工会组织为个人扶贫提供便利。如泉州市洛江区永盛鞋塑有限公司工会主席林秀川，持续 28 年为泉州市洛江区企业义务招工，2012 年，洛江区职工服务中心马甲工作站为林秀川提供了一个平台，林

① 苏巧凤：《福建泉州侨胞清明返乡捐资公益事业》，2012-04-12，http：//usa.fjsen.com/2012-04/12/content_ 8187746.htm

秀川在工作站成立劳务职介所，持续为群众排忧解难。

四、社会力量协同扶贫

（一）社会组织

社会组织之间协同扶贫，一些扶贫项目涵盖了多家社会组织。如自2001年泉州市慈善总会成立以来，即与香港泉州慈善促进总会、香港福建希望工程基金会、台湾佛教慈济慈善基金会等社会组织合作，联手开展了一系列慈善救助项目。其中自2001年始，泉州市慈善总会与香港泉州慈善促进总会互促互动，联手开展了“助残工程”“助学工程”“助老工程”等系列慈善救助活动。比如自2005年开始，泉州市慈善总会和香港泉州慈善促进总会拨出专款实施“助听工程”，为困难家庭聋儿免费装配助听器；近年来，福州市计生协会、福州市人口福利基金会联手创立“生育关怀·闽都助学”项目；2014年，福建省华侨公益基金会同香港信和集团“黄廷芳慈善基金”合作，连续三年对福建全省160户处于最低生活保障线下的贫难侨，每年每户扶助2000元；[①] 2016年6月，厦门永同昌集团董事局主席张宗真捐资1亿元成立福建承群慈善基金会，并表示今后每年将从基金会收益中安排500万元，专项资助福建省“百企帮百村”精准扶贫项目；2017年，福建省慈善总会与河仁慈善基金会长效对接，为永泰县、长汀县、屏南县的10个自然村各捐助100万元，用于推动当地经济脱贫项目发展；前述林文镜慈善基金会2018年度发起主办“大地之子”计划，联合福建省农科院、福建省青年创业促进会等一起参加，并提供专家导师支持。此外，近年来，福建省扶贫基金会、省扶贫开发协会、各地方政府经常携手福建省书画艺术家，通过义卖义展开展艺术扶贫活动。

一些社会组织向大型社会组织注资扶贫。如2017年9月，晋江市内

① 陈贤迅：《海外华商造福桑梓 福建华侨公益基金会再获善款》，2014-03-20，http：//www.chinanews.com/zgqj/2014/03-20/5971916.shtml

坑镇旅港莲潭同乡会向晋江市慈善总会捐资1000万元，用于支持潭头村旧村改造项目；2017年12月，晋江市慈善总会收到陈守仁家族慈善基金捐赠的500万元，香港泉州慈善促进总会捐赠港币510.28万元；2018年，港胞陈守仁创建的仁善扶贫基金会分别向泉州市慈善总会、省侨联捐赠1000万元、200万元；南安市慈善总会“金秋圆梦助学行动”至2019年已连续开展12年，累计投入善款6891.1万元，帮助1.5686万名家庭贫困的大学新生圆大学梦。其中，昌财永久基金连续10年进行资助，累计捐资1536万元，资助4700名贫困大学新生。另外，张华安基金、固美基金、九牧基金、福万通基金等冠名基金也连续多年定向捐赠资助贫困学生上大学。①

一些社会组织推介其他社会组织扶贫。如深圳三明商学院HT325通过学员、企业捐助和社会募集等方式设立“扶贫助学基金”。2019年初，经尤溪县朱子教育发展基金会建议，决定对尤溪县胡厝小学进行资助，前期主要捐赠了一些学习用品和生活用品等，价值10万元，后期还将持续对胡厝小学贫困家庭的孩子和孤儿进行一对一帮扶。②

一些社会组织还携手企业协同扶贫。如为推进医疗扶贫，福建省慈善总会首创慈善公益组织和民营医疗机构共同参与扶贫开发，为三明、莆田、南平、龙岩、宁德五个设区市共200名贫困家庭的先天性心脏病患者开展免费救治。在其他领域，也有不少类似案例，如2014年，福建省华侨公益基金会同菲律宾龙威集团、新加坡金鹰国际集团和广东骏马纺织基金会合作，为324名侨界贫困大、中、小学生提供连续助学帮扶；2016年9月，河仁慈善基金会向发生特大洪灾的福州市闽清、永泰两县捐资4000万元，专项用于安置房建设。安置房建设工程由中建海峡建设发展有限公司按零利润的公益方式承建；2018年9月5日中华慈善日当

---

① 陈亮亮：《今年拟资助450名 大学特困新生》，《海丝商报》2019年7月3日。

② 林盛：《深圳三明商学院捐资助学情暖留守儿童》，《福建侨报》2019年1月18日第5版。

天，福建省慈善服务协会“为爱前行”慈善超市福州仓山店开业，当天向金霞社区21名低保户赠送了爱心购物卡和生活物资，福州千百佳食品有限公司为之提供了物资。以后这些低保户在每月及每年的三个重要节日（春节、中秋节、端午节），都可以领到这家超市的现金使用券；2018年12月，福建省慈善服务协会携手疯蜜·百合财商学院举办“万人八闽公益行·关爱贫困孤寡老人慈善之夜晚会”，晚会所筹善款310631.2元，将全部用于“关爱贫困孤寡老人”公益慈善活动项目；[①] 2019年1月，莆田市慈善总会携手涵江区慈善总会、福建天兰农业综合开发有限公司及福建慈联原生态农副产品慈善连锁超市到涵江区白沙镇开展“慈善情暖万家”慰问活动，莆田市慈善总会已坚持举办类似活动12年；515联盟是在香港上市的一个商超联合体，2019年7月，联盟通过2010年成立的寿宁在线慈善会设立“515联盟超市基金”，专门捐助全国寿宁超市经营者中因意外需要紧急救助的人员。揭牌仪式后，515联盟基金向误食草药中毒的市民卓茂贵捐赠3万元。同时，寿宁在线慈善会也给予卓茂贵2000元救助金。

一些慈善组织先行资助企业，而后借助企业扶贫。如2015年底，福州市慈善总会出资50万元在省级贫困乡——永泰县丹云乡设立“扶贫开发基金”，支持当地福建蕃秀玫瑰园科技有限公司发展玫瑰产业，公司则负责扶贫开发基金的保本增值，并且将每年增值的收入（不低于15%）交给当地慈善机构，用于救助该乡孤儿、孤寡老人和特困户；又如前述2019年香港仁善扶贫基金会、泉州市慈善总会、德化县政府与德化县双全农业有限公司、祥山大果茶油有限公司签订的精准扶贫项目合作协议。根据协议，仁善扶贫基金会通过泉州市慈善总会向两家企业分别提供300万元、200万元的扶贫资金。获得慈善资金的两家企业除需每年挂钩帮扶一批贫困户之外，还要热心慈善公益，每年提取一定比例的扶贫专项资

① 林潞：《用爱温暖贫困孤寡老人》，《福建侨报》2019年1月4日第3版。

金汇入泉州市慈善总会仁善扶贫基金专户。这种方式实即利用企业的产业开发优势，实现慈善基金的保值增值，进而实现慈善基金的持续化扶贫。倘若企业采取就业帮扶、产业帮扶的方式进行，则能借助企业将慈善基金从一般性的慈善救助性质转为产业扶贫的高层次扶贫。

一些社会慈善组织号召及组织全社会力量扶贫。如自2010年南平市慈善总会发出《关爱贫困人口助力脱贫攻坚——“慈善一日捐”倡议书》以来，南平市已连续10年举办“慈善一日捐”活动。2019年“慈善一日捐”活动中，各县（市、区）工商界、港澳侨联和市直机关单位代表慷慨解囊、奉献爱心，共筹集善款（含认捐款）4234.1万元，其中圣农集团傅光明捐款1000万元、傅芬芳捐赠2000万元。① 2019年1月，广东上杭商会在东莞市创设了“光彩事业助学基金”，广大在粤乡贤、爱心企业家和社会爱心人士现场认捐超过1500万元，主要资助上杭的孤儿、贫困学子完成学业。一些社会组织在此过程中还创建了一些新的扶贫方式。如晋江英林心公益慈善基金会于2015年12月在晋江市民政局登记设立，当地企业和个人捐赠的物品通过“英林心·心商店”进行售卖，售卖所得纳入基金会，并将全部用于教育、慈善、强村、敬老、生态等公益慈善项目。经过三年的发展，心商店形成了以“公益+商业+创业+人文+精准扶贫”的运作模式。

一些社会组织也为个人扶贫穿针引线。如在曾德梅爱心助学联合会牵线推介下，仙游乡贤陈文川2014—2019年间，已经连续6年回乡结对，资助了130名贫困学子，资助总额60多万元。②

（二）企业

如向社会组织注资扶贫。福建融侨集团2010年向福州市人口福利基金会捐赠500万元，用于开展生育关怀项目工作，帮扶救助困难群体。

① 赵锦飞、陈志鸿：《南平“慈善一日捐”筹款4000多万》，《福建侨报》2019年8月2日第5版。

② 《仙游乡贤陈文川捐资超千万元》，《福建侨报》2019年4月12日第5版。

2012 年，融侨集团向由福州市计生协会、福州市人口福利基金会创立的“生育关怀 · 闽都助学”项目捐赠 200 万元，2016 年又捐资 100 万元，用于帮助 100 名乡村计生贫困教师，解决其子女上大学的问题，每学年资助每名学生 2500 元，连续资助 4 年。[①] 类似的如自 2008 年起，圣农集团每年捐献 1000 万元给南平慈善总会。

“企业+合作社+贫困户”在村企共建模式中也比较普遍。在“企业+合作社”模式下，民营企业与合作社构成两大经济主体，按照市场进行资源配置，实现彼此互利共赢。而合作社本身即是贫困户的互助组织，因此，在这一模式下，农户不仅是扶贫对象，也是扶贫主体。如在尤溪县，“电商+合作社（企业）+贫困户”是一种有效的精准扶贫模式。一方面，合作社对入社农户进行技术指导，帮助其进行标准化生产，并就近提供工作岗位，统一收购农产品，从而有效解决了贫困户生产缺技术、就业缺岗位、产品缺销路等问题；另一方面，电商企业与合作社签订合约，通过线上销售农特产品，有效拓展了市场，实现了电商企业、合作社和贫困户的“三赢”。

值得一提的是，一些企业还联合起来组成“农业产业联盟+贫困户”的帮扶方式，扩大了贫困户脱贫的选择。如连江县休闲农业产业联盟开展的精准扶贫行动即是如此。

> 2017 年 5 月底，福州连江县启动了休闲农业产业联盟助力精准扶贫行动。福建坪丰长生农业有限公司、连江县望江生态农业发展有限公司、连江县和煦阳光生态葡萄庄园、连江县渔家傲休闲农业开发有限公司、天竹畲乡风情园 5 个单位组成农业产业联盟，为当地贫困户提供就业、销售等多种帮扶。在就业帮扶方面，根据产业联盟的用工需求，将优先招聘、录用贫

---

① 陈鸿鹏：《林文镜慈善基金会将成立》，《福建侨报》2016 年 3 月 4 日第 5 版。

困农户，让贫困农户通过务工能够获得每年2万元以上的工资收入，即便打零工也能获得150元/天的收入。也就是说，只要有心脱贫，贫困户既能获得相对稳定的工资收入，又能通过农场务工获得相应的劳动技能；在销售方面，农业产业联盟设置精准扶贫“良心铺”免费提供给贫困农户使用，贫困农户与休闲农场签订质量保证合约后，即可在“良心铺”销售畜禽以及蜂蜜、干辣椒、土鸡、土鸡蛋、新鲜蔬菜、笋干等特色农副产品。联盟还将“良心铺”从线下延伸到线上，帮助贫困户开展线上配送等。由于这一模式发展较好，至2020年7月，已有30多家休闲农业企业相继加入产业联盟。同时，为保障“农业产业联盟+贫困户”模式的长期高效运行，产业联盟、贫困户以及当地政府部门还以合同的方式约定了各方的扶贫脱贫责任：产业联盟须为贫困户的农副产品价格、销售收入及入股资金提供保障；贫困户须为产业联盟的产品数量、质量提供保障；当地政府部门须为贫困户的培训、申请小额贷款提供保障，并负责贫困户与产业联盟的利益协调。可见，在政府的支持下，“农业产业联盟+贫困户”模式保障了贫困户收入的稳定性，增强了其自我发展能力，同时还实现了投入各方的多赢。

(三) 个人

个人与相关组织的联合较多，主要是向相关组织注资扶贫。一些是特定的个体，如2017年，港胞施能狮在为其母举办90岁寿宴之际，向晋江市慈善总会捐赠680万元，用于支持晋江教育事业、医疗卫生建设等。一些是不特定的，如当前一些基金会或慈善组织的扶贫资金来源靠临时筹集，而筹集的对象大多是社会个体。如2016年8月，厦门市侨联为厦门18位患重病且家庭困难的老归侨分别发放3000元—5000元不等的救助款，救助款的来源是侨界爱心人士通过厦门市慈善总会“侨爱心慈善基金”筹集。类似的如2018年美国福建琯头联合总会发起“群力扶贫”捐款活动，筹集扶贫款约25万元，帮扶63户贫困户。[①]

此外，不少扶贫组织本身即是集体行为，是社会组织、企业或个人的扶贫联合。如福建省助学济困公益协会是由省内从事助学济困的慈善机构、企业单位、志愿者、社会工作者组成的非营利性慈善类社会组织。自2016年成立以来（至2019年7月），协会已举办各种公益活动197场次，参与和受益人群逾2万人次，各项善款支出总额约600万元。[②] 又如仙游县瑞容爱心协会，由个体户林瑞容于2016年1月倡建，至2019年协会成员达500余人，旨在开展助学、助困、助老、助残活动，并开办爱心慈善超市，发放钱物总值达140万多元。[③] 再如2018年设立的晋江“围江慈善人”，以帮扶因病因灾困难家庭为基本宗旨，招募海内外围头乡亲担任“围江慈善人”，并成立“围江慈善人爱心委员会”。根据约定，每位“围江慈善人”年认捐扶贫款5000元，帮困款3000元，采取“一带二”方式各帮扶两个困难家庭。2018年首批50位“围江慈善人”将精准资助100个家乡贫困家庭。

可见，当前福建省无论是政府内部，还是政府与社会力量之间，以及社会力量内部均有协同扶贫的实践，一些还形成品牌，产生了较大的扶贫效果和社会影响。

第三节　福建省协同扶贫程度

应该说，福建省协同扶贫，无论是体制内的协同帮扶还是体制外的协同帮扶都取得了一定的成果，尤其是山海协作或对口帮扶等体制内的

① 《帮扶63户贫困户》，《福建侨报》2018年4月27日第5版。

② 林丽辉：《省助学济困公益协会3年支出善款600万元》，《福建侨报》2019年8月2日第5版。

③ 陈国孟：《仙游瑞容爱心协会连续4年开展金秋助学》，《福建侨报》2019年8月23日第5版。

社会扶贫，效果更加显著。以泉州市为例，泉州市鲤城、丰泽、泉港、石狮、晋江、南安、惠安等 7 个县（市、区）分别对口帮扶三明明溪、南平顺昌、三明宁化、南平政和、龙岩长汀、宁德古田、南平光泽。从 2013 年至 2018 年 5 月，共落实对口帮扶资金 5. 722 亿元。其中，2016 年以来，共拨付对口帮扶资金 2. 968 亿元，建成了 7 个共建产业园区。① 对口帮扶首先给被帮扶地区带来了可观的资金，这对于解决被帮扶地区资金短缺的问题十分关键；其次，还给被帮扶地区及被帮扶群体带来了新的致富思路和渠道，这对于贫困地区能否顺利脱贫起到了至关重要的作用。

政府与企业协同扶贫成效显著。如自 2016 年以来，福建省农业厅与省委统战部、省工商联共同开展“百企帮百村”精准扶贫行动，动员广大民营企业参与脱贫攻坚。至 2018 年初，已动员、组织 510 家民营企业（含商会），帮扶建档立卡贫困村 348 个，帮扶贫困人口 16904 人。同期，省民政局、省工商联等部门联同开展“百会帮百村 万贤扶千户”活动，组织 100 多家商（协）会与 100 多个贫困村开展结对帮扶活动，动员港澳同胞、海外侨胞和社会各界捐资 3000 多万元。② 在泉州，经过市统战部、侨联、工商联积极牵线搭桥，“三百工程”（百企帮百村、百会扶百村、百侨助百村）得以大规模实施，截止 2018 年 8 月底，泉州市县两级发动参与一般私营企业和商会 964 家，帮扶贫困村 496 个，落实帮扶资金 2. 787 亿元，帮扶群众 2. 3 万余人。另发动侨青、侨商 137 人，侨企 24 家，结对帮扶 96 个贫困村（含非建档立卡贫困村），实施 187 个帮扶项目，到位 1 亿余元帮扶资金，受益群众 2. 78 万余人。③ 可见，福建省协同扶贫已在一定范围和一定程度上进行，并在实践中逐渐摸索出一些可

---

① 泉州市农业局（扶贫办）。

② 《关于省政协十二届一次会议 20181089 号提案的答复》，2018-04-16，http：//nyt.fujian.gov.cn/ztzl/jyta/201807/t20180731_ 3605229.htm

③ 泉州市农业局（扶贫办）。

借鉴、可推广的精准扶贫模式和经验。因此，在全国“万企帮万村”精准扶贫行动片区座谈会上，福建省做了典型经验交流，圣农集团、春伦集团两家民企荣获全国“万企帮万村精准扶贫行动先进民营企业”称号。另福建漳州市电商扶贫及该市云霄县电商扶贫案例，也正式入选 2019 年全国电商精准扶贫典型 50 佳。而在此之前，漳州市电商扶贫案例曾入选国务院扶贫办《全国脱贫攻坚典型案例选》。相比其他地区，漳州市电商扶贫的主要经验在于政策创新。2018 年 2 月，该市制定出台了《漳州市关于推动电子商务助力精准扶贫六条措施》，这是全省首份电商助力精准扶贫政策。次年，又出台了《电子商务助力乡村振兴活动实施方案》，推动资金流、信息流、人才流、物流向革命老区苏区及困难群众集结。同时，该市还创新“一户一店一码”模式，帮助贫困户开设微店，运用新业态、新模式推动扶贫“精准滴灌”。

尽管如此，但整体而言，目前福建省各扶贫力量协同帮扶仍不充分、不均衡，尤其是企业、村民自助组织等纯民间力量协同参与福建精准扶贫事业仍不充分，与精准脱贫的要求不相适应。

一、不均衡

这首先体现在领域差异，不同的领域协同程度有所不同。整体来看，生活帮扶、教育培训等领域的协同帮扶较为稳定。近年来，在福建省相关部门的引导下，金融、产业协同扶贫方兴未艾，发展势头较好。但出谋划策等智力帮扶、精神关怀以及监督评估等环节的协同才刚刚开始。

教育扶贫和生活帮扶是福建省各级政府、准政府组织、社会组织、企业、个人均有所涉足的传统领域，合作帮扶一如既往。在教育扶贫过程中，政府与社会组织、学校的合作较为普遍，通过开展培训或对贫困学子求学予以支持等方式，使他们免于代际贫困。如 2020 年8—9月，一场由“政府+学校”联合举办的城乡贫困劳动力技能培训在安溪县展开。培训由安溪县人社局、安溪县脱贫办、安溪县教育局及相关乡镇人民政府联合主办，安溪茶校承办，旨在培训“评茶员”和“茶叶加工工”。培训历时一个多月，共开展六期，482 人参加培训。这次培训建立政府主导、多方参与、面向市场和按需培训的工作机制，采取“理论+实践”“线上+线下”的多样培训方式，邀请茶叶专家、教师深入浅出地为参训学员讲解涉茶技能知识，以提高贫困劳动力就业技能的掌握程度。而生活帮扶是众多帮扶主体均较为热心的事业，社会力量捐钱献物，政府或相关群团组织负责提供信息、帮助确定名单，组织并协同开展相关资助活动。这种帮扶能在一定程度上或在一段时间内缓解贫困人口的生活困境。产业扶贫是治本之策，政府对此甚为倡导。其协同机构主要包括农业厅、统战部、商务局、民政局、工商联、侨联等党政机构和群团组织，与企业、社会组织、社会爱心人士、合作社及贫困户进行协同。目前已形成一些比较成功的模式，如龙头企业带动型，通过“龙头企业+”模式，发挥龙头企业的技术、资金、人才优势，发展规模生产，而贫困户则通过流转土地、优先提供劳务等方式增收。又如“电商推动”模式，采取“互联网+”等方式扶贫。如福建多地商务局与京东集团、阿里巴巴等网络巨头签订电子商务战略合作框架协议，协助贫困村建立电商服务站点，培训贫困户，帮助其增收。金融扶贫也主要是政府与企业合作，在政府的动员和政策支持下扎实推进。如 2019 年，长泰县各金融机构聚焦贫困户资金需求，深入开展对接服务，通过投放扶贫小额信贷，扶持贫困户发展蛋鸡养殖、果蔬种植等扶贫攻坚产业项目，累计向 439 户贫困户投放 1659. 25 万元扶贫小额信贷，带动贫困户年人均增加纯收入 7000 元以上。①

由于政府与企业签订了长期合作协议，加之近年来政府在其中主动承担了更多的责任，如完善了乡村小额贷款保险和风险体系，因而在各地得以较为稳定地推广。

---

① 黄长秋、林少波：《扶贫小额信贷助福建长泰贫困户增收》，《中国县域经济报》2020 年 1 月 9 日。

相对而言，扶智扶志、精神关怀以及监督评估等环节的协同才刚刚开始。如扶智协同在福建初露端倪，主要是政府与企业、教育机构合作，为贫困地区产业发展出谋划策，如福建省组织动员省内外旅游规划单位帮扶制订52个全国旅游扶贫试点村（重点村）乡村旅游规划，邀请省内外20家具有资质的旅游规划单位为福建省52个建档立卡旅游扶贫试点村进行公益规划。但这种协同在其他领域并不多见。由于我国仍属于发展中国家，近些年，党和政府主要关注绝对贫困问题的解决，如贫困群体的生产和生活等。对于其精神世界，目前主要是一些社会组织给予了一定程度的关怀，关怀对象主要是贫困儿童，参与主体和关注对象均不够广泛。

其次，各地开展也不平衡。福建省属沿海地区，沿海的地理优势使得沿海城市经济较为发达，但同时内陆地区又相对封闭，这一特殊的地理环境导致福建省内部经济社会发展不均衡，而贫困地区多位于内陆地区。在贫困地区内部，各地经济发展和脱贫能力也存在一定的差异。如宁德市2017年六个贫困县中，霞浦、古田、寿宁、屏南、周宁、柘荣各县地区生产总值分别为212.51亿元、162.98亿元、67.13亿元、63.51亿元、49.59亿元、47.58亿元，差异较大。即便从人均地区生产总值来看，古田县该年为4.9万余元，而寿宁县只有3.7万余元。这种地区生产总值差异既体现了多方帮扶后的结果差异，也体现了该地区进一步发展的能力差异。另外，从帮扶角度看，各地区外来扶贫力量也不尽相同。比如各地由于侨务资源、企业资源相同，因而政府或准政府组织与侨界组织、民营企业协同帮扶方面就颇不相同。通常而言，重点侨乡侨务资源丰富，侨界慈善组织较为发达，因而协同帮扶的经验较为丰富，相关活动也时常开展；沿海地区经济发达，民营企业较多，产业扶贫发展得较为顺利。如南安市民营企业和侨务资源丰富，商（协）会众多，至2016年该市即有100多个商（协）会，其中异地商会67个、行业协会24个、乡镇商会20个，会员近5万人，数量居全国县级市首位。因此，

2016 年 4 月该市工商联组织发动的“百会帮百村”成效突出，截至 2017 年底，该市共组织 101 家商（协）会与 103 个贫困村结对帮扶，落实 1400 余万元帮扶资金，帮助 1022 户贫困家庭脱贫。[①] 整个泉州市，由于具有侨胞众多、民营经济发达的资源优势，实施“三百工程”（即百企帮百村、百会扶百村、百侨助百村），引导、组织和协同民营企业、商（协）会和海外侨胞等社会力量助力精准扶贫就较为频繁，成效也相对明显。反之，倘若缺少这种社会资源，则协同扶贫可能会比较乏力。以福建省养老基金组织发展为例，截至 2013 年 11 月，在福建省 154 家地方性基金会中，有 10 家基金会涉及安老、助老等养老服务事业。其中有一些是专门为老年人设立的，如厦门市老年基金会、福建省老龄事业发展基金会、福建省夕阳红助老基金会、福建宏利基金会、晋江市湖中安安老人福利基金会，也有主要或部分为老年人服务的，如福州市人口福利基金会等，这些基金会主要落户于福州、厦门、泉州、漳州等沿海经济较为发达的城市，鲜见于内陆地区及其他经济相对不发达的地市。由于社会力量相对匮乏，这些地市的养老服务事业主要依靠财政解决，服务水平自然受到限制。当然，近年来山海协作、对口帮扶一定程度上有利于弥补这种差距。

再次，各主体开展协同扶贫情况也不平衡。即便是在体制内社会帮扶方面，各帮扶单位工作积极性也有一定的差异。如近年来，根据福建省委、省政府的工作部署，各帮扶单位承担了对贫困地区挂钩帮扶的任务。但在帮扶过程中，个别单位将扶贫视为一项政治任务，把帮扶工作任务简化成“一掏了之”，捐赠式扶贫较为普遍，较少根据自身优势对贫困地区的产业帮扶和智力支持认真规划和实施，被动扶贫特征明显。个别单位还因各种原因导致帮扶资金未能及时拨付，影响了帮扶项目的进度。

① 陈莲凤：《扶贫模式创新的地方实践与未来选择——以福建省泉州市为例》，《大连海事大学学报（社会科学版）》2018 年第 6 期，第 62 页。

体制外力量，社会组织协同扶贫较为积极。毛维准（2011）将慈善组织在扶贫中的角色分为五种：倡导宣传者、意识启蒙者、行动研究者、服务提供者和合作伙伴。实践中，社会组织与政府、准政府组织、企业的合作均较为常见，同时，其服务提供、倡导宣传、意识启蒙、行动研究功能间接对其他力量扶贫起到了协同的作用。但与此同时，不同民间组织的协同能力与实际协同程度也有差异。以与政府扶贫合作为例，在与政府部门完全脱钩之前，准政府民间组织因组织规模较大，与政府保持密切联系等优势，在动员扶贫资源上较具竞争力，长期以来也是吸纳企业、个人捐助的最重要公益组织类型。因为资金来源较为稳定，扶贫持续性强，与政府扶贫也较为频繁。一般的社会组织尤其是一些小的扶贫组织则因为资金来源不稳定，社会影响力不大，难以获得政府的充分信任和充分关注，与政府之间的协同帮扶较少。企业的协同扶贫主要体现在捐钱赠物支持政府和相关组织开展扶贫活动，或与合作社合作进行产业扶贫，间或也与社会组织合作进行产业扶贫，但整体来说，除捐钱赠物外，企业与其他主体协同开展产业扶贫的积极性还没有被充分调动起来。不同的企业帮扶也有较大的差异，比如一些企业虽然签约，但履约进展情况不如人意。如自 2016 年至 2017 年底，仅福建省工商联就调整或加强了 7 个村帮扶企业。[①] 其中 2017 年用中泽农控股有限公司、福建鸿星尔克集团、正荣集团等 3 家企业替换了原先执行不力的帮扶企业，分别帮扶宁德霞浦县三个贫困村。

此外，不平衡还体现在参与对象积极性和实际参与程度的不平衡。如由于贫困问题主要集中在农村，因此，近年来全国层面精准扶贫重点均在农村，各项政策也主要针对贫困农村和贫困农民而设，城市的贫困对象主要通过低保等制度性的兜底工作来实现，间或也有一些临时救助，但并非关注的重点；又如一些地方、一些群体在政府的组织下脱贫致富

① 俞凤琼、徐志南、陈向东：《脱贫劲风扶摇起——福建省推进“百企帮百村”精准扶贫行动纪实》，《中华工商时报》2017 年 11 月 24 日第 12 版。

积极性高。如在安溪，为加快推广合作社模式，2011 年底，安溪出台《茶园承包经营权作价出资农民专业合作社登记暂时办法》，鼓励茶园流转，将茶园作价入股茶叶专业合作社，嫁接股份制经济成分，实行“股权+红利+工资”做法，茶农们争相加入。至 2018 年 7 月，全县 3307 户茶农的茶园入股 202 家合作社，注册资金 4.96 亿元，茶园面积 5 万亩。[①] 但有的地方，一些农户则还坐等政府救助，或安于贫困，不思进取。

二、不充分

不同的社会力量拥有的资源不同，扶贫专长也各不相同，而扶贫工作通常涉及面广，若能协同进行，应能更广层面、更大程度地提升扶贫效果。尤其是，贫困者的贫困通常体现在多个方面，因此协同扶贫能更全面、彻底地解决贫困地区和贫困户的发展问题。

整体而言，目前福建省各扶贫主体之间的协同帮扶仍是不充分的。这种不充分体现在扶贫力量合作整体来看还是以政府内部合作为主，政企、政社合作有限。政府内部协同帮扶也存在不完善的地方，如受制于现有的扶贫体制，为整合财政支农资金，尽管福建省自上而下对部门协调、资金整合均十分强调，各级财政部门甚至还出台了专门的文件和措施，但资金整合效能仍未能充分发挥。但无论如何，整合、协同开展已成定制，无论是政府各职能部门的合作，还是政府非职能部门扶贫、东西协作扶贫等均已常态化，一些甚至已经制度化，形成了一些比较成熟的做法和经验。相较之下，政府与社会力量包括企业、社会组织和个人的合作因为无体制内压力，合作有限。近年来，福建省各级政府对整合社会力量扶贫进行了一定的动员、规划和实践，也形成了一些较为成功的模式和品牌，但这种整合主要针对那些影响较大的企业和社会组织。一些规模较小的乡村扶贫社会力量目前仍多处于自发和碎片化状态，扶

① 何金、吴清远：《安溪大力推广茶叶合作社 目前的数量已达 1095 个》，《福建日报》2018 年 7 月 15 日。

贫渠道杂，缺少统一规范的平台，与政府之间的协同较少，社会力量内部协同扶贫也不多。一些地方甚至存在着地方政府与民间扶贫力量的脱节现象，政府既未能有效培育民间扶贫力量的发展，也未能通过政策引领、信息提供等有效引导和支持民营企业、金融机构和民间组织等优质资源加入到精准扶贫的队伍中来。“不集细沙无以成高塔”，这种分散状态无疑影响了扶贫的整体效果，致使目前福建省扶贫力量之间还未形成强大合力。

“不充分”也体现在已有的合作扶贫层次不高、频次和深度不够。虽然近年来，福建省各级政府一直倡导社会力量参与精准扶贫，但政府与社会力量的合作仍然不够，已有的政社协同帮扶仍以间接合作为主，直接合作有限。即使是在直接合作中，也以政府支持、倡导引领为主，二者协同开展项目较少。如在社会组织方面，虽然近年来政府一直倡导并从制度上推动社会组织参与精准扶贫，鼓励政府购买社会组织扶贫服务，但实践中较少购买。当前依靠自身资源开展大规模扶贫工作的社会组织仍较为缺乏，因而限制了社会力量扶贫的整体效果。在深度方面，近年来虽然民营企业参与精准扶贫较多，但主要系政府劝导式的村企共建模式，一些企业主要是捐钱献“爱心”。在推广 PPP 模式和“政+企+农”模式方面，仍存在很大的发展空间。

至于社会力量内部之间的协同扶贫，主要限于一些较具影响的社会组织之间，或社会组织与企业的协同上。农民合作社目前在福建有了较大的发展，但合作社主要限于与参与扶贫的企业合作，与其他合作社及外界的交流与合作还有待进一步拓展。而个人和社会组织的扶贫合作模式较为单一，主要是向社会组织捐资，再由社会组织去资助贫困学子或贫困家庭，内容主要是“输血”，较少出现持续式、“造血”型的精准扶贫模式。正如调研中一名志愿者所言：“我们主要是去社会上筹集一些资源帮助他们，以便使他们能够克服当前的最主要困难，至于持续性地帮助他们，使他们彻底摆脱贫困，目前我们还没这个能力。”

“不充分”还体现在协同扶贫实践中，“协同”“平等协商”等仍有待进一步贯彻落实。从理论上讲，协同治理的邀请者应该是协同的各方，但目前的政社协同扶贫动员主要由政府发出，社会力量处于“接受者”的身份，这表明社会力量对协同扶贫还缺乏足够的积极性。而且这种状态也会影响到协同后双方的实际地位，并使得扶贫合作实践中政府通常居于主体地位，政社之间还缺乏一种平等沟通、交流的平台和机制，个别地方在政社合作扶贫中还出现了其他治理主体难以完全平等、高效地与政府协商、沟通的情况。如个别社会组织成员反映，他们开展的大部分扶贫工程都需要向政府报备，而政府相关信息却披露不够，二者地位颇不对等。地位不对等还影响到社会力量的扶贫创新性，如一些志愿组织与政府协同开展扶贫活动时，主要根据政府要求参与扶贫，什么时候去、去了干什么，都是根据政府的要求来做。缺乏自主性，一定程度上影响了志愿服务的积极性和社会力量扶贫创新性的优势发挥。这些与某些政府工作人员的主导意识太强，合作、平等治理意识稍弱有一定的关系。

三、不健全

“不健全”强调协同扶贫尚未完全机制化，未形成协同帮扶习惯和成熟的体制机制。当前，福建省社会力量参与扶贫更倾向民间力量的自发推动和社会组织的“单打独斗”，有时候在政府的号召、组织下开展协同扶贫，但总体而言还是临时性的，尚缺乏一套成形的协作机制和具体的协作制度，尤其是缺乏有效的协作资源监管和绩效评价机制。这种现状在全国层面也较为普遍，由于社会力量与政府或其他力量协作扶贫在我国还是新课题，其日常运作、资金管理、权责规定等目前主要还是临时性的项目约定性质，没有成熟的可供遵循的制度，资金规范化管理存在诸多盲点。此外，缺少高效的社会扶贫资源整合及相互交流的平台，这可能导致失去不少协同帮扶和优势互补的机会。

福建省协同扶贫实践中，还存在一系列现实问题亟待解决，并且这些问题尚缺乏常态化、制度化的解决机制。如政社协同扶贫中，扶贫资源如何监管？协同扶贫绩效如何测评？由于人们观念中政府的显赫地位和扶贫实践中的资源提供优势，大部分时候仍以政府为主，政社地位难以完全平等，这就影响到监管和测评的客观性。即使是政府主导的山海协作共建产业园区也存在一系列问题：如项目落地存在困难。多数重点县产业基础薄弱，物流成本高，技术人才缺乏，基础配套设施与沿海地区也存在明显差距，沿海企业到边远山区投资的意愿还不够强，进驻者传统项目多、高附加值项目少，小项目多、大项目少；产业园区基础设施与综合配套服务设施还不够完善。由于扶贫重点县财力困难，投入有限，园区普遍存在水、电、路等基础设施建设不完善的问题，生产、生活配套服务能力较弱，不但影响企业人员日常生活，而且增加企业运营成本；产业协作力度有待进一步加强。目前，共建园区合作双方虽然都签订了共建协议，建立领导小组，但多数对口帮扶县（市、区）仅限于给予一定的帮扶资金，帮助园区基础设施建设，帮助开展招商引资，而双方在园区开发建设和运营管理等方面的协作不够深入。园区大部分由扶贫重点县单方主导，沿海帮扶方共投共管的主观动力不足，园区处于“帮建”而非“共建”状态。①

---

① 《关于深化山海协作，构建福建区域经济新格局的建议》的答复发布时间：2019-08-07，https：//gxt.fujian.gov.cn/gk/dbwyzs/201908/t20190807_ 4959893.htm

第五章　当前福建省协同帮扶困境及原因

当前环境下，构建“政府主导，社会力量参与”的大扶贫格局是扶贫发展的必然趋势。从福建省目前帮扶情况来看，协同帮扶还不平衡、不充分、不健全，还存在着观念、政策和机制等方面的困境。之所以如此，原因是多方面的，包括政府扶贫理念、扶贫政策及其实际执行问题，社会力量自身发展程度及其扶贫选择性，被扶贫对象观念和整体社会环境的问题等。

第一节　协同帮扶困境

一、观念困境：统筹规划意识不足

精准扶贫协同不力，主要原因在于各扶贫力量未能在思想认识层面真正解决政府扶贫和社会扶贫的关系问题，没有把社会力量扶贫纳入国家扶贫治理体系的必然要求中加以认识。

一是受传统思维禁锢，社会力量的扶贫意识和协同意识不足。虽然福建省乡村扶贫大格局初步形成，但扶贫工作整体上还呈“政府热、社会弱、市场冷”的局面，“扶贫是政府的事”这种传统观念依然在社会各阶层中广泛存在，并导致社会力量参与扶贫氛围不浓厚。一些社会组织和社会个体认为扶贫工作与己无关，参不参与无所谓。一些虽然参与进来，但存在畏难情绪，工作中避难就易，浅尝辄止；部分企业社会责任意识不强，在政府推动下被动参与，主动性、能动性、参与度均有较大的提升空间；从弱势群体身份定位出发，贫困者自身以及各扶贫主体对于贫困者责权利的认识也还存在一些误区，更多地关注其受助权利，对其脱贫义务则强调不多。虽然 2016 年底，龙岩市开展了“激励性扶贫”新机制试点，贫困户接受工作岗位或参与扶贫项目需要通过竞争实现。这种激励性扶贫融贫困者责、权、利于一体，之后也在全省各地得到一定程度的尝试。但整体而言，贫困者和扶贫者仍过于关注供给方的责任，对需求方的相关责任强调不够，这在一定程度上助长了贫困者的依赖心理，致使贫困户人群争当“贫困户”，进而导致扶贫的不精准。

受传统思维和扶贫实践影响，社会力量的协同扶贫意识也有待进一步加强。据调研，一些社会组织认为协同扶贫必然存在协调和管理上的困扰，协同意愿不强，实践中倾向于单打独斗，较少尝试协同扶贫。即便协同进行，也是分工明确，浅尝辄止，缺乏深度合作；一些贫困个体，认为组建合作社不能很好地保护自身利益或于事无补，主动组织或参与合作社意愿不强。应该承认，协同扶贫会较原有单一组织（或个体）扶贫更难管理，但同时也会取得原有单一组织（或个体）扶贫所不能取得的扶贫效果，而且随着协同扶贫实践的增多，协同管理也会逐渐形成机制或较为稳定的模式，甚至还会反过来帮助原来单一组织（或个体）改善内部管理，积累扶贫经验，因此不必对此过分抵触，应主动、乐观地融入协同扶贫的“大势”中去。

二是政府对协同帮扶重视不够，与社会扶贫力量的联系不够密切。长期以来，政府承担了扶贫开发的主体工作。进入新世纪以后，政府对社会力量扶贫的态度越来越积极，特别是在乡村扶贫领域，政府开始倡导社会力量扶贫。实践中，自 2006 年政府携手社会力量尝试协同开展乡村扶贫项目起，政社协同扶贫成为实践。一方面，政府让渡一部分治贫权力，吸收社会力量参与扶贫，避免了单纯政府扶贫的部分缺陷；另一方面，社会力量的扶贫优势得以发挥，其扶贫意义愈益为政府所重视。这样，政府与社会力量集各自优势合作扶贫，取得了积极成效。扶贫工作进入攻坚阶段后，政府也想借助社会力量提升扶贫效率，并对社会力量扶贫采取鼓励和支持的态度。但与此同时，由于前期政府与社会力量合作扶贫还只是尝试，各地发展也不平衡，两者协同扶贫还处于磨合期，相关合作机制还不健全。一部分政府扶贫工作人员或者因为轻视社会力量的扶贫作用，或者认为扶贫工作已接近尾声，按照现有步伐，政府系统在 2020 年解决绝对贫困问题没有问题，懒于再花时间、精力牵头与社会力量建构常态化的联系和合作机制，使得目前政府与社会扶贫力量之间的联系处于一种相对松散的状态。此外，即便政府有心协同扶贫，但缺乏有效激励政策，加之政府扶贫中的腐败现象也一定程度上削弱了政府的社会动员能力，导致政府难以有效激发社会力量的协同扶贫积极性，政社协同扶贫难以全面实现。比如 2019—2020 年福建省纪委监委处理和通报的三起扶贫领域腐败和作风问题典型案例，无论是挪用扶贫资金还是骗取造福工程补助款的问题，[①] 都有损政府公信力，影响到社会力量与政府合作扶贫的信心和决心。

思想认识不到位，一方面，导致社会力量扶贫积极性未能完全调动起来，影响扶贫效果；另一方面，由于缺少协调配合，各扶贫力量各自为政，统筹不够，造成扶贫工作的不平衡以及扶贫资源的浪费现象。如由于缺少统筹规划，一些地区或单位的扶贫资源过于集中，未能有效发挥社会资源的最大效益。

二、机制困境：长效协同扶贫机制不健全

整体而言，福建省政社扶贫合作还属于起步阶段，长效协同扶贫机

① 刘必然：《福建省纪委监委通报三起扶贫领域腐败和作风问题典型案例》，《福建日报》2020 年 6 月 10 日第 2 版。

制仍不健全。这主要体现在以下几个方面：

（一）联系、对接机制不健全

这首先体现在政社之间缺乏常态化联系机制。近年来，福建省建立针对某一领域或某一主体的政社协同扶贫管理机构或统筹平台。如为积极推进协同扶贫工作的开展，福建省统战系统、扶贫系统、工商联系统及各级光彩会及时成立了“百企帮百村”精准扶贫行动领导小组，主管主抓各地“百企帮百村”协同帮扶行动。类似如福建省民政厅为推动社会组织扶贫做出了不少努力，不仅成立了专门的“民间组织管理局”对民间组织进行管理服务，还成立了以福建省民政厅厅长为组长的民政领域脱贫攻坚领导小组，协调解决社会组织扶贫过程中面临的各种难题。省民政厅经常组织省扶贫办、社会组织召开全省脱贫攻坚座谈会，与社会组织共商脱贫攻坚举措。其网站上专门设立了“社会组织参与脱贫攻坚”专题，公开相关政策、贫困信息等，有利于扶贫对接。当然，由于企业、社会组织等分属不同的管理系统，目前全省还没有涵盖各类社会力量的统一的政社联系平台和机构，而社会力量对政府扶贫的了解主要通过政府网站和新闻媒体。很多时候，社会力量对一些具体的扶贫政策毫无所知或一知半解，对今后一段时间内当地政府的扶贫安排也不太了解，从而无法事先就扶贫事项主动与政府衔接与合作。而政府系统中负责引导和管理社会力量扶贫的主要是民政部门内设的民间组织管理局，但这个机构的基层办事人员较少，难以完全胜任与基层社会扶贫力量有效联系的职责。这就导致许多社会力量仍处于自发扶贫阶段，相关部门与其接洽互动不多。

由于政府掌握了较为系统的贫困信息，政社之间缺乏常态化联系，必然导致社会扶贫力量难以及时、有效地与扶贫对象对接。为了消解这种现象，一些地方对此有所强调，如 2016 年闽东市委、市政府出台《关于动员社会力量参与精准扶贫的实施意见》，强调各县（市、区）党委和人民政府要建立起社会力量与帮扶对象之间的对接联系平台，为社会力量参与精准扶贫提供优质服务。但实践中的对接问题仍未完全解决。如一些贫困村的剩余劳动力需要输出，一些企业也有用工需求；一些贫困村有发展乡村旅游的潜质，一些旅游公司也有投资的需求等，但由于相互间缺乏有效联系和信息互通，导致农企合作难以及时实现。

不仅如此，政府部门间协同扶贫对接机制仍有待进一步健全。近年来，福建省各扶贫部门协同扶贫机制有了较大的改进，各部门联合出台扶贫政策，协同监督检查，甚至携手帮扶的现象愈益频繁，不仅如此，还进行了扶贫资金整合的试点工作，进展明显。但是，由于扶贫项目通常由不同的部门管理，这种以职能和部门为导向的分工体系使公共扶贫资源配置相对分散，整合和协调不是常态。典型如扶贫部门和民政部门的扶贫协同问题，扶贫部门和民政部门均有各自的贫困信息系统，原则上是没有劳动能力的贫困户由民政扶持纳入低保，而有劳动能力的通过发展生产扶贫，所以两部门扶贫应是相互衔接的，纳入低保的人数应和扶贫部门统计的无劳动能力人数一致。但实际上，民政部门的低保户和扶贫部门贫困系统的建立和识别是各自独立开展和运行的，扶贫部门的贫困人口是规模控制，所以数量是既定的，而民政部门的低保人数是以国家投入资金的多少测算，在资金多的情况下惠及的低保人数就多，所以，理论上低保兜底和开发扶贫是各自分离开展的，这必然导致扶贫资源的浪费。值得庆幸的是，近年来全国上下都强调低保与扶贫开发政策的衔接问题，福建省适时出台了《福建省乡村居民最低生活保障制度与扶贫开发政策有效衔接实施方案》（闽民保〔2016〕279号），要求将符合扶贫条件的乡村低保对象纳入建档立卡范围，并针对其不同致贫原因予以精准化帮扶。同时，福建省也将一些支出型贫困的家庭纳入低保，并强调低保线与扶贫线的“两线合一”问题。因此，扶贫系统与民政系统的信息互通、扶贫衔接不久应能得到较大改善。

（二）信息共享机制不健全

近年来，尽管党和政府多次强调搭建社会力量扶贫信息服务平台，但是，当前福建省社会力量扶贫的信息服务平台建设尚处于起步阶段，信息服务平台建设的滞后，必然导致社会扶贫力量的信息可获得性不足。同时，信息的公开性、及时性、准确性、完整性和共享性等仍然存在一些问题，比如，当前一些地区的贫困信息不完整，一些贫困户未能及时建档立卡，一些贫困户建档立卡信息不够完整，“是否有劳动力”“是否有信贷需求”等关键要素未在档案之列，导致难以精准对接。又如，在信息的公开性方面，目前按照福建省扶贫工作部署，省农业厅负责推动福建省精准扶贫精准脱贫开发数据平台建设，但这一平台目前尚未建成，即便建成也主要限于扶贫系统内部使用，公众可及性不强。一些其他的扶贫信息、扶贫政策的传播范围也有所限制，如限于贫困地区或某个区域，发达地区的社会力量无法获得扶贫信息参与扶贫项目。近年来，为推动社会力量扶贫，福建省将重点帮扶村的一些信息告知省级社会组织，但具体情况仍不太清晰。而且，一般社会力量对于应该帮扶谁、如何帮扶、贫困对象致贫原因和需求是什么、帮扶对象是否接受过其他捐助等常规信息，了解得仍不多。这种信息不明的现象必然会在一定程度上制约社会力量扶贫的效果，一些社会组织或社会个体虽然扶贫积极性很高，但却苦于无法获得有效的扶贫信息，导致靶向帮扶有限，扶贫效率不高；一些企业家反映，他们也认可扶贫济困是其应尽的社会责任，但问题在于，他们对于扶贫对象的情况并不知晓，也不知道该从哪些渠道获取这方面的信息，因此只能像往常一样，“各回各村、各帮各亲”，无法很好地将自身的产业、技术、资金等优势与贫困地区的自然禀赋、劳动力等有效结合起来，严重影响到扶贫工作的精准性和有效性。由于扶贫信息的不对称，社会力量在扶贫时也容易产生“多扶”“漏扶”“重扶”等不精准现象。如由于政府侨务部门、受赠单位及其主管部门之间缺乏联系沟通，导致一些贫困对象重复接受捐赠，一些贫困对象则未被眷顾。为了获取真实信息，一些社会力量则需在前期投入大量的资源进行相关调研，这不仅贻误了帮扶时机，而且浪费了有限的资源，从而在很大程度上降低了社会力量扶贫的积极意义。

信息共享问题同样体现在行政体系内部，一是横向各部门扶贫信息共享不够。由于各部门无直接隶属关系，平时倾向于各自采集与部门相关的贫困信息和扶贫信息，过后这些信息多封闭运行，缺乏互通互联。实践中，由于信息不完整以及信息相互封闭运行引发一系列问题。比如，由于相关部门信息缺乏共享，有时会出现同一位企业界人士被政府不同部门倡导参加多个捐款扶贫活动的情况，给当事人造成了过多负担。类似的情况在金融扶贫领域也存在，如由于扶贫办、小额信贷担保基金管理机构和合作银行三方没有建立一套有效的信息共享机制，导致银行无法真实、全面地掌握贫困对象的需求，最终无法精确对接，或者需要重复采集，加大了扶贫成本，不利于协同扶贫。二是统筹层次不够。如教育扶贫信息在省内基本可以实现共享，但在省与省之间难以实现。在基础教育阶段，目前各地各校既要按照《福建省教育厅、福建省档案局关于印发<福建省学生资助档案管理办法（试行）>的通知》（2014）和《关于做好学生资助档案归整工作的通知》（2015）的要求，认真做好义务教育阶段学生资助档案归档整理工作，确保学生资助档案的真实性、完整性和有效性。福建省档案局也要求各地将义务教育阶段学生资助工作档案纳入检查内容，督促各校做好资助档案归整管理工作。此外，各地各校还要按照《福建省教育厅、福建省财政厅关于印发<福建省学生资助巡查工作制度（试行）>的通知》（2016）要求，组织开展本地区学生资助巡查工作，加强对义务教育阶段学生资助各专项资金落实情况的监督检查，确保资金用途。可见，按照相关规则基本能保证义务教育阶段贫困信息、学生资助信息的真实性。但在高校，由于生源并不限于省内，各地贫困数据也不联网，因此贫困生认定存在一定的主观性，学校对于学生家庭情况的了解，更多的是依赖于学生自述和“家庭情况调查表”中的描述，并不精准。很多高校采用了简单的“指标分配制”（即将资助的名额根据班级或者专业的人数来平均分配），这将容易导致识别的不精准，一些家庭困难的学生因名额不足而未收到资助，同时浑水摸鱼现象在所难免。

贫困户的信息获取问题同样值得重视。在贫困村，村干部和驻村干部负责政策传递、扶贫资源分配及与村民沟通协调等事务。为省去与村民反复沟通、交涉的麻烦，村干部倾向于关门决策，并尽可能少地向村民公布相关政策和信息，致使一些贫困户在扶贫信息获取方面处于弱势地位。近年来，国家要求在扶贫的某些环节吸纳村民参与，如让村民参与到贫困户的评定过程，贫困户的建档需要遵循村民申请、民主评议的原则，以确保建档立卡的准确性。但在操作过程中，各村民主评议程度有差别，有些只是走走过场，村干部不鼓励村民参与。基于对底层政治生态的默认，村民们较少主动寻求参与，即使参与，也会因为对政策了解有限，最后难有实质性的改变。

（三）沟通协调机制不健全

充分、有效的沟通和协调是确保集体行动最终达成一致目标的重要手段。福建省近年来也强调部门之间、政社之间、扶贫主体与扶贫对象之间的沟通、协调机制建设，但仍不完善。在沟通机制方面，即便有制度上的安排，但由于沟通是在人与人之间进行，实际情况远比想象的复杂。在政府层面，横向沟通可能因为无直接隶属关系或出于部门利益考虑而较难开展，社会组织与政府之间的沟通主动权主要在政府，二者沟通地位不完全对等。在福建农村基层，村民之间、村民与村干部及驻村干部之间不同程度地存在沟通不畅的现象。甚至在贫困信息搜集时，由于事先缺乏充分的沟通，有些贫困户对帮扶干部重复调查比较反感，不做认真回答；一些甚至故意将上户的帮扶干部拒之门外。

协同扶贫中的扶贫力量与被帮扶者之间也缺乏持续的沟通，导致扶贫效果的不稳定。通常而言，政府扶贫和企业开展的产业扶贫较为持续，扶贫主体与被帮扶对象之间有经常性的联系，企业产业扶贫甚至还在双方或多方形成了一定的共生关系。但也有不少社会力量扶贫属于临时性的捐赠或关爱，过后则较少继续，甚至较少回访，因此只能解决暂时的生活困难问题，效果难以持久。

由于各扶贫主体利益的差异，协调在所难免。但实践中，协调方面也存在着一些问题，如中国妇女发展基金会下设的“微笑行动”项目，主要为贫困家庭唇腭裂患儿提供免费手术和治疗。但在项目实施中，有的地方对此不支持，不愿提供唇腭裂儿童的数目和情况，不愿意协调医院提供手术和病床，也不愿意协调解决跨县新农合报销问题等等。显然，在这里，政府没有很好地充当起贫困地区、贫困者与社会力量之间的桥梁和纽带。因为政府的协调职能发挥不到位，社会组织的扶贫实效受到影响。

至于扶贫主体与扶贫对象，其协调主要通过信息反馈、民意反馈渠道来实现。近年来，福建省对此比较重视，并提供了民意反馈的专门热线电话和网上渠道。但对于底层民众而言，获得反馈的渠道仍然有限，一些贫困户的质疑得不到及时解决，导致供需出现偏差或错位，最终影响扶贫成效。

（四）扶贫持续性困境

这种困境对于各扶贫主体而言均在一定程度上存在。对于政府部门而言，由于脱贫攻坚工作时间紧、任务重，一些地方政府倾向于采取“运动攻坚式”扶贫战略，集中扶贫资源，力求在较短时间内取得最好效果，一些地方还倾向于在迎接检查评估前集中开展扶贫工作。但这种逐级压力传导机制并不具有可持续性，事实上，对于那些长期贫困者，贫困并非一日造成，扶贫工作也不可能短期内完全解决。尤其是相对贫困问题更将长期存在，对此我们应有充分认识，扶贫工作需要向常态化转变。就社会力量而言，有些社会扶贫本身就是一次性的，尤其是个人捐赠；一些社会组织因为资金来源不稳定，难以对扶贫持续关注；对企业而言，虽然民营企业在福建省较为发达，这使得社会力量中最重要的市场主体在福建省相对成熟，但企业扶贫，理论上也存在着企业短视与持续扶贫的矛盾。这是因为营利而非扶贫是市场主体可持续发展的基础与动力，而脱贫攻坚非一朝一夕所能完成，这可能造成市场主体因为各种主客观因素撤出贫困地区。如有些合作扶贫项目需要较长时间才能产生出较好的经济效益，但市场主体的短视性特征，决定了它可能在前期大量投入而短期内无法得到合理回报之时，选择终止合作或者撤离项目。当然，市场主体如发现其他地区有更好的发展机会也可能选择转移产业，中止扶贫合作。再加上大多数企业并没有长远扶贫规划，往往只是为了响应政府号召而在短期内投入资源帮扶乡村，并不太注重乡村精准扶贫的长期效果。此外，企业自身经营状况也会影响到扶贫合作的稳定性。因此，建立健全扶贫开发的长效机制仍是一个亟待解决的问题。

三、制度困境：动员和管理乏力

社会力量的加入，一方面壮大了扶贫力量，促成了扶贫大格局的初步形成，另一方面也带来了诸多协同管理难题，需要在制度上加以明确和解决。当前，福建省协同扶贫仍存在动员和管理等方面的制度难题。

（一）缺乏协同扶贫的高效激励政策体系

激励政策直接关系到社会力量参与精准扶贫的积极性。近年来，社会力量扶贫激励政策主要包括税收优惠、信贷支持和产业支持等。整体而言，这些激励政策涵盖面偏小、可操作性不强，对动员社会力量扶贫作用有限。如产业扶贫支持政策方面，虽然吸纳乡村贫困人口就业的企业，按相关规定可享受税收优惠、职业培训补贴等就业支持政策；符合信贷条件的各类扶贫企业，按有关规定可给予财政贴息等信贷支持，政府也在相关文件中一再强调要“完善特色优势产业支持政策”“全面落实各类市场主体到贫困地区投资兴业相关支持政策”，但是，这些支持性政策的标准过于笼统，操作起来仍有一定的难度，各地落实情况也参差不齐。

在税收方面，我国现行的扶贫捐赠税前扣除政策，扣除率不低，但扣除手续规定过严，程序烦琐，还要求通过具有免税资格的团体或单位间接捐赠，凭免税发票才能兑现。这有利于相关团体或单位集中社会扶贫资源进行统筹管理，也有利于规范捐赠市场，但由于福建省大部分社会组织难以享受税前扣除政策，这就限制了捐赠税前扣除政策的实效性。对此，2014 年 11 月，国务院办公厅出台《关于进一步动员社会各方面力量参与扶贫开发的意见》，提出要全面落实扶贫公益事业税收优惠及相关支持政策。针对社会组织注册门槛高，登记程序复杂等问题，该《意见》提出要降低扶贫社会组织注册门槛，简化登记程序，对符合条件的给予公益性捐赠税前扣除资格。但截至 2018 年，获得这种资格的福建省社会组织只有 167 家。对于企业的公益捐赠，2018 年财政部、国税总局出台《关于公益性捐赠支出企业所得税税前扣除有关问题的通知》，表示企业通过公益性社会组织（须在财政、税务、民政等部门发布的捐赠税前扣除资格名单内）或者县级（含县级）以上人民政府及其组成部门和直属机构，发生的捐赠支出可在企业所得税前扣除。也就是说，倘若企业直接捐赠给受灾企业或个人，或者给没在捐赠税前扣除资格名单内的社会组织捐赠，仍然不能享受税前扣除待遇。

而且，地方配套政策问题也困扰着协同扶贫。虽然国家层面高度重视市场力量扶贫的重要性，也出台相关文件强调要推进和保障市场主体扶贫，但各地的配套保障政策仍不到位，如针对贫困地区的信贷倾斜政策、税收扶持政策配套不够，导致了市场主体的积极性不足。又如在教育扶贫的公私合作领域，虽然政府鼓励社会各界参与教育扶贫工程，但并未从法律上明确社会扶贫主体在教育扶贫实践中的合法地位、权利、职责以及义务，致使社会力量参与教育扶贫缺乏必要的法律依据和制度规范。再如 2011 年中共中央、国务院印发《中国农村扶贫开发纲要（2011—2020 年）》，要求坚持“自力更生 艰苦奋斗”的扶贫原则，尊重扶贫对象的主体地位，提高其自我管理水平和发展能力，立足自身实现脱贫致富。这些内容与参与式扶贫的要求不谋而合，但遗憾的是，这些参与式扶贫的要求目前并没有具体、严格的配套政策措施，因而实践中贫困人口参与仍然不够。

（二）协同扶贫管理问题

2014 年国务院办公厅出台了《关于进一步动员社会各方面力量参与扶贫开发的意见》，提出改进管理服务，加强对社会扶贫资源筹集、配置和使用的规范管理。可见，国家层面对社会力量管理问题比较重视。当前，社会力量的管理政策主要集中在社会组织。2018 年省民政厅、省扶贫办《福建省关于广泛引导和动员社会组织参与脱贫攻坚的通知》，对引导和动员社会组织参与脱贫攻坚工作进行部署，明确社会组织帮扶重点对象、参与重点领域以及相关部门职责分工。但整体而言，相关政策仍然重动员轻管理，对于要动员哪些社会力量参与扶贫及其参与方式、领域，以及如何激励等有所强调，但对于其中政府角色、政社如何合作、各方责任、如何考核等仍着墨不多。不仅如此，即便从监管这一较为间接的扶贫协作来看，政府与社会力量的扶贫协作也还存在一些问题。比如目前社会组织扶贫监管制度还不健全，民间组织扶贫监管方主要来自政府、社会和利益相关者，政府主管部门主要是民政局和税务机关，强调通过信息报送进行监管，即规定省级社会组织上一年度参与脱贫攻坚情况随当年年检年报材料一同报送业务主管单位、登记管理机关和扶贫部门。而民政部门则会同扶贫部门建立社会组织扶贫信息统计制度，定期向社会公布，并向上一级民政厅和扶贫办报送相关情况。也就是说，目前对社会组织以及企业扶贫的帮扶效果等偏重于查看上报材料等静态考核，而缺少实地的、跟踪的动态考核。社会民众多通过扶贫组织官网、政府主管部门审计报告及各种新闻媒体等信息渠道，了解民间组织的扶贫活动，但社会监督是以信息公开为前提的，目前大多数社会组织并未做到扶贫信息全面、同步对外公开，因此，社会监督就难以及时、有效开展。而利益相关者监督主要指捐赠方监督和受益者监督，对他们而言，监督也是他们的一种权利，但一则因为他们与民间扶贫组织有着千丝万缕的联系，受益者也程度不同地从其扶贫活动中受益，二则因为信息不对称等原因，监督也难以完全到位。总之，当前对社会力量扶贫活动的动态监管较为欠缺，扶贫信息的公示制度才刚刚起步，社会监督较为困难。

撇开协同扶贫实务不谈，当前政府对社会组织本身的管理也存在法律层次不高和管理重心偏颇的现象。2016 年 4 月《中华人民共和国境外非政府组织境内活动管理法》发布，对境外非政府组织在国内开展活动的规范、监管和法律责任等做了详细规定。但目前还未出台关于国内社会组织的专门法律，主要依据《社会团体登记管理条例》（2016 年修订）、《基金会管理条例》（2018）、《民办非企业单位登记管理暂行条例》（1998）等进行管理，法律位阶低，缺乏对民间组织法律地位、组织机构、权利义务等的明确规定。法律的缺位，严重制约了政府对民间组织的监督管理，同时也不利于社会组织的扶贫能力建设。再从管理视角来看，当前国际社会对民间扶贫组织的监管重点均从门槛监管转为过程监管，简化民间扶贫组织的登记注册程序，同时加强了对民间扶贫组织扶贫过程的动态监管。但当前我国政府相关主管部门仍然十分重视对民间扶贫组织注册时的监管，却疏于对已经成立的民间组织扶贫过程的有效监控和管理。在登记注册时，虽然经过 2016 年修订，我国社会团体的成立不需要业务主管部门作为挂靠单位，但仍须经其业务主管单位审查同意，并需要得到相关登记管理机关的许可。门槛较高，不少民间组织登记注册无门，或者不被承认，这极大地阻碍了我国社会服务的发展和壮大。在后续管理上，2018 年初颁布的《社会组织信用信息管理办法》对社会组织的信用信息管理进行了规范，但社会组织的一些问题如其财产性质和产权归属等还未有详细规定。另外，目前政府部门及业务主管部门多头管理，难免造成手续复杂、效率低下和责任推诿等现象，不利于社会服务的推广。值得庆幸的是，近年来对于慈善组织和志愿服务的管理有所加强。前者因 2016 年《中华人民共和国慈善法》的颁布而有所改善，《中华人民共和国慈善法》不仅明确了慈善组织的法律地位，而且对慈善募捐的监督机制、慈善事业的主管部门，捐赠人、受赠人和受益人的权利义务等也予以规范。此后，2018 年民政部《慈善组织信息公开办法》要求慈善组织的信息公开须遵循真实、完整、及时的原则，明确信息公开的内容、渠道及监管措施。后者因 2017 年国务院《志愿服务条例》的颁布而有所进步。另福建省早在 2003 年 4 月就出台了《福建省青年志愿服务条例》，以促进和规范青年志愿服务活动。为适应形势发展，福建省已将《福建省志愿服务促进条例》纳入近几年的立法规划。总之，当前福建地方政府对社会扶贫力量的监管还有待常态化。

协同扶贫管理还包括对受助方的管理问题。近年来，一些扶贫项目管理不善影响到社会力量扶贫的积极性。如侨捐是海外华侨华人维系与祖（籍）国情感的纽带，也是华侨华人扶贫的重要方式。但目前，在福建侨捐管理方面，受赠人责任不清，受赠不申报或不及时申报，捐赠财产的使用和管理不规范，违背捐赠人意愿或擅自改变捐赠财产用途等问题时有发生，对捐赠人感情造成伤害。一些侨捐项目因地方配套资金未能如数到位，不能如期竣工，致使政府公信力受损等。

（三）协同扶贫考核和责任追究制度不明确

目前，福建省对于政社扶贫项目有一些考核的措施，如通过工商联等部门督查企业扶贫。实践中，自“百企帮百村”活动开展以来，福建省委统战部、省工商联经常对全省企业履约情况进行检查。对于签约后落实工作不力的企业（商会），工商联系统还予以调整。但整体上，目前福建省协同扶贫绩效如何考核，事后责任如何承担等主要还是当事者合作契约的规定，尚缺乏统一的基本规范。各级扶贫主管部门尽管已越来越重视评估激励机制的建设，但由于扶贫参与主体多元，参与类型、提供资源差别较大，评估起来有较大的难度。事实上，即便是针对单一主体扶贫的考核评估机制建设也才刚刚起步。如 2015 年 5 月，针对社会组织的评估工作，民政部出台《关于探索建立社会组织第三方评估机制的指导意见》，明确了第三方评估机制的各项工作要求、建立原则等，为今后社会组织第三方评估工作的发展指明了方向。但整体而言，目前第三方评估还处于探索阶段，如何针对扶贫领域建立一套可行的评估考核机制还需要长时间的摸索。

在责任追究方面，如何将支持性政策与扶贫绩效相衔接，如何对考核不合格的地方政府和社会力量进行惩处也还缺乏明确的规定。尤其是目前我们主要关注扶贫活动中政府的责任，对于社会扶贫力量的责任较少关注。这是因为当前福建省社会力量扶贫整体上还处于动员阶段，政府建立协同扶贫监督机制和责任追究机制的观念不强；而民间从社会力量扶贫的良好初衷，从志愿服务的“公益性”或者“无偿性、低偿性”特征出发，即便社会力量扶贫过程中有一些失误，无论是第三方还是受助者，都不会刻意追究；加之，由于政府扶贫部门任务繁重、编制有限，事先没有足够的时间和精力去认真考察动员对象是否真正有能力、有意愿参与扶贫项目。虽然当前社会力量扶贫多关注自身熟悉、擅长的领域，志愿者高尚的服务精神也会提升其志愿扶贫行为的效率，弥补免责倾向的不足，但这种“免责”思维可能使部分志愿力量不注重对贫困群体的服务结果，致使实践中一些政社扶贫效果不尽如人意，甚至于有些企业利用扶贫优惠政策谋取私利，浪费了扶贫资源，最终也有损政府公信力。

精准扶贫评估考核机制不健全也存在于体制内扶贫系统中，往往导致各地扶贫工作重形式轻质量。精准扶贫考核机制通常需要集激励（奖励）和惩罚于一体，否则无法完全调动扶贫主体的积极性和主观能动性。如因为缺乏有效的挂钩帮扶考核机制，部分挂钩联系单位对挂钩帮扶工作重视不够，没有针对挂钩贫困村的实际情况制定专门的帮扶方案，多是给钱应付了事。一些单位虽然有相应的考核机制，但在执行过程中避重就轻，或者从绩效考虑，重短期成效，轻长期发展；重物质帮扶，轻脱贫能力建设，精准帮扶缺乏针对性和可持续性。如 2018 年 9 月《泉州市扶贫开发领导小组办公室关于切实做好结对帮扶工作的通知》中就提及一些帮扶责任落实不到位的现象，这包括部分市直部门结对帮扶贫困户，2018 年来还未到所结对帮扶贫困户开展帮扶工作；有的帮扶措施单一，存在以简单慰问、走访代替实实在在的帮扶措施等。即便对于驻村帮扶干部而言，由于扶贫开发相应激励、考核机制仍有待完善，也会存在扶贫动力不持续的问题。部分挂职干部刚开始热情满满，成绩显著，之后偃旗息鼓，没有善始善终。在具体项目中也存在类似情况。如在造福工程中，由于地方政府完成阶段性任务的时间紧、任务重，一些地区在实施过程中盲目追求搬迁的规模和数量，关注硬件改善而忽视软件提升，加之配套补助资金和配套政策又难以落实，农户搬迁后因为借款过大导致新的贫困问题，影响了造福工程的扶贫效果。责任追究机制不健全也导致违规违法现象的出现，如扶贫过程中出现的胡乱评定国家标准贫困户，挪用扶贫资金，扶贫机构相互推诿扯皮等，这些与缺乏对个人和组织的明确权责规定及严厉的责任追究机制有一定的关系。

第二节　协同帮扶困境的原因分析

一、政府观念和体制制约

政府是福建省协同扶贫的主要号召者和组织者。在当前协同帮扶过程中，一些地方政府仍然不同程度地存在着协同意识、牵头意识不强、支持政策不明、信息技术平台建设薄弱等问题，而这又缘于下述几个方面。

（一）理念转变不到位

进入新世纪之后，政府对于政社关系的认识有了较大的改观，并开始实行政府职能转变，落实政社分开，向社会释放更多的公共空间，尝试建立政府与社会组织的新型合作治理体系。同时，近年来，尤其是十八大以来，有关部门对社会力量发展采取了鼓励和支持的态度。一方面制定和实施了一系列规范和支持社会组织发展的办法，推动社会组织与行政机关真正脱钩，促进和引导社会组织自主运行、有序发展；另一方面，各级政府积极探索购买社会服务机制，重视发挥社会组织在风险评估、矛盾调解、社区矫正、青少年教育管理等方面的作用，各类社会组织的发展空间得到了拓展。

在扶贫领域，政府的态度更加积极，多次下文鼓励社会力量扶贫。尽管如此，扶贫开发作为国家发展战略，政府一直都是扶贫的绝对主体，承担了绝大部分的规划和实施工作。近年来，虽然开始鼓励和支持社会力量扶贫，但长期以来，政府主导的扶贫开发模式使地方政府对扶贫行政手段更为依赖，加之实践中与企业、社会组织协同帮扶的经验不多，以至于政府对政社扶贫治理的界限还不是特别清晰，对社会力量扶贫还不够信任。因此，在当前福建省精准扶贫工作中，政府还不习惯运用市场机制、社会机制，也疏于对政社协同机制的构建或经营。如在产业扶贫过程中，常出现政府代替企业甚至农户进行扶贫产业选择的现象。也就是说，由于观念上没有完全放手，以至于在扶贫设计中仍然过度强调政府的责任和权力，这也导致社会力量参与不足，以及部分农户过度依赖政府的情况。从小的方面看，政府对于政社合作的细节，如与社会力量合作的范围、程度、方式、管理等也还需要突破。比如当前政府在扶贫服务的购买实践中较少考虑 NGO 组织，而在西方发达国家及我国港、澳、台地区，政府从 NGO 手中购买扶贫相关服务被认为是理所当然的，因此说到底还是意识问题。又比如实践中重发动、轻服务轻管理的现象，一方面是因为缺乏较多的深入合作体验，以致相关的扶贫服务和管理需求不是特别多，另一方面也因为社会力量扶贫积极性不强，地方政府将主要精力放在发动和鼓励上，至于发动之后的管理和服务，在观念上还未引起足够的重视。

个别帮扶干部的责任意识和帮扶意识也影响到协同扶贫目标的实现。如一些干部在当地绝对贫困问题基本解决后思想松懈，责任意识有所弱化；一些县市政府害怕承担责任，因而在某些扶贫实践中不敢作为。如一些地方政府虽与银行签订了小额信贷扶贫担保协议，但在实际代偿过程中，不愿承担兜底风险，额外增设条件。一些地区要求全额或信贷额度 20 万元以上需由公职人员提供反担保等；有些乡镇政府害怕承担连带还款责任，不敢在扶贫贷款单上签字，致使一些有信贷需求的贫困户未能获得贷款；一些工作人员害怕扶贫失误影响仕途，工作中畏首畏尾，扶贫方式难以创新等。在帮扶意识方面，一些精准扶贫项目虽然具有治“本”意义，但工作烦琐，成功率偏低，有些工作人员视为畏途，工作中倾向于避难就易；个别扶贫干部认为只要地方经济上去了，依靠涓滴效应，贫困村和贫困户的问题就能迎刃而解，因此在实践中重视重大经济项目和财源建设，忽视对贫困村、贫困户的政策扶持和能力建设；当前参与式扶贫在国际和国内社会普遍受到重视，但一些扶贫干部仍然认为，贫困农户的教育程度低，政治素养不高，参与的意义不大，因而先入为主地为贫困者做主，剥夺了贫困者的知情权、决策权、监督权，包揽了扶贫资源的分配和管理。一些地方虽然进行了一定形式和程度的参与，但根据调研，其中很多也流于形式，贫困户本该享有的知情权和选择权并未真正实现。总之，如何真正树立参与式扶贫理念，并找到符合乡村特色的参与式扶贫手段，形成“自上而下”与“自下而上”相结合的扶贫决策机制，是对扶贫干部理论认识和实践操作的考验。

（二）行政体制的制约

目前我国垂直型的行政体制使得部门与部门之间的横向协调不易，进而使得扶贫政策统筹和制度衔接相对困难。众所周知，扶贫涉及多个部门，长期以来，各扶贫部门各自制定其扶贫计划，各自确定其政策目标、政策对象、资源供给方式等，部门之间缺乏有效的沟通协作，这也使得制度衔接问题一直是扶贫工作的难点所在，扶贫政策和扶贫资源经常出现叠加或冲突，造成政策执行的低效和扶贫资源的浪费。虽然近年来，福建省加强了部门协调，许多政策是各部门联合出台，这使政策的协调性和执行的一致性得以加强。但与此同时，各部门仍有其单独的扶贫要求和独自掌管的扶贫资源，大多也有其扶贫之外的专有职能，因此，仍然可能存在着难以协同的时候。典型如2008年国务院扶贫开发领导小组时提出要“推进乡村最低生活保障制度和扶贫开发政策的有效衔接”，然而迄今为止，一些地方在扶贫数据上二者尚未实现完全衔接。在资金使用上，各级政府不同部门都有自己的发展规划和产业重点，资金统筹协调难。实践中，一是各地扶贫项目安排较为分散，一个县（市）通常都有数十项；二是管理部门多，资金分配使用分散。从中央到地方，掌管扶贫资金的有十几个部门，在计划下达时各自为政，难以集中资源办大事。同时，中央和省（市）下拨的某些资金已对其用途作出“定性”，基层统筹整合难；三是专项扶贫、行业扶贫和社会扶贫三类扶贫工作模式未能很好地衔接。尤其是负责动员社会力量扶贫的部门和单位本身缺乏协调合作，导致各类扶贫资金、扶贫项目、扶贫队伍、扶贫对象比较分散，尚未形成真正的社会扶贫合力。一些即便实现了合作，成本也较高。如乡村信用信息采集目前主要由人民银行牵头，依托村委会、银行、金融扶贫服务站等采集农户信用信息，由于部门之间协调成本较高，造成目前信息采集难度大、更新慢。

此外，我国各负其责、分工细致的行政体制也容易导致人手不足的现象。虽然目前我国行政机构设置越来越倾向于大部制，从而有利于系统管理，但内部专业化分工仍然细致，负责扶贫事务的专业工作人员明显不多。如一些贫困县（市、区）虽然成立了扶贫开发领导小组，但扶贫工作基本上还是由该县（市、区）农业局（农办）内设科室负责，力量整合没有真正实现；一些乡镇虽然有脱贫任务，但却没有专职人员，各地或由分管农业的人员兼办，或由分管民政、规划或计生的人员兼办。专职人员的不足，势必导致很多事情难以实现预期效果。

二、社会力量性质及自身发展程度所限

（一）社会力量性质及其扶贫选择性

协同扶贫难以形成与社会力量性质有一定的关系。社会力量扶贫主体包括企业、社会组织和社会个体等多个群体，而民营企业、社会组织和公民个体对于扶贫行动的目标、意义等的认识和态度难以完全一致，在扶贫项目、扶贫对象、扶贫方式等方面也有各自的选择，这使得不同的社会扶贫主体在参与精准扶贫的过程中难以获得行动上的“协同”，进而导致社会力量扶贫的“碎片化”或“个体化”现象，即社会力量扶贫实践中的不协同现象。实践中，单一社会力量的扶贫偏好可能影响到扶贫的“协同”性。无论是企业、社会组织还是社会个体，乃至不同的企业、社会组织和社会个体均有其扶贫偏好。如当前社会组织扶贫以支教助学、慰问扶贫居多，而企业扶贫倾向于产业发展，各自的扶贫偏好可能导致二者难以合作。同时，保持相对的独立性是社会力量发展的特点和优势，这也使得社会力量近年来除在政府倡导下进行了一定的扶贫合作外，内部主动寻求合作的现象较少，协同扶贫体验不多，这也限制了社会力量协同扶贫的主动性和积极性。

长效协同帮扶机制难以形成与社会力量的特点也有一定的关系。如社会个体捐赠是自愿、临时性质，时多时少，难以持久依赖；受宏观经济环境影响，企业经营不确定因素增多，盈利水平下降也可能导致协同扶贫难以持续。

协同机制难以构建还与社会力量的扶贫动力及由此形成的扶贫选择有关。如乡村金融扶贫能弥补政府扶贫资金短缺的问题，但金融机构是商业化运作，而且金融机构普遍认为农业生产自然风险、市场风险很大，贫困户信用意识淡薄，且难以提供借贷必要的抵押物、担保物，因而放贷时极为谨慎。即便像小额贷款、扶贫贴息这样的扶贫资金，由于本金形成坏账的风险未能有效化解，贫困地区多数金融机构放贷意愿仍然不

强，缺乏合作的动力。一些合作的金融机构仅是被动接受任务，工作没有积极性。在贷款对象的选择上，考虑到交易成本等因素，仍然优先选择有一定财产或担保的群体，即通常青睐经济基础好、发展能力强的贫困对象。这与金融扶贫的初衷并不完全一致。

（二）社会力量发展程度的限制

首先，贫困地区的社会力量发展程度有限。通常来看，社会力量的发展程度与一个地区的经济发展程度是成正比的。一个地区的经济越发达，民营企业、社会组织等社会力量的发展就越好。反之亦然。一般而言，贫困地区的民营企业和金融体系较为薄弱，在规模和发育程度上难以满足扶贫需求。尤其是民营企业，通常由于贫困地区基础设施、市场环境和人才环境均有所欠缺，自身孕育企业有限，对外来资本吸引力又不强，参与本地扶贫开发的企业在数量和能力上均显不足。

其次，福建省社会力量发展仍然有其不足。以社会组织为例，其在精准扶贫中有着专业优势和服务优势，可以弥补政府和市场在扶贫中的不足，因而是精准扶贫的重要依靠力量。中共中央办公厅、国务院办公厅发布的《关于创新机制扎实推进乡村扶贫开发工作的意见》（2013）明确提出：鼓励引导各类企业、社会组织和个人以多种形式参与扶贫开发。国务院《关于促进慈善事业健康发展的指导意见》（2014）还指出，要优先发展具有扶贫济困功能的慈善组织。但福建省社会组织起步较晚，受限于自身发展程度和各种外部因素，在参与扶贫攻坚中也面临着多重困境：一是社会组织扶贫经验不多，公信力不够。福建省近年来虽然社会组织发展迅速，但其中专门的扶贫组织成立时间不长，扶贫经验和社会信任积累还需要时间。尤其是社会信任对社会组织的发展至为关键，良好的社会信任不仅有助于民间组织获得更为丰富的社会资源，而且能使服务对象更加信任和配合扶贫工作。然而近年来，由于我国民间组织内部管理不善，贪腐现象频出，给民间组织的社会公信力带来负面影响，福建省社会组织的公信力也因此受到影响。为了规范社会组织信用信息管理，推动社会组织健康有序发展，2016 年，厦门市民政局出台了《厦门市社会组织信用信息管理实施办法》，将社会组织信用信息分为基本信息、良好信息、不良信息（提示信息和警示信息），并予以记载建档。厦门市民政部门将根据这三方面信息，加强对社会组织的规范管理。2018 年 7 月又将之修订。此外，2018 年初，厦门市社会信用体系建设工作领导小组办公室和厦门市民政局举办了行业协会的信用建设培训会，要求发挥行业协会的监督和桥梁纽带作用，加强行业协会的信用体系建设。但整体而言，福建省社会组织的信用体系建设仍然任重道远。二是筹资能力有限。以往我国社会组织行政色彩较浓，其优点是能响应政府扶贫号召，同时能获得政府资金支持，缺点是扶贫重心在于配合政府的扶贫行动，扶贫举措缺乏创新性和主动性。近年来，福建省加强了社会组织的“去行政化”改革，社会组织独立性增强，但与此同时，因为失去政府支持而面临着资金不足、人力缺乏等问题，组织发展和扶贫能力受限。目前来看，社会组织汲取扶贫资源的方式主要通过社会捐赠或向具有募捐资质的大型民间组织申请获得。无募捐资质的小型民间组织通常采取后者，而大型民间组织通常采取社会捐赠方式。如 2019 年是福建省慈善服务协会成立三周年，三年来，该协会累计发起各类公益活动 200 余场，接受捐赠款物 500 余万元，惠及各类困难弱势群众 5000 余人次。① 2016 年《中华人民共和国慈善法》实施以来，福建全省各级民政部门严格依据 2016 年《慈善组织公开募捐管理办法》和相关政策文件要求，认真开展慈善组织公开募捐资格认定工作。截至 2019 年底，全省取得公开募捐资格证书的省级慈善组织、红十字会共 41 个，其中基金会 35 个，社会团体 6 个。② 可见，福建省具备募捐资格的社会组织不多，这无疑会影响到

① 林坚：《省慈善服务协会扶助寒门学子》，《福建侨报》2019 年 9 月 13 日第 5 版。

② 《福建省民政厅关于具有公开募捐资格省级慈善组织、红十字会名单的公告》，2020 - 03 - 04，https：//mzt. fujian. gov. cn/zfxxgkzl/zfxxgkml/gfxwj/cssy/202003/t20200304_ 5208904.htm

社会组织的扶贫能力。资金不足，加之当前我国公民慈善理念、社会责任意识尚不强烈，非营利性社会组织的发展还可能面临着人员流动性大、专业人才不够等问题。三是自身建设有待完善。由于发展时间不长，福建省社会组织内部管理还有待进一步完善。比如在信息建设、信息公开等方面，即便如2002年注册成立的福建省慈善总会，至2020年10月，其网站建设仍比较滞后，内中如“留守儿童困难救助”“微笑列车”“健康快车进乡村”等项目页面均是空白。在财务信息方面，只有2017年和2019年度财务报告。这种情况与其人手不足有极大的关系。至2020年10月，该组织有工作人员18人，其中离退休返聘机关干部12人，专职工作人员仅6人。6名专职工作人员中，自收自支事业编制3人，另聘请3人从事财务及药品发放工作等。① 其他社会组织也大抵如此，由于整个社会志愿氛围不浓，而社会组织又缺乏足以吸引大量优秀人才参与的工资和福利，因此，不少社会组织从业人员多为兼职，负责人多由离退休人员担任，人员结构和人员素质均有待优化。总之，福建省大多数社会组织仍处于成长期，自身实力不强，扶贫资源有限。近年来，部分民众对社会组织的不信任心理，也影响到福建省社会组织的筹资能力。

对于企业而言，福建省虽然民营企业发达，且其中不乏一些大企业，但目前企业的扶贫积极性仍然不高，扶贫观念也有失偏颇。一是一些企业社会责任意识不强。部分企业认为扶贫事业应该交由政府和社会来做，让企业承担只会加大企业的负担，不利于企业的发展，因而缺乏参与扶贫事业的主动性和积极性；二是部分企业将扶贫片面理解为捐赠，“一捐了事”，没有从扶贫能力建设、双赢等更深层的角度来看待扶贫问题，导致扶贫方式的简单化；三是一些企业功利性强，其参与扶贫是为了获取政府潜在的政策支持，有的属于跟风作秀，还有的将其当作企业公关宣传或者商业促销，并未将扶贫视作企业长期发展规划的一部分，其扶贫

① http：//www.fjscszh.org/

实效自然受到影响。

对于社会个体而言，当前环境下，普通民众的慈善意识、社会责任意识淡薄不利于扶贫资源的聚集。而在福建，绝大部分普通民众生活压力较大，这可能导致他们无暇他顾。加之，传统文化中的负面因素与现代慈善扶贫观念也有一定的冲突。如中华民族历来有乐善好施、接贫济困的优良传统，但另一方面，中国传统文化中也存在着亲疏有别、远近有序的观念，这就容易造成“各回各地、各帮各亲”的扶贫行动，限制了社会力量扶贫的范围和对象，也间接限制了协同扶贫的空间。

三、贫困者参与意愿与参与能力不足

对贫困者而言，目前贫困户参与意愿和参与能力不足仍然是制约其有效参与协同扶贫的主要因素。一般而言，贫困户与外界联系较少，无法获得足够信息，对扶贫政策了解得也不透彻。同时，贫困户教育程度普遍偏低，思想保守，难有创新意识和互联网思维，不少人身体状况欠佳，这也影响到其参与意愿和参与能力；部分贫困户贫困时间长，对贫富观念存在认识偏差，相信“宿命论”，安于现状，脱贫意愿不强，对社会各界发起的扶贫活动参与不积极甚至不配合，往往出现“驻村工作队、帮扶干部在后面推着干，贫困群众在旁边站着看”的局面。同时，由于思想保守，无法接受某些竞争性的脱贫方式。什么样的思想观念决定了什么样的发展思路，安于现状的贫困群体难有太多自助行为，甚而至于一部分人还存在较为严重的“等靠要”思想，政策依赖或福利依赖思想严重。一些人虽然在政府帮扶下就业，但也存在不太配合或不好管理的现象。至于那些有心脱贫人群，脱贫意愿较强，但由于贫困农民的社会支持网络和社会资本有限，若无外力引导，很难构建起高效的自助组织。

至于贫困地区，则大多基础设施落后，生产方式单一，村民缺乏专业技能，加之思想保守，新品种、新技术的引进和推广速度慢，产业结构优化和升级受限。个别地区自然环境恶劣，生态环境脆弱，扶贫风险和成本较大。由于投资环境欠佳，因而对资本的吸引力不够。又因为合格的贷款主体较少，金融信贷风险大，也不受金融机构青睐。因此，若无外力引导，这些地区的自助和吸引他助的能力均较弱。有学者认为，贫困不仅是当事人处于低收入和能力缺乏的一种状态，更是一个在经济、政治和社会活动中因参与不足而被边缘化的过程。那么，贫困地区和贫困人群就容易陷入“参与不足——被边缘化——参与不足”的怪圈。

此外，农村社会的包容性、复杂性往往也使精准扶贫的成效受到影响。比如农村社会对腐败行为有着较高的容忍度，村民对此虽不认同，但基于农村社会特有的人情意识、民主意识和监督意识，往往较能容忍；农村社会在个人关系、利益等方面也错综复杂，这在一定程度上影响到扶贫的“精准”性。学者陈辉甚至认为，农村扶贫工作中的精准识别难题，其根本不在程序和态度，而是识别的精准化要求与乡土社会复杂性之间的矛盾和冲突。[①] 由于精准扶贫将带来一系列政策倾斜，甚至是直接的资金分配，因此这一利益分配过程必然会受到乡土社会一系列复杂因素的影响。此外，一些社会文化也影响到扶贫工作。如受传统文化影响，中国老百姓普遍有“藏富”心理，反映在精准识别过程中，相关人员在入户调查时，多数贫困户并未如实反映（一般缩小了）其家庭收入情况，这使得统计出来的贫困户家庭收入缺乏准确性。“贫困户”标签所附带的各种优待，进一步加剧了这种“藏富”心理。

四、各主体扶贫目标与利益的差异

社会系统学派认为，协同系统需要三大要素：协同意愿、共同目标及信息沟通。其中，共同目标是协同的前提条件，对于协同行动能否实现至为关键。在扶贫活动中，由于各扶贫主体扶贫出发点和最终目标不一致，导致协同扶贫步调难以完全同步。如政府与社会力量扶贫出发点

---

① 陈辉：《扶贫干部眼中的三个难题》，《第一财经日报》2017 年 11 月 24 日。

的差异，会导致政府和社会力量对待扶贫事业的态度有所不同。对政府而言，贫困人口依法享有政府提供的基本生活保障，这是一个权利问题，一个法律问题。因此，扶贫不是做慈善，不是对贫困户的施舍，向贫困户提供基本生活保障是政府应尽的责任。因此，帮助贫困者脱贫是政府的重要工作职责之一。但对社会力量而言，扶贫虽说是社会的责任，但并不是每个公民的义务。对于参与个体而言，主要还是出于高度的社会责任意识，某种程度上也可以说是一种爱心、一种慈善。这就导致在扶贫活动中，政府和社会力量的热情、投入程度及持续性可能是不一样的。政府由于责无旁贷，力度大，也更坚持；社会力量则可能时冷时热，持续性难以保证。因此，我们既要充分动员社会力量扶贫，又要善于动用市场力量引导社会力量扶贫，同时还要听从社会力量意愿，不能“一刀切”，搞强制“摊派”，增加社会力量负担。在具体项目目标方面，各方也有所差异。如在金融扶贫中，政府部门希望用好扶贫小额贴息资金，惠及更多贫困户，金融机构希望规避风险、获取最大利润；在最终目标方面，各扶贫主体除了扶贫脱贫的目标之外，也有各自的目标，如政府要提高公信力和美誉度，维护社会稳定；企业想在此过程中实现盈利、拓展市场及积攒声誉；社会组织和科研团队在扶贫过程中能够自我实现，积累经验等等。目标的不一，可能会影响到各方的协同意愿。

各扶贫主体扶贫利益的不一致也可能导致协同扶贫步调不一。如进行贫困识别，理论上需要政府、银行、教育、商业服务机构、社会个体等的配合，如此才能详细了解贫困人口的收支情况。但这其中主要参与方就有一些利益差异，如政府希望准确定位贫困人口，但商业性银行和一般的商业服务机构希望能信守承诺，不泄露个人资料，加之当前政府系统的一些扶贫资料或非直接扶贫资料未能完全实现联网，致使实践中主要通过询问其本人或其周边群众了解大致情况，难以完全准确。正如一位贫困县挂职干部所言，人均纯收入是识别贫困人口的关键要素，但对于这一要素，扶贫干部既不能查询其银行存款，也不可能准确获知其支出明细，只能通过询问，而这只能获得一个大概的信息，很难精准。不仅如此，一些扶贫主体的利益诉求与扶贫事业之间本身存在一定的矛盾，如市场主体与扶贫事业之间就是如此。脱贫攻坚于中国而言具有明显的政治意义，客观上要求企业等市场主体承担一定的社会扶贫责任，让渡一部分经济利益。但企业等市场主体的主要目标是追求经济利润，对于企业而言，盈利与扶贫之间可能存在一定的利益冲突，因此要激发市场主体扶贫的积极性和主动性有一定的难度。如在金融扶贫中，农业固有的高风险、低收益、高成本、长周期的特点，与商业性金融机构追求利润、规避风险的属性相矛盾，因此，一些商业性金融机构对金融扶贫热情不高，存在“恐贷”“惜贷”心理。即使真心扶贫，其追求利润的原始动力在扶贫过程中也可能与扶贫目标背离。具体而言，企业等市场主体进入贫困地区后，资本的逐利本性使得其在产业扶贫、金融扶贫时不太关注贫困群体，相反更愿意与当地的“大户”“能人”合作，因为这样不仅有利于规避风险，减少投入，而且还可能获得可观收益。而地方政府和当地扶贫干部为了增加税收或完成扶贫指标，也热衷于“撮合”这种合作。从而形成一个政府、市场主体、“能人”（大户）三者之间的利益共同体，却将最贫困人群排除在外，导致“扶富不扶穷”“扶贫不脱贫”的现象存在。

事实上，目标、利益冲突也可能存在于体制内不同层级的政府部门之间。在我国，为维护社会稳定，中央政府和省级政府有着较为强烈的扶贫脱贫意愿，并将这一意愿逐级向下传递，但扶贫脱贫并不是县、市级政府唯一和最重要的工作目标，相反他们更关注经济发展，将县级财政收入最大化视为最重要的目标。在这种理念的引导下，地方政府作为扶贫资金的管理者，倾向于把资金投入到能尽快缓解政府财政困难的项目，如工业企业，并希望以此带动贫困的减少。对核清贫困底子，加强宣传教育等扶贫措施重视不够，甚至出现挪用扶贫专项资金的情况，扶贫政策难以达到预期成效；或者将扶贫视为短期化任务，无扶贫长远规划和具体思路，照搬照抄，导致扶贫项目趋同，贫困户脱贫能力疏于建设，贫困者收入增长难以持续，因灾因病返贫现象严重。扶贫资金的使用差异，在基层也很明显。县级希望搞产业项目和财源建设，镇村希望搞基础设施和公益项目，贫困户希望搞脱贫项目，条件好的农户希望搞普惠型项目。政府不同部门间基于自身利益的考虑，偶尔还会存在冲突，比如为整合财政支农资金，福建省各级财政部门出台了一系列办法和措施，一些县（市）区也积累了很好的经验，但推广仍较为艰难，关键是各部门的利益分配格局难以突破，因而整体效能没有充分发挥。利益与目标的不一致可能会分散扶贫资源，影响扶贫项目进展，也影响到贫困群体的实际受益面和受益度。

扶贫主体与贫困群体之间也存在类似的利益冲突。如根据学者观察，福建省福鼎市磻溪镇赤溪村旅游资源丰富，乡村旅游发展前景较好，但当地政府财力薄弱，初期主要通过招商引资来进行旅游项目开发建设。因此，进驻旅游开发公司获得了赤溪的资源开发权，但当地村民认为旅游公司出价太低。另外，九鲤溪漂流交由旅游公司经营后，又在一定程度上减少了当地部分村民的收入，这种相对获益的不均使进驻旅游公司与当地村民之间产生了一定的矛盾。[①] 可见，利益分配不均也会影响到扶贫项目的进展和最终效益，因此需要建立合理的利益分配机制。

---

① 钟荣凤、詹岚、谢新丽：《闽东地区乡贤参与乡村旅游的动力机制及障碍因素研究——以“中国扶贫第一村”赤溪村为例》，《宁德师范学院学报（哲学社会科学版）》2019 年第 2 期，第 55 页。

第六章　乡村振兴战略背景下福建省协同帮扶优化对策

第一节　扶贫理论与经验借鉴

一、国外扶贫理论

（一）参与式扶贫理论

“参与式扶贫”源于西方的参与式发展理论，由美国康奈尔大学诺曼·乌赫弗教授最早提出，其核心要义是发展对象不但要执行发展，而且要作为受益方参与监测和评价。这种理念运用到扶贫领域，就形成了参与式扶贫。

21世纪初，李小云教授较早引入参与式扶贫概念，并认为，参与式扶贫是当前我国乡村扶贫的必然选择。[①] 他还提出：参与式扶贫的核心是在决策和行动过程中的参与，特别是在政策制定和项目实施等过程中的参与。其后，学者许源源认为，扶贫对象对扶贫过程的参与是多方面的，包括参与扶贫决策，参与扶贫资金和资源投放的领域、项目和产业选择，参与扶贫项目的决定、管理、监督和评估，分享扶贫项目利益等。[②] 无论如何，参与式扶贫已为我国众多学者所认同。

---

① 李小云：《参与式发展概论》，中国农业大学出版社2001年版，第57-60页。
② 许源源：《中国乡村扶贫：对象、过程与变革》，中南大学出版社2007年版。

传统救济式扶贫模式下，扶贫主要依靠政府自上而下划拨扶贫资源、项目等来实现，这种依靠外部施予、忽视扶贫对象需求的扶贫模式，难以实现扶贫需求与扶贫供给的有效匹配，再加上忽视扶贫主体的内生发展能力建设，导致扶贫资源不断投入和扶贫成效不显著的矛盾，贫困群体的脆弱性并未从根本上得以改观，反而产生了对政府和政策的依赖，返贫现象严重。相较于传统模式而言，参与式扶贫转变扶贫思维模式，认为贫困人口既是扶贫对象，又是脱贫主体。强调应为贫困群体提供参与渠道，让贫困群众参与扶贫项目的设计、实施、监管和验收等扶贫全过程，强调贫困对象自身脱贫能力的建设。因而能够使扶贫举措更加契合贫困农民的实际需求，提升扶贫效率。

参与式扶贫理论所强调的“赋权于民”，以及扶贫对象在扶贫过程中的全程参与，对于福建省精准扶贫工作中调动贫困群体的主体意识和参与能力，解决扶贫供给与扶贫需求的错位现象，有重要的借鉴意义。

（二）合作型反贫困理论

合作型反贫困理论是在参与式扶贫理论基础上发展起来的。作为一种减贫理念，合作型反贫困强调的是贫困地区各相关利益主体（政府、社会力量、贫困群体）之间通过一个有效的平台，开展扶贫合作，从制度层面上构建可持续的反贫困机制。其立意基础是反贫困工作并非单一主体所能完成，需要多方力量有效合作才能实现。

参与式扶贫与合作型扶贫的区别在于：前者的实际主体还是政府及外部帮扶力量，贫困群体的角色仍是“参与者”。虽然贫困群体被赋予参与扶贫决策和扶贫实施过程的权利，但扶贫活动本质上仍是一种帮扶主体和贫困对象的“给予”和“接受”的关系，贫困群体仍处于“下端”位置和“被动”状态；而后者，贫困治理活动中的帮扶主体与贫困群体不再是“给予”与“接受”的关系，而是一种协作关系，两者是一种平等对话、平等合作的地位。不仅如此，合作型扶贫还强调政府、贫困者之外的其他社会力量的参与，强调其与政府、贫困者之间的合作关系。

对此，一些学者主张构建四大合作机制：官民合作机制、贫困户经济合作机制、社区与农户间合作机制和政府部门间合作机制。[①]

就福建省而言，政府扶贫资源相较于艰巨的反贫困工作而言是有限的，尤其是政府部门在产业扶贫、智力扶贫等方面还缺乏相应的人才、知识和网络等资源，因而精准扶贫需要全社会力量的通力协作，需要企业、社会组织、社区、社会个体等发挥其各自资源和优势，合作扶贫。扶贫脱贫不仅是政府的责任，还是贫困群体的责任，贫困群体需配合政府安排，自立自强。总之，合作型扶贫理论强调调动各方扶贫的积极性，整合扶贫资源，帮助贫困地区和贫困人口摆脱贫困，这对于解决当前我国扶贫资源有限且缺乏有效整合、扶贫协作不力、贫困群众主体意识不强的扶贫局限性有重要的现实意义，是精准扶贫中联动帮扶的重要理论依据。

（三）协同扶贫理论

协同扶贫理论是由协同治理理论演变而来的。“协同治理”的实践探索与理论研究均兴起于西方。“协同治理”也称“多元治理”，最早出现在风险治理领域，而后被借鉴运用于社会管理领域。从来源上看，是自然科学中的协同论和社会科学中的治理理论的交叉理论。它强调在社会治理中，运用包括政府部门、企业部门、民间组织、社区及个人等多方面力量，以实现各个主体协作和功能互补。

协同治理理论内涵丰富，学者李汉卿认为，包括治理主体的多元性、治理权威的多样性、系统的动态性、子系统的协作性、自组织的协调性、社会秩序的稳定性等诸多内容。[②] 协同治理理论启发我们，不仅要从系统的角度去看待社会的发展，而且要对社会系统的复杂性、动态性和多样性有清醒的认知。比如因社会子系统多样性所导致的目标、计划和权利

---

① 林万龙、钟玲、陆汉文：《合作型反贫困理论与仪陇的实践》，《农业经济问题》2008 年第 11 期，第 59-65 页。

② 李汉卿：《协同治理理论探析》，《理论月刊》2014 年第 1 期。

的多样性要有充分的估计，在协同治理过程中，要关注各子系统目标的协调一致及其实现手段的协同，努力构建治理各方均能大体接受的运行规则，实现各方共赢；又如要对社会子系统之间的包括竞争、协作在内的各种相互作用要有理性的认识，并在协同治理中最大限度地促进各个子系统之间的协作，发挥系统的最大功效等。

协同扶贫理论运用于扶贫领域，首先强调扶贫主体多元。不仅强调政府的扶贫主导作用，还强调企业、社会组织、社会个体、基层自治组织及贫困户的全面参与和协同“治贫”，将之前较为分散的扶贫主体和扶贫资源整合起来，有助于解决扶贫过程中扶贫资源短缺化、分散化与碎片化的问题；其次，协同扶贫理论还认为，贫困的治理过程是多元主体相互协商、互动合作的过程，强调各主体间的良性互动、互助和共同发展，超越了以往的合作型反贫困。

二、国内外扶贫经验

（一）广泛参与

早在20世纪60年代，美国政府开展了一场声势浩大的反贫困运动，当时的约翰逊政府大力提倡“最大化参与”和“志愿者服务”①。不仅社会力量发展相对成熟的美国如此，发展中国家开展的扶贫活动也强调社会的参与，如印度政府采取了“政府主导下的广泛参与的扶贫开发方式”，并主要通过宣传动员、出台各种优惠政策，引导社会力量、民间组织参与扶贫。

社会组织因其专业化、规模化运作及公益性初衷的特点，被各国政府视为扶贫参与的重要社会主体。如自20世纪80年代始，英、美等发达国家越来越重视社会组织在贫困治理中的作用。与此同时，开始通过正式的政策法规或非正式的协议，要求政府与社会组织就教育、医疗、卫

① 王浦劬、[美] 莱斯特·M. 萨拉蒙：《政府向社会组织购买公共服务研究》，北京大学出版社2010年版，第215页。

生、弱势群体保护以及对外援助等与贫困相关的问题进行协商。其中，1998 年英国《政府与志愿及社区部门伙伴关系协定》（COMPACT）是世界上第一份由政府和社会组织签订的合作协议，它首次规定了政府与社会组织合作的原则，并对政社双方各自责任予以明确。此后，英国政府逐渐建立起与社会组织合作的运行机制，建立了多元的协商平台、相应的激励机制与纠纷化解机制。随后，加拿大、澳大利亚等英联邦国家开始效仿英国的做法，如加拿大政府和社会组织于 2001 年底签订了“加拿大政府与志愿部门协议”（ACCORD），2003 年底又签订了《良好实践准则》，从操作层面上将政社合作带进社会生活；澳大利亚政府也在 2010 年与社会组织签订了“全国性协议—携手合作”（National Compact - Working Together）。发展至今，社会组织已成为不少国家政府提供公共服务、开展社会治理的重要合作伙伴。

扶贫是政府与社会组织共同关注和从事的领域，各国政府先后通过宣传引导、政策支持、资金扶持、税收优惠等方法鼓励社会组织参与贫困治理，并不同程度地开展了一些政社扶贫合作项目，这既改善了扶贫效果，也大大提升了社会组织参与公共服务的能力。

目前，福建省社会力量扶贫积极性还有待进一步提升，社会组织发育尚不成熟，政府与社会力量合作也还未形成固定规制和成熟范式，因此，国外“最大化参与”的倡导、规制及做法均值得我们借鉴。

（二）强调贫困者权责统一，重视脱贫能力建设

美国一直以优厚的福利政策见长，这对于美国的贫困者而言具有重要的兜底保障功能。美国的福利政策最早系 1935 年罗斯福总统颁布的《社会保障法》，该法一直延续至今。美国经济实力雄厚，近年来政府福利支出也不断增加。2015 年，联邦政府的人均福利支出由 1960 年的 421 美元增至 16497 美元。[①] 由于美国政府针对贫困人口的救济政策较为完

---

① 段金萍：《国外扶贫开发模式及对中国的启示》，《世界农业》2018 年第 5 期，第 127 页。

善，依靠这些救济，贫困人口甚至可以过上较为体面的生活。但美国政府并不惯着懒人，对有劳动能力的贫困者享受社会救济提出一些要求。如早在20世纪70年代，位于美国南部的密西西比州就规定，有劳动能力的救济对象享受救助的前提是，必须接受政府提供的任何工作。之后，1996年《个人责任和工作机会协调法案》是对美国福利政策的重大改革，此改革的主要内容是用“贫困家庭临时救助计划”（TANF）代替原来的社会保障法。新政策旨在促进贫困人口就业，鼓励贫困者承担自身脱贫责任。顾名思义，“贫困家庭临时救助”强调救助的临时性，规定了救助金的领取期限，大部分救助对象一生只能领取五年。一些州规定更加严格，如位于美国西北部的爱达荷州规定只能领取二年。新政策还规定了贫困家庭每周必须达到的工作时间。上述规定意在明确就业福利不是一项单纯的权利，对于有一定劳动能力的贫困群体而言也有相应义务，从而使政府救济从终身福利转变为一种临时福利，同时，重点督促和帮助失业者再就业，使他们树立自立自助的脱贫观念。又如在失业救助方面，美国政府规定短期非自愿失业者可以在一定期限内领取失业保险金，实即对救济时限作出限制。类似的还有美国政府给予低收入家庭的退税福利，只有参加工作的贫困家庭才能申请，以此来激励贫困人口积极就业。

近年来，我国扶贫政策也开始强调贫困者的脱贫责任。如2014年5月，我国《社会救助暂行办法》第45条规定贫困者就业参与义务，即低保家庭中有劳动能力的未就业成员，应接受人社部门及其他相关部门介绍的工作；无正当理由，连续三次拒绝接受者，县级民政部门应减发或者停发其本人的最低生活保障金。可见，我国社会救助制度也并非一味纵容懒人，而是要求被助者配合政策，做一些力所能及的事情。福建省一些社会组织对此也有所规定，如晋江围江慈善人爱心委员会规定，受捐人在得到捐助的同时，应主动参与围头村“人居环境整治三年义工行动”，以义工服务回报社会关爱。

通过提升贫困者脱贫意愿和脱贫能力来进行扶贫的还有韩国政府。韩国政府 1970 年开始实施的“新村运动”对于贫困者的脱贫能力建设十分重视。新村教育是“新村运动”的核心，强调加大乡村人力资本投入，提高村民的受教育水平和专业技能水平，培养村民的自立、自助和合作精神。为此，韩国中央政府设置了专门的乡村人力资源开发机构“教育人力资源部”，专门负责全国人力资源的开发与培训工作。各地也设有农民教育院或乡村指导所等机构，因人制宜、因地制宜地开展农民教育及相关技术、技能培训。不仅如此，韩国政府还非常重视改造村民的思想观念，在乡村设有“村民会馆”作为对其进行思想教育的重要场所，通过讲课、讨论等形式，帮助村民树立正确的人生观和价值观，培养自立、互助、合作精神。此外，韩国政府对乡村的投入强调正向激励，先进者多得，这也激发了村民的致富欲望。经过多年努力，韩国村民与城市居民的差距不断缩小，乡村贫困落后的面貌也发生了根本改变。

无论是美国政府强调扶贫对象权责一致，还是韩国政府重视对贫困者的人力资本投入，都对解决福建省贫困户脱贫意愿不足和脱贫能力不强的现状有着重要的借鉴意义。

（三）培育志愿文化，强调志愿激励

社会组织和社会个体的志愿精神和志愿能力不仅体现了社会力量的发育程度，也在一定程度上影响了当地扶贫事业的发展。

我国台湾地区民间力量参与扶贫救助较为普遍，主要是因为台湾慈善团体数量众多，因而效果较为显著。这些慈善团体多为宗教组织或福利机构，以服务社区周边目标人群及其他鳏寡孤独者为主要职能。由于长期服务基层，对所在地目标人群的家庭情况比较了解，能提供有针对性的扶贫救助措施，并能为台湾地区政府精准施策及时提供相关信息。而台湾慈善团体之所以能主动、自发向社会提供各种扶贫救助服务，缘于台湾地区政府对志愿文化的倡导。台湾地区政府积极规划志工事业，1986 年起，相继制订多种奖励社会福利事业及志愿服务的规章制度，希望通过整合民间资源，提高公共服务效能。2000 年陈水扁上台后，更是将“志工台湾”列为全力推行的社会改造运动，将每年 5 月 20 日定为“台湾志工日”，并特别设立“金驼奖”，以奖励贡献突出的志工。与此同时，颁布“志愿服务法”，规范志愿服务事业的发展。经过此番倡导，志愿服务已成为一种文化，志工成为台湾民众的一种生活方式。据不完全统计，目前活跃在台湾地区的志工团体有 2 万多个，近四分之一的台湾民众有志工经历，志愿服务涉及文化宣传、社区服务、残障医护、环保卫生、法律援助等各个方面；台湾地区之所以能调动民间志工的积极性，还与台湾地区政府关注志工激励有关。台湾“志愿服务法”对志工权益的保障十分到位，不仅关注到了活动开展中志工的各项权利，而且对于活动完成后的权益保障也十分周全。如在活动开展中，规定志工拥有教育训练、适当的安全与卫生条件、意外事故保险，以及参与所从事志愿服务计划的拟定、设计、执行及评估等多项权利，从而既保证了其人身安全，又确保了他们对志愿项目的全程参与。在志工活动完成后，“志愿服务法”规定志愿服务表现优良者，应给予奖励，并列入升学、就业之部分成绩，可优先服兵役替代役；志工服务满三年，服务时数达 300 小时以上者，可申请核发“志愿服务荣誉卡”，凭卡可免费进入公立风景区、康乐场所及文教设施等。此外，为了保障志工服务的质量，台湾地区依托高校和社区搭建各类志工培训平台，对新入门志工进行基础培训，对不同专业的志工进行专业培训，并规定未经培训的志工不能享受志工的各项认证资格及奖励待遇，从而避免了志工单凭热情办事可能带来的风险，将志愿服务活动纳入专业化轨道。

内地一些地区也善于保护志愿者的积极性，如重庆市涪陵区就是如此。涪陵区为志愿者提供“四大保障”：一是生活保障。区项目办主动和各服务单位协调落实住房，并为志愿者每月提供不低于 1000 元的生活保障金，保证了志愿者日常生活需求；二是安全保障。通过召开安全会议或做好安全提示，将各项安全注意事项和要求传达给每一位志愿者。并要求服务单位落实安全健康管理一把手责任制，采取切实有效的措施，确保志愿者安全；三是归属保障。通过节日慰问、组织集体活动、关注志愿者的心理健康，以及QQ群、微信群的日常交流，加强志愿者和项目办、志愿者和志愿者之间的联系，强化志愿者队伍的集体意识和内心归属感；四是就业保障。向志愿者提供研究生、公务员、大学生村官、教师等招考考试信息，之后，县项目办又协调接收单位为志愿者提供宽松的工作环境。

福建省社会扶贫力量潜力巨大，如若能培育起浓厚的慈善文化，激起广大民众的慈善热情，社会扶贫必将获得快速发展。

第二节　协同帮扶框架设计

与西方发达国家政社紧密合作相比，福建省扶贫活动中社会力量与政府，社会力量与社会力量及与贫困者之间的关系还处于若即若离的状态，离精准脱贫、乡村振兴的要求还有差距。结合当前福建省扶贫力量积极性不高，已经参与的社会扶贫力量各自为政、持续性不够的现象，完善福建省协同帮扶机制重在创新协同帮扶动员机制及协同帮扶参与机制，加强协同帮扶风险化解机制建设，而后化零为整，聚合各方面力量和优势，构建一种协同扶贫长效治理机制。

一、动员机制：政府引导与市场引导相结合

当前福建省精准扶贫工作最根本的矛盾仍是扶贫资源有限和贫困主体多样需求之间的矛盾，因此，精准扶贫事业需要扩大资源供给主体，构建大扶贫格局。这就需要我们在高效利用政府扶贫资源的同时，也充分发挥企业、社会组织、社会个体等社会扶贫力量的资源优势，建立起政府与社会力量间的常态化协同扶贫模式和长效机制，而非将社会扶贫仅仅视为政府扶贫的一种临时性补充。同时，由于目前福建省社会力量

扶贫整体上仍缺乏有效引导和高效整合，也缺乏足够的政策支持，因此，要形成政社协同的大扶贫格局，当务之急需要调动社会力量扶贫的积极性。

实践证明，要调动社会力量扶贫的积极性，需以政府引导和市场引导相结合。作为民生保障工程，政府应主动承担起精准扶贫主体功能，通过政策引导、制度激励和一系列配套体系的完善来调动社会力量扶贫的积极性。与此同时，在市场经济大背景下，精准扶贫仍然应该遵循市场规律，无论是帮扶企业的经营，贫困对象的生计维持，还是扶贫资源的使用和运营，均要遵循市场规律。也就是说，具体的生产经营活动，以及提升扶贫资源的配置效率方面，仍然要靠市场。因此需要从市场着手调动社会主体扶贫的积极性。

福建省精准扶贫工作一贯重视政府的主导作用，近年来也非常强调政府对社会力量的扶贫引导，在宣传实效、政策激励等方面仍有进一步发展的空间，今后应从多方面进一步强化政府的引导作用：第一是宣传倡导，营造社会扶贫的浓厚氛围。要继续拓宽宣传渠道，加强社会扶贫舆论引导，加强典型案例宣传，营造出全社会扶贫济困的浓厚氛围。尤其要注重宣传的针对性，鼓励民营企业积极承担社会责任，发挥资金、技术、市场、管理等优势，通过资源开发、产业培育、市场开拓、村企共建等多种形式扶贫；积极倡导和鼓励有条件的社会组织参与精准扶贫结对帮扶，支持一般社会组织根据自身能力大小和意愿，自主选择贫困村或贫困户开展结对帮扶；号召社会个体利用自身优势，精准对接，积沙成塔，集腋成裘。为此，要充分发挥民主党派和群团组织联系广泛的优势，积聚社会扶贫资源。如要充分发挥工商联联系民营企业广泛的优势，组织开展“万企帮万村”等准精扶贫活动；发挥共青团、妇联、工会等群团组织的纽带作用，实现社会资源和精准扶贫的有效对接；发挥侨联沟通中外的优势，引导港澳台胞、华侨及海外人士，通过爱心捐赠、志愿服务、结对帮扶等多种形式扶贫等。第二是为社会力量扶贫搭建平台，做好中介服务工作。比如搭建扶贫信息服务平台，推动成立各种扶贫爱心基金会、爱心微信群，在社会营造一种关心贫困人群、致力助贫的良好氛围，同时做好相关的牵线搭桥工作，促进项目对接。第三是政策激励。要建立健全社会力量扶贫的法律法规，为社会力量参与扶贫事业提供良好的制度环境。比如要细化《中华人民共和国慈善法》《福建省志愿服务促进条例》等法律法规的配套政策，在本地的实施细则中，明确政府相关部门支持社会力量扶贫的具体责任与义务，以及各部门的政策衔接问题；要对政府购买社会服务的内容、范围、程序、责任、义务等做出明确规定，并将购买经费列入年度财政预算，将购买情况列入年度考核内容；要完善社会力量扶贫的扶持政策，通过税收减免、信贷保险、用地用电优惠等各项优惠政策，切实调动各社会力量参与扶贫的主动性。第四要引导建立社会扶贫力量内部资源整合机制，加强社会扶贫资源与政府扶贫资源及贫困者自身扶贫资源的整合和协调，提升社会扶贫整体效益。

贫困群体也是扶贫的主体，以往政府对贫困群体的主体责任强调不够。事实上，摆脱贫困最终还是要靠贫困者自身，许多贫困者无法摆脱贫困，是因为缺乏改变自己命运的意愿或渠道。因此政府应该扮演好教育者、引导者、扶助者的角色，既做好相关的职业培训工作，又搭建平台，牵线搭桥，助其找到有效的脱贫途径，同时，还要辅以制度支持和约束。在制度约束方面，目前，扶贫政策对贫困者的约束较少，不断追加的政策叠加或资金补贴可能使贫困人口习惯于接受政府资助，不思进取，导致惯性贫困。因此，要完善相关扶贫政策，通过对贫困者的义务设定及引入竞争性机制，形成一种“多干多支持，少干少支持”的政策安排，调动贫困人口的脱贫积极性和主动性，而不是一味“大包大揽”，那样可能适得其反，加重其依赖心理。总之，要在制度设计上向贫困人口传递一种信号：支持勤劳致富。

市场引导也是社会力量扶贫的重要驱动力。目前，福建省精准扶贫工作中，政府对市场的作用运用得还不够。事实上，贫困地区经济落后除了自然环境和资源制约外，一个重要的原因是市场化程度低，内部市场发育不成熟，与外部市场联系不紧密，民众商品意识、竞争意识不强。对此，政府除须加大扶贫力度外，还须充分利用市场力量，遵循市场规律，因势利导，让市场主体主动参与到扶贫脱贫中来。如企业扶贫，在市场经济条件下，单靠政府动员难以使更多的企业真心诚意地投入到扶贫事业中来，毕竟，盈利是企业生存的动力，也是企业生存的基础。因此，在强调企业社会责任的同时，也要构建一种贫困地区与企业经营“双赢”的扶贫机制，使企业在贫困地区建厂兴业，开发资源，给企业和贫困者双方均带来益处。这既需要政府搭建平台，为企业与贫困地区搭桥引线，实现市场需求的结合；又需要政府培育贫困地区的市场力量，规范市场秩序，完善贫困地区的市场条件和市场机制，实现资源的合理流动和合理配置；还需要政府以政策支持创设一些商机或给予扶贫企业一定的政策优待，使企业有利可图，义利兼顾。如借鉴国外做法，政府可考虑给予雇佣一定数量贫困人口的企业一定的资金补贴或税收减免。又如，鉴于贫困地区地区交通等基础设施落后、招商引资困难的现实情况，政府可将到贫困地区开发资源、建厂兴业的企业行为视为扶贫行为，出台支持企业扶贫的优惠政策，给予企业更多税收、信贷贴息等方面的优惠，将市场杠杆有效延伸至贫困地区，让企业有利可图、安营扎寨，以此引导更多的企业资源投入贫困地区。

此外，市场机制同样可以运用到政府扶贫当中。精准扶贫的责任主体是政府，公共财政支持始终是扶贫资源的主要来源和保障方式。与此同时，政府扶贫资源在进行资源配置、服务提供时也可以采用市场机制，如政府购买公共服务，遵循的就是市场选择和市场竞争机制。而如前所述，贫困群体受益也需更多地引入竞争机制，以此培育其竞争意识和脱贫意愿。

二、参与机制：健全和创新

协同扶贫参与机制，包括政府、社会力量、企业和扶贫对象之间的协同方式、资源传递方式及利益调节方式等。

（一）创新协同方式

在具体的协同扶贫过程中，协同可以是政府与政府的协同，政府与社会力量之间的协同，也可以是社会扶贫力量之间的协同，以及社会扶贫主体与贫困地区、贫困人口的协同。

1. 政府内部协同

要在福建省委、省政府的支持下，健全政府部门的协同扶贫机制，既做到扶贫规划和资源的统筹，政策、信息的相互衔接，又做到扶贫具体事务中的相互配合。当前政府体系中涉及扶贫管理的职能部门很多，有扶贫办、财政部门、卫计委、民委系统以及与扶贫项目实施相关的农业、教育、交通、医疗卫生、文化部等众多部门。而且，由于同一扶贫事项往往涉及多个行政层级和多个政府部门，无论哪一层级、哪一环节出现部门协同不力，都会影响整个社会救助实效。因此，亟须建立部门之间的协同扶贫联动机制，包括各部门间的扶贫资源统筹，政策和信息衔接，沟通交流的常态化，以及工作中的相互配合等。在各部门之间，扶贫部门和民政部门的“联动”机制至关重要。在贫困信息共享共通的基础上，民政部门要将扶贫部门认定的持久性贫困户及时纳入低保范围，而扶贫部门也应建立扶贫救助专项基金，对临时性贫困户实行应急救济，以实现两部门扶贫工作的相互融通和相互补充。

2. 政社协同

当前我国的扶贫战略是政府主导型扶贫战略，这种战略最突出的特点是政府除了在资金方面起主要作用，在扶贫政策的制定、执行，扶贫资源的分配等方面，也处于主导地位。但即便如此，政府也不是万能的。在扶贫领域，政府扶贫资源有限，非收入贫困的消除往往更需要专业服务，而目前各级政府普遍缺乏贫困治理专业化人才，因此亟须专业化的社会力量来补充。对于社会力量而言，政府引导和支持仍然必不可少。这是因为，目前福建各社会主体发育还不成熟，社会力量参与扶贫的积极性和主动性不高，离一些学者倡导的社会化扶贫（即以社会力量作为扶贫的主体力量）还有一定的距离，而且，目前福建省扶贫工作走向完全社会化的趋势也不明显。加之，扶贫工作十分复杂，很多项目离开政府的帮助很难实际开展。因此，由政府引导、动员和协同社会力量扶贫是现阶段福建省扶贫发展的客观要求。尤其是政府和社会力量协同扶贫，不仅可以充分发挥政府在扶贫工作中的引导和组织作用，还可以利用社会力量的灵活性和专业性，使扶贫工作更顺利、更有效地推进。因此，要建立政府、企业、社会组织和个人等不同扶贫主体之间的协同机制，妥善处理好政府与社会力量的扶贫关系。

为了推进政社深度合作，首先，需要厘清政社扶贫职能。要以制度的形式对各方扶贫角色、职能和扶贫范围加以明确，使多元治理主体的治理行为与治理活动有序进行。在角色方面，政府无疑是扶贫责无旁贷的主体，是扶贫制度的制定者、扶贫资源的主要提供者和扶贫秩序的主要维护者，在扶贫工作中发挥着规划者、引导者、动员者、组织者、监督者、协调者的作用。社会组织、企业、公民等社会力量是扶贫的重要参与力量，其中，社会组织主要凭借各自专业所长，在自身优势领域扶贫；企业在产业扶贫、就业、职业培训等方面有其优势，扶贫主要按照市场规律提供公共服务；公民个人通过结对帮扶或组织化的扶贫参与发挥作用。整体而言，社会力量在扶贫工作中扮演着支持者、监督者和合作者的角色，对贫困群体和政府扶贫予以支持和督促，并与政府一起合作推进脱贫事业。在职能方面，政府应主动承担起精准扶贫主体功能，通过政策供给、资源供给和一系列配套体系，做好扶贫保障；要建立政府不同层级、不同部门之间的协同扶贫工作机制，并充实基层组织扶贫人力，加强基层组织扶贫能力建设，保障精准扶贫政策的有效落实；要加强协同扶贫的组织领导工作，强化政策支持，加强资源整合，做好协调服务。尤其要注重搭建政社合作的服务平台和相应的组织机构，建立多方力量共同参与的联席会议制度，通过常态化的对话明确扶贫重点任务、主要分工、重点合作领域等，逐步增强社会力量参与精准扶贫工作的计划性、组织性与协调性。社会力量也应配合政府的合理规划，积极承担扶贫的社会责任，凭借自身的专业化与资源优势，为贫困人口提供差异化的服务。同时还要做好监督、沟通和反馈工作，保证扶贫质量。总之，在制度上既要防止政府权力对社会、市场的侵入，又要防止政府对社会、市场的过分依赖或放任。要用制度的方式确保各主体“各司其职”又协同进行，共同服务于精准扶贫大业。

其次，要做好扶贫资源和扶贫领域的分工合作。前者需要我们对扶贫资源有更宽泛的理解，除资金投入外，还可以包括服务、信息等，如就业信息、扶贫政策的获知，养老服务的提供等，相对于简单的给钱而言，后者对贫困者更像是一种“赋能”，是人力资本的投资，因此也至为重要。在具体扶贫活动中，各方可以在扶贫资源上进行合作。政府主要提供资金，企业提供岗位、销售渠道，社会组织和社会工作者可以提供信息、咨询及其他各项专业化服务。既解决贫困者生活上的“当务之急”，又从长远着眼解决其生产上的各种问题。在具体扶贫领域，各方也可以分工合作。如政府资金可以更多地投向基础设施和社保事业，市场则在贷款、保险、项目开发等方面予以辅助，两者相互补充，共同服务于扶贫事业。类似分工在具体领域也有体现，如在产业扶贫领域，小额信贷主要是市场化与商业化运作，由金融机构对贫困群体放贷，同时，政府又充分运用财政资金的杠杆作用，对扶贫小额信贷进行担保、贴息等，充分体现其互补性。在产业发展方面，政府可以适当规划，但主要由企业负责扶贫，不能以政府意愿替代市场的自我调节功能。

在此基础上，要探索多样化的政社合作模式。政社关系中，政府与社会组织之间的合作关系尤为关键。在这方面，西方学者提出来的“政府—非营利组织关系类型学”可以为我们提供若干借鉴。“政府—非营利组织关系类型学”由学者吉德伦（BenjaminGidron）、克莱默（Kramer）、萨拉蒙（Salamon）等人于1992年提出，他们在对政府与非营利组织之间的关系进行跨国比较后，认为社会福利服务过程有两个关键要素：一是资金筹集和授权；二是服务的实际配送。以此作为核心变量，他们提出了政府与非营利组织关系的四种类型，即：政府支配模式、非营利组织支配模式、双重模式和合作模式。其中政府支配模式和非营利组织支配模式，分别强调政府或非营利组织在资金筹措和服务配送中占据支配性地位；双重模式，强调存在着政府和非营利组织两大相对独立的福利服务资金筹措和配送体系；合作模式，指政府和非营利组织合作开展福利服务，具体有“合作的卖者”和“合作的伙伴关系”两种方式。前者强调非营利组织主要作为政府项目管理的代理人出现，拥有较少的处理权和讨价还价的权力。后者则强调非营利组织拥有大量的自治权和决策权。[①] 在贫困治理领域，以往我国主要是政府支配模式，但事实证明这种模式已经不适应扶贫发展的需要。今后，协同帮扶显然需要更多的合作模式，尤其是“合作的伙伴关系”模式。

在福建省扶贫过程中，政府与社会力量合作扶贫的具体方式有多种：(1) 政府支持—社会力量扶贫模式。即政府对社会力量扶贫在政策范围内给予支持，比如可以优先安排农业产业化资金、财政贴息贷款、土地使用计划、享受产业扶持等，同时，社会力量也需要在政府的要求、规章和监管下运作。(2) 政府—社会力量协商扶贫模式。该模式通常采用项目合作的方式进行，合作各方以自身优势作为合作基础，共同完成协议项目。在不同的项目中，社会力量参与方式和程度也有所不同。(3) 政府购买—社会力量提供模式。这里，政府从社会力量处购买的可能是扶贫实践，也可能是项目咨询或扶贫后的考核评估。目前，政府购买社会服务已成为各

① 刘娟：《浅析我国政府与慈善组织关系——基于政府非营利组织关系的类型学理论》，《中共乐山市委党校学报》2011年第2期，第73页。

国政府与社会力量合作的主要模式。实践中，政社合作可能集多种合作模式于一身，如金融扶贫是政企多元合作的代表，政府既给予扶贫银行各种政策优待，又以贴息贷款、风险担保等方式和银行一起解决贫困户的资金短缺问题，内中既有政策支持型，也有政企协商扶贫型。当然，目前福建省政社协同扶贫主要是第一种模式，但这种模式又是二者合作程度较浅的一种。

今后，福建省在第二、三种合作模式上均有进一步拓展的空间。如需积极推进 PPP 模式，当前的 PPP 模式主要限于公共基础设施领域，采取政府与社会资本（主要是私人企业）合作的方式开展，从而打破了基建项目完全由政府出资建设的惯有模式，弥补了财政资金的不足。今后，仍需进一步加强政府与市场主体间的协作，鼓励并授权民营资本参与扶贫开发事业中公共基础设施项目的建设，共同推进扶贫开发事业；引导社会力量投入爱心家园和慈善超市建设，不断完善爱心家园和慈善超市的捐赠站点功能、救助功能、社区应急保障功能、慈善宣传以及志愿者服务功能，推动有条件的爱心家园和慈善超市开设福利彩票销售和助老、助残等服务项目。在政府购买社会扶贫服务方面，要结合 2013 年国务院办公厅《关于政府向社会力量购买服务的指导意见》的要求，加快推进政府购买社会扶贫服务，提升扶贫供给社会化水平。当务之急是要完善地方政府购买社会扶贫服务的相关制度，明确政府向社会力量购买扶贫服务的范围、程序、保障措施、评估考核标准等。如结合地方扶贫，需要制定政府购买社会扶贫服务目录，凡适合由社会力量提供的扶贫服务可由社会力量承担，重点探索扶贫项目规划编制、验收、技术推广、信息服务、能力培训等内容的社会力量承接扶贫服务机制；支持社会力量通过公开竞争的方式，承接政府扶贫服务或承担扶贫项目实施，建立健全向社会力量购买扶贫服务的遴选机制和评价机制，保障承接过程的竞争性、扶贫资金使用的透明性，加强对社会力量提供扶贫服务全过程的跟踪监管，对其服务成果进行及时的考核评估，建立健全由购买主体、服务对象及第三方专业评估机构组成的评估考核机制，对购买扶贫项目的数量、质量、资金使用效率和项目的整体社会效益等进行专业性考核评价，评价结果向社会公布，接受社会监督。对政府而言，也可以作为以后编制购买社会扶贫服务预算和选择扶贫服务承接主体的重要依据；为实现政府购买社会扶贫服务的常态化，还需将政府培育社会力量、购买社会扶贫服务列为其年度考核内容，并将年度购买社会扶贫服务所需经费纳入相关部门年度财政预算予以保障等。此外，福建省政社合作还可在上述模式的基础上进一步创新合作模式，深化政社合作内涵，强化合作实效。

为提升政社合作实效，使政社合作可持续化，政社合作中还须坚持平等、协商、相互配合的协同扶贫治理理念。正如西方学者萨德尔所指出的，政府与非营利部门之间的关系不是单方面顺从、服从的关系，而是一种相互依赖的关系，因为彼此都掌握了对方需要的重要资源。因此，为了充分调动社会力量的扶贫热情，实现政府与社会力量在扶贫事业中的充分合作，必须在协同扶贫中更多地引入协同治理的理念。协同扶贫治理的本质是多元主体参与，强调非政府力量与政府一起参与扶贫的决策、管理，参与扶贫资源的使用和分配，各主体的职能明确清晰，相互配合又相互制约。在福建省精准扶贫实践中，这些主体包括政府、企业、社会组织、社会个体、贫困人口及其自助组织等，这多个主体之间虽然存在着监管与被监管的关系，但并无直接的隶属关系，在扶贫事务中需要平等相待，不能依靠自上而下的行政指令来维系。同时，为了促进多主体在扶贫活动中能够协调一致，还需要加强共同目标的渲染和心理互信的构建，以确保各主体“志同道合”，最终实现扶贫实践的协同。总之，协同帮扶强调各贫困治理主体的多元、平等、协商和共同发展，为此，政府和社会力量均要尊重彼此，协商互动，探索各种有效的协同模式，共推扶贫事业发展。

3. 社会力量协同

近年来，在党和政府的倡导和引领下，福建各方面社会资源开始向贫困地区聚集。内中也有一些协同帮扶的案例，但总体上统筹层次不高，且并未成为常制，今后还要继续鼓励社会扶贫力量内部各主体协作互动，解决社会扶贫力量内部各主体多头管理、力量分散的问题，实现社会力量扶贫的规模效应。

在这方面，政府应继续发挥引导和组织功能。如通过引导设立更高级别的扶贫协会或扶贫志愿者协会，加强社会力量扶贫资源的统筹，聚小力办大事，避免重复扶贫，确保社会扶贫资源发挥最大效益。同时，进一步借助群团组织的动员和引领功能，如工商联是党和政府联系非公有制经济人士的桥梁和纽带，可以利用其与民营企业、商会、协会等社会组织联系紧密的优势，将非公有制企业的扶贫资源整合起来，统筹安排，协力扶贫。

而且，还需根据时代发展和地域特色，继续创新社会力量协同扶贫方式，提升扶贫实效。如近年来互联网和社交媒体不断发展，不少地方的社会组织开始借助互联网和社交媒体开展扶贫活动，比如通过微信、微博等开展认捐活动，额度小、便利、透明，颇受公众青睐。同时网络信息的公开性和互动性等特征，也有助于解决传统扶贫模式中瞄准率偏低的问题，并在某种程序上重构了扶贫主体与扶贫对象之间的关系。今后仍应发挥互联网的优势，动员社会力量积极参与。又如中国扶贫基金会开展的“爱心包裹”扶贫项目，也收到了不错的效果。

具体对各主体而言，民营企业在贫困者就业、创业、职业技能提升等方面的作用十分显著。今后民营企业除需拓展帮扶渠道，把精准扶贫行动与企业转型升级、创新发展相结合，通过“企业+合作社+农户”“企业+基地+农户”等模式，投资贫困地区特色农副产品加工、乡村旅游等产业，实现农业产业化，帮助贫困地区提升“造血”功能。在这方面，可借鉴南通、常州等地在帮扶地区设立“扶贫车间”“社区工厂”的做法，把相关加工环节转移到贫困地区，实现村企共建、互利共赢；还可进一步尝试企业联合扶贫，打造集生产、加工、销售为一体的扶贫产业链，这样既可以减少经营风险，又可以带动当地产业经济体系的发展。对于主要从事销售扶贫的电商企业而言，可以构建电商企业与物流行业的合作扶贫，为企业、公众与贫困地区搭建沟通和关爱的桥梁。

继续强化扶贫志愿者协同行动。鼓励和支持青年学生、专业技术人才、退休人员和社会各界人士参与扶贫志愿者行动，建立扶贫志愿者组织，并构建贫困地区扶贫志愿者服务网络，组织和支持各类志愿者参与扶贫调研、支教支医、文化下乡、科技推广等扶贫活动。

贫困农户是帮扶对象，同时也是脱贫主体。当前的精准扶贫工作较为关注外部扶贫力量的引入，对贫困地区农户如何加强自身组织建设关注较少，今后要加强这方面的建设。农业生产要提高生产效率，合作化发展是一种好的途径，尤其是当前贫困户发展生产普遍面临着资金、技术、人力、市场等方面的不足，“抱团”可以解决各自的问题，实现发展的目的。政府和基层自治组织要鼓励和支持村民组织各种类型的农业合作社，来提高农业生产效率和效益。当前要鼓励整条产业链的合作，如水稻生产，可以在农资采购、机械整地、育苗插秧、病虫害防治、机械化收割、加工销售等环节开展合作，蔬菜水果可以在育苗、统防统治、保鲜、加工、销售等环节展开合作，在合作中增进协调、增加效益。同时，合作社还可加强横向联合及与企业的协作，构建更多“合作社+合作社”或“企业+合作社+农户”的合作案例。前者可以增进信息流通，实现规模效应或打造产业链生产；至于后者，合作组织不仅可以团结农户，还可以充当农户与企业之间的信息传递者及农户权益的保护者。比如在“企业+农户”模式下，贫困人口个体能量有限，在收益分配中很难享有与民营企业平等的发言权，致使大部分利益为企业所有。而“企业+合作社+农户”模式可以弥补这种不足，依靠贫困居民组建的互助合作社，规模大，资源多，在与企业的利益分配中享有更多讨价还价的能力，而贫困人口通过投入土地、资金和劳动力等要素，参与互助合作社的决策与分红等，这种模式能够更有效地帮助贫困人口脱贫致富。

4. 扶贫主体与扶贫对象的协同

要实现扶贫主体与扶贫对象的协同，改变扶贫主体单方行动的尴尬，首先要激发扶贫对象的主体性，调动其脱贫的主动性。而这要求“扶贫先扶志”。鉴于目前贫困人口在思想认识层面的“惰性”和固有思维，要加强对贫困户的思想引导，铲除贫困户“安于现状”的思想痼疾，激发贫困户的责任意识和脱贫意愿。而要扶起“志”，需要通过专业组织的思想教育和典型案例引导，改变贫困人口安于贫困的思维模式及其消极的生活态度，帮助贫困人口树立自立自强意识，激发贫困人口内生脱贫动力；要改变单纯物资帮扶的方式。单纯物资帮扶虽能立竿见影，但不能从根本上改变贫困状况，而且容易使贫困人口陷入“因穷而要，因要而懒，因懒而穷”的恶性循环。因此，要将捐赠工作视为精准扶贫工作中的补充，主要用于救急救难或无（足够）劳动能力贫困者的支持，对于有劳动能力者，在给予短期资助的同时，更应在相关资助政策中对贫困者责任予以明确，同时更多地关注其脱贫意愿和脱贫能力建设，克服“救助依赖”“养懒汉”等道德风险问题；要加强政策宣传，通过电视、广播、网络、宣传册等渠道，将与贫困人口密切相关的扶贫政策向贫困户进行宣传。同时发挥驻村干部和村两委作用，通过他们将扶贫政策向贫困群众详细讲解，提高政策知晓率，让贫困人口懂得运用现有扶助政策脱贫。在此过程中，要加强对贫困户保守思想的改造，改变贫困者对扶贫项目和资金使用过于谨慎、一味求稳不敢尝试新脱贫路子的固有观念。总之，通过再社会化教育，改变贫困者的惯有生活态度和生活、生产方式，激发贫困人口的内生动力。

其次，需要精准对接贫困地区和贫困人口的脱贫需求，实现外援输入和内源发展的统一。由于见识不同、信息获取不同、所处立场不同，帮扶双方对于脱贫需求会有不同的看法，这就要求我们广泛开展贫困者脱贫欲望、脱贫需求的调研，从中了解贫困人口对扶贫政策的了解情况、满意状况，了解贫困人口脱贫需求与扶贫供给的差距，包括对政策需求与供给的差距。在此基础上，还要广泛开展宣传教育，引导贫困人口的扶贫需求。总之，要通过深入调研，确保扶贫工作真正得到百姓的认可，并在此过程中不断优化扶贫供给，提高扶贫需求与扶贫供给的匹配度。

再次，协同扶贫要求我们充分发挥贫困者的主体作用，加强扶贫行动中贫困者的主动、能动参与。长期以来，我国扶贫习惯于采取自上而下的管理方式，被扶持对象的参与权利十分有限。尤其是扶贫项目、扶贫举措等关键性扶贫决策多自上而下传递，贫困群体只能接受或从中选择，没有太多真正意义上的决定权。近年来，参与式扶贫理念广为提倡，但目前，福建省一些地方干部仅将听取贫困者意见视为工作方式问题，贫困人口参与权利难以得到有效保证。加之在贫困治理中，贫困群体既缺乏影响公共舆论的资源，又无法得到与自身密切相关的信息，表达和追求自己意愿的能力均较为脆弱，这就导致扶贫中贫困者受益有限。如一些扶贫开发项目由于缺乏贫困者有效参与，主要的扶贫成果被乡村精英截获。这不仅浪费了扶贫资源，还会影响到干群关系及政府公信力。因此，要改变扶贫主体与扶贫对象之间的扶贫关系，实施参与式扶贫战略，将扶贫工作从“为贫困群众工作”转变为“和贫困群众一起工作”，尊重并充分调动贫困群体的主观能动性。具体而言，在未来的扶贫设计中，各级政府应在提升贫困群众参与能力的基础上，完善贫困者参与制度，将“自上而下”和“自下而上”的决策机制相结合，赋予贫困群众应有的知情权和参与权，鼓励他们参与扶贫项目的规划、实施、监督和评估验收的整个过程，确保贫困群众在扶贫活动中的主体地位，进而改变长期以来各地扶贫活动中一定程度上存在的供需不匹配或扶富不扶贫现象。同时，注重反馈，完善扶贫主体和贫困群体间的协调沟通机制，及时平衡各方利益诉求。

最后，协同扶贫还要做好具体扶贫项目中各参与对象之间的分工合作。如在旅游扶贫方面，涉及主体众多，包括政府、企业、科研团队、贫困村组织、农户，各主体协调互动，分工合作，才能更好地促进旅游扶贫工作的发展。其中，政府主要通过政策支持、资金协助和市场规范，确保旅游扶贫的有序推进。同时，政府还要利用自身资源，为贫困村发展旅游搭建平台，帮贫困村与旅游企业、科研团队实现对接；企业（旅游公司）主要负责旅游规划、前期资金投入、人才培训以及市场营销工作；科研团队负责做好规划指导和市场调研；贫困村组织也要组织好农户参与，并做好农户与企业之间的利益协商与相关的沟通工作；农户则应积极转换观念，参与旅游规划，配合后续运作，认真做好旅游监管和其他相关反馈工作。总之，在旅游扶贫过程中，要充分发挥好各个扶贫主体的作用。

5. *在专项扶贫中推动协同机制建设*

专项扶贫涉及广泛，这里仅就产业扶贫、就业扶贫、健康扶贫加以重点说明。

（1）增强产业协同帮扶

产业扶贫是扶贫开发工作从“输血”向“造血”转变的重要举措，战略地位非常重要。今后，福建省仍须继续做好产业扶贫的协同规划。地方政府要出面聘请专家学者、社会工作者及当地群体代表，按照科学开发、合理布局、立足长远的原则进行规划设计，尤其要注重结合当地资源状况、文化背景及贫困人口的实际情况，选择一些具有较好市场前景和利润空间的产业项目进行帮扶。

在产业帮扶实践中，要协同多扶贫主体进行产业链帮扶。即利用各方资源优势，解决产业扶贫过程中的各种问题，形成一个帮扶的闭环。如积极引入市场主体，探索“企业+基地+农户”的新样板，扶持其生产，并解决贫困人口产品销售的后顾之忧；联合金融机构，帮助贫困户获得产业发展资金来源；加强与社会培训机构的合作，建立劳务培训基地，加大贫困人口的职业技能培训力度；通过政策倾斜，鼓励青年大学生和外出务工人员回乡创业，带动贫困人口发展等。为提高扶贫资金使用效率，还有必要将分散的贫困者组织起来进行产业帮扶，实现规模效应。

实践中，福建贫困地区虽然经济实力较弱，基础设施和基本公共服务投入不足，但生态环境优美，名胜古迹众多，特色农产品丰富，只要合理开发，引入生态产业，就能扬长避短，走出贫困陷阱。因此，在生态扶贫过程中，要优先在贫困县吸引生态环保型开发商，并培育壮大龙头企业，吸收当地居民就业或通过盘活宅基地使用权、集体林权、土地承包经营权等自有资产参与，取得资产收益；要委托相关机构对生态产业经营管理人员和服务人员开展培训，提升经营管理人员和服务人员的扶贫意识和综合素质；要通过党政干部、社会组织及专家学者以多种方式进行环境保护宣传，提升贫困地区民众的环保意识；还要由政府和环保组织等协同建立环保信息交流平台，及时发布政府相关政策和各地环保信息，鼓励公民参与监督等。

电商扶贫也是当前福建省重要的产业扶贫方式之一。针对当前电商扶贫竞争日趋激烈的发展现状，福建省应积极引导贫困地区因地制宜确定好产业发展项目，借助企业、当地新兴经营主体的带动作用，采用“公司（合作社）+基地+贫困户”等模式，引导有劳动能力的贫困户发展农产品加工等特色产业，形成一定的规模效应和品牌效应。在此基础上，鼓励贫困村、合作社与电商企业合作，解决贫困户农特产品销售问题。为了扩大电商扶贫效果，地方政府应优化推进县、乡、村三级物流配送网络建设，而后主动与知名电商龙头对接，鼓励具备条件的村级供销社、邮政派送服务机构等公共服务站点与京东、淘宝等电商企业合作建立电商服务站点，完善贫困地区电商服务站点功能和配套设施，引导其增加信息发布、代收代缴、代买代卖、物流快递等服务功能，为贫困户提供“一站式”综合服务；要依托福建省商务厅近年来大力推展的电商培训计划，整合电商、高校及专业培训机构等各类培训资源，针对贫困地区开展电商实务培训，其中又以大学生村官、返乡高校毕业生、返乡创业农民工为重点，培育一批贫困地区电商创业带头人。

（2）完善就业创业协同扶贫

在就业帮扶方面，首先，要通过政府的宣传教育或政策引导，激励贫困者的就业积极性。针对当前一部分贫困者担心就业收入增加将会失去低保名额，进而就业积极性不强的想法，政府可以采取正激励的方式鼓励贫困者积极就业创业，如扩大与贫困者就业创业相关的福利，提高最低工资标准，健全工伤保险制度，加大就业贫困家庭补贴力度等。根据 2015 年福建省委、省政府《关于推进精准就业扶贫六条措施的通知》，赴公共就业人才服务机构办理求职登记的贫困家庭劳动力，参加职工基本养老保险、医疗保险可给予不超过实际缴费 2/3 的社保补贴；办理实名制求职登记的贫困家庭劳动力，参加城乡居民养老保险可给予不低于最低标准养老保险费 50% 的社保补贴。实即通过政策激励贫困人口积极求职。此后，类似政策还要继续发扬，以加强就业正向激励。同时，还要在政策中对贫困者的积极就业责任予以明确。

其次，要继续做好贫困就业的相关服务。如继续将贫困失业劳动力纳入就业困难人员予以扶持，为有劳动能力和就业意愿的贫困无业或失业劳动力提供免费求职登记、办理《就业创业证》，并推荐其就业；政府应加强就业信息、致富信息平台的建设和宣传，同时协同企业、社会组织联合举办“扶贫专场招聘会”，切实解决企业招工难和贫困户无处就业的矛盾；为了获得就业机会，可以多方携手，持续推动贫困地区的基础教育发展、持续开展针对贫困人口的职业教育和科技培训，提升贫困人口的职业素养和劳动技能。鉴于目前贫困人口职业参训积极性不高的现状，各部门应加大对职业培训的宣传力度，灵活安排培训方式和培训时间，同时加强职业培训内容的针对性和市场衔接性，开设更多市场急需的技术技能型专业，或更多地开展企业委托培养，促进产教联合扶贫。

再次，要进行就业帮扶，还须设法为贫困者创造工作机会。这包括将更多的工作机会带到落后地区，如鼓励企业下乡，在贫困地区创造就业机会；以及将贫困劳动力转移到有更多工作机会的地区，如加强大城市企业与贫困地区的帮扶对接，为贫困人口提供就业机会。相比较而言，第二种更快捷，但对于贫困农民而言，第一种显然更实在，尤其对于那些需要照顾老人、小孩或家中还有季节性农活的贫困者而言尤其如此。因此，要加强就地就业岗位的创设，发挥大中型农产品加工、乡村旅游等类企业亲近农业、吸纳就业能力强的优势，引导有扶贫意愿的此类企业挂钩帮扶贫困乡（村），使贫困群众能就近就业。甚至针对贫困户的实际情况，可以联合企业给予其从事加工制作等居家就业的机会。创造工作机会还包括政府就近提供工作岗位，如政府用以工代赈的方法对贫困群体进行救助，在乡村大力开展水利水电、土地整治、改造高产田等基础建设，一方面可以让乡村劳动力有较为稳定的收入，带动当地相关产业的发展；另一方面亦可以弥补这些年来乡村水利建设的缺口，加快乡村基础设施的升级换代，增强贫困地区发展能力。在一些贫困社区，还包括通过社区创设一些公益性岗位。就目前而言，在社区公益劳动中，日本和我国个别城市推行的时间储蓄制度很值得我们学习。时间储蓄制度，即动员社员在养老机构或在社区服务，将其照顾老年病患者或为老年人干家务的时间记录下来，作为以后社员或其家属要求类似服务的时间储蓄。这种方式可以运用到贫困者身上，甚至是低龄贫困老年人身上。2018 年福建省民政厅等部门《关于加强乡村留守老年人关爱服务工作的实施意见》对此也有所提倡，探索建立志愿服务互助循环机制，鼓励健康低龄老人为高龄、失能、计划生育特殊家庭留守老人提供力所能及的志愿服务。

在创业方面，主要是在充分结合地情、贫困情况，尤其是贫困人口意愿和能力的基础上，鼓励、引导和支持贫困人口自主创业。对于乡村贫困人口比较集中的地区，可以依托当地山水风光或特色农产品，发展绿色旅游文化产业、生态农业或特色手工业。当然，政府、金融企业和培训机构等还需发挥各自所长，联手提供资金借贷、技能培训、市场指引等方面的服务工作。

（3）拓展健康协同扶贫

当前，福建省健康扶贫的重点在于为贫困户构建多层次的医疗保障体系，不断完善包括基本医疗保险、大病保险、医疗救助、精准扶贫医疗叠加保险及家庭医生签约等在内的医疗保障制度，逐渐提高乡村贫困人口医疗保障水平。

鉴于基层医疗服务的重要性，今后，福建各地政府还须切实加强基层健康服务，与基层医疗机构或医生签约，为贫困者提供精准健康扶贫服务。近年来，福建各地快速推进家庭医生签约制度，但却不同程度地出现了“签而不约”或“服务不到位”的形式主义作风，因此今后政府要协同相关医疗机构加强家庭医生培训，提高家庭医生的专业知识和服务水平；另外，要在建立健康档案、进行健康管理和咨询的基础上，进一步拓展家庭医生签约服务内容。当然，这需要政府或相关社会力量提供更多的资金支持；与此同时，要完善家庭医生签约服务的考核评价机制。由政府、社会组织联手定期组织对签约对象数量与构成、服务质量、健康管理效果、居民满意度、医药费用控制、签约居民基层就诊比例等的考核，增强家庭医生的责任感。

健康扶贫也需要社会力量的参与，尤其是一些具有大量医疗资源的医药企业、民营医院和医学协会，以及具有专业技术的医疗界人士等，他们不仅可以帮助改善贫困地区的医疗卫生条件，还可以提供专业的医护指导，并通过宣传健康的生活方式和生活理念，提升贫困人口的保健意识和保健知识水平。政府要动员社会力量，一起加大对贫困地区公共卫生和疾病防控的力度，提升民众的防范意识和防范能力，提升贫困地区的医疗卫生条件和服务水平。

健康扶贫还需要贫困人口树立自我帮扶意识，成立健康协会、老年人协会等互助组织，提升贫困群体的健康素养和自我管理能力。当前，缺乏健康的生活方式和疾病预防意识是导致健康贫困的主要原因之一，不少贫困人口在健康饮食、体检预防等方面存在认识误区，以往的健康扶贫方式主要是帮助贫困者缓解医疗支出压力，较少关注他们摆脱健康贫困的能力建设，这种事后控制的扶贫方式仍将不可避免地带来较高的医疗成本和政府财政压力，因此难以真正消除健康贫困。今后，政府在加大乡村卫生设施、运动设施投入力度的同时，也要协同社会组织加强健康生活方式及疾病预防方面的宣传教育，激发贫困人口自我健康管理的责任感，积极参与健康体检、慢性病防治，勤于锻炼，真正成为自身健康的主导者。

总之，协同扶贫要求创新协同帮扶方式，通过协同纵向行政治理层级，实现上下扶贫政策、资源、信息传递通畅；协同横向各政府部门，克服部门隔阂，实现各扶贫部门的协调行动；整合公私扶贫部门，加强政府与社会的扶贫互动等，实现扶贫服务的全社会供给。

（二）创新资源传递方式

资源传递方式强调扶贫资源的整合、配置和使用，目前，福建省仍需进一步强化扶贫资源的整合，并创新扶贫资源的配置和使用方式。

1. 有效整合扶贫资源

这包括政府扶贫资源及社会扶贫资源。资金是政府扶贫资源的主要方面，当前，财政涉农资金和扶贫资金多头管理、分散使用、交叉重复等问题已经严重制约着精准扶贫实效，今后，福建省仍需进一步推进涉农扶贫资金改革，不仅要继续结合乡村振兴相关任务增加扶贫开发的财政投入，而且要整合并统筹安排各类扶贫资金，真正做到“多个渠道引水，一个龙头放水”。另社会扶贫资金也需要进一步整合，典型如引导个体捐赠者将资金投向基金会或慈善总会统筹安排，一些网络众筹平台也具备这种效果。

扶贫资源不限于资金，政策、人才、技术、就业岗位、信息甚至销售网络等均是扶贫的重要资源。整合扶贫资源强调发挥政府和社会力量的各自资源优势，整合政府和社会力量的各类资源，通过更多地开展政府内部、政府与社会力量之间以及社会力量与社会力量之间的扶贫协同行动，共同推进扶贫事业。

2. 优化资源配置和使用方式

目前我国精准扶贫工作主要由政府负责，在缺乏健全的监管和考核评估机制的情况下，容易产生瞄准偏差、扶贫不均甚至是贪污腐败等问题。一方面，由于贫困数据不全面，缺乏动态调整，致使瞄准偏差，遗漏了一些真正需要帮助的贫困者；另一方面，由于政府系统实施定期政绩考核制度，部分地区的扶贫部门热衷于打造扶贫工作示范工程，将有限的扶贫资源全部投入，导致资源分配不均衡和难以持续。同时，扶贫资源使用效率低下也是亟待解决的重要问题。一些地方开展扶贫工作的主要方式是逢年过节慰问，这种扶贫方式虽然给贫困户带来了一定的物质帮助，但也只是缓解一时之需，无法从根本上解决贫困问题。此外，扶贫政策也是重要的扶贫资源，为使贫困者懂得利用现有政策脱贫，福建省向来重视政策宣传，但实践中仍然存在着针对性不够、方式较为单一、宣传不及时等现象，致使一些贫困群体甚至部分扶贫干部对相关政策仍然不够了解。

为保证扶贫资源的精准配置，首先，需要精准识别贫困人口。这就要求我们创新识别方法，做好贫困对象基本信息的前期调研、建档立卡和动态调整工作。这一过程，要求各相关部门加强扶贫信息的共享和衔接，夯实扶贫的技术信息服务体系，为精准帮扶提供依据和支撑。当前形势下，由于扶贫对象识别涉及主体众多，包括村民代表、村委会成员、驻村工作队员（乡镇工作人员）等，而各扶贫主体均可能存在职业过失和道德风险，因此需要建立健全扶贫识别监督机制，加大对失职人员尤其是“恶意排斥”人员和争夺扶贫资源非贫困户的惩处力度，加大其违法违规成本。以往我们仅关注对扶贫干部失职渎职的惩处，对于争夺各项扶贫资源的非贫困户，被发现后只是将其清退，违法违规成本低廉。以后，对于此类事情，必须加大惩处力度，不仅要退还已享受的扶贫资源，还要一定程度上承担给扶贫工作带来的损失，并将其行为列入个人诚信记录，作为其以后能否申请贷款、享受政府优惠政策的重要依据。

其次，要切实推进审批权限下放，推动地方政府在精准扶贫中财权、事权的统一。目前，中央财政专项扶贫资金按扶贫资金因素法①分配，下放项目管理权，落实扶贫目标、任务、资金和责任。就各地而言，根据2014年初中共中央办公厅、国务院办公厅《关于创新机制扎实推进乡村扶贫开发工作的意见》的文件精神，各地均将扶贫资金的分配权限下放到县。但在实际执行中，部分省（市）仍存在资源配置权力未实际下放的问题。为此，2016年国务院办公厅《关于支持贫困县开展统筹整合使用财政涉农资金试点的意见》重申：有关部门和地方不得限定资金在贫困县的具体用途。福建省从2014年起试行把财政专项扶贫资金项目审批权下放到县级，由县级依据中央和省级资金管理办法规定的用途，自主确定扶持项目。2018年始，扶贫资金的审批权已全部下放到县级。在权力下放的同时，福建省2017年在全国率先开展扶贫资金在线监管系统建设，以实现对扶贫基础信息、资金分配、项目预算、资金拨付等的全过程在线监管。2018年该系统开通运行，至2020年12月，已有37项扶贫资金纳入监管范围。民众借助网站、App和微信小程序可以对福建省扶贫（惠民）资金的发放和领取情况进行查询、监督。可见，福建省在扶贫资金的使用和监管方面已进行了较为科学和合理的安排。但实践中，资金配置权下放方面仍存在一些束缚。比如一些扶贫政策刚性很强，不仅要求“买醋的钱不能打酱油”，而且对“买什么样的醋”、怎样“买醋”都有细致的规定，使得基层在扶贫资金运用、扶贫措施选择上缺乏足够的空间，再加上基层干部普遍担心因资金使用不当、项目选择失误而被问责或影响个人升迁，因而倾向于照搬照套现有扶贫项目，缺少创新举措，

① 资金分配的因素主要包括各地扶贫对象规模及比例、农民人均纯收入、地方人均财力、贫困深度等客观因素和政策性因素。客观因素指标取值主要采用国家统计局等有关部门提供的数据。政策性因素主要参考国家扶贫开发政策、中央对地方扶贫工作考核及财政专项扶贫资金使用、管理绩效评价情况等。

导致实际扶贫效果欠佳。一些干部则从少担责任的立场出发，宁缺勿新。部分地区积压了比较多的产业扶贫资金，一个重要的原因就在于此。在这方面，要切实推进地方政府在精准扶贫中财权、事权的统一，赋予地方政府与其事权相匹配的财力和财权。具体而言，既要加强扶贫资金的财政转移支付，又要在加强监管的条件下赋予基层政府和干部在资金分配方面一定的自由裁量权，倡导干部在坚持原则的同时因地制宜地配置扶贫资金，要有相应的容错免责机制，支持干部大胆探索。当然，这也需要进一步完善财政资金监管的覆盖面、精准度及惩处等具体制度。

再次，要借助现代信息技术创新其配置和使用方式，提升资源配置效率。如构建扶贫信息服务平台，为扶贫“供”“需”对接提供信息和相关服务，促进扶贫资源的快速、有效配置。而这需要先行做好贫困户信息资料的精准搜集工作，在自愿的前提下，还可整理社会组织及企业的扶贫意愿和扶贫资源，将其载入信息平台，以便扶贫双方随时查询、沟通和对接。在这方面，政府可以尝试设立专职的信息员和联络员，负责收集爱心人士及爱心组织的信息。扶贫部门也可经常组织有帮扶心愿的爱心人士赴重点扶贫区、乡、村调研，让爱心人士了解当地贫困情况，以便实现精准对接；“互联网+”的扶贫形式成为更多爱心人士帮助贫困群众打通具体操作的最后一公里，实现扶贫资源的“精准对接”。今后还应充分利用互联网平台，发动更多的社会公益组织和爱心人士参与到精准扶贫当中；建立健全以扶贫数据分析为基础的识别机制、决策机制、监管机制和评估机制，不断优化扶贫供给结构，提高扶贫资源利用效率。如引入第三方监督评估机构，借助大数据平台，对供给对象、供给结构、供给效果等进行测评等。

最后，在资金安排过程中也有一些需要注意的问题：如各类扶贫资金使用方向必须聚焦脱贫攻坚，重点贫困县非扶贫专项重大项目也须进行脱贫效益和社会影响评估；扶贫资金使用必须厉行节约原则，不搞面子工程；实施差异化的资金下拨政策，根据各贫困县、贫困乡、贫困村经济状况和扶贫任务，也即根据各地的实际需求，下拨不同额度的帮扶资金。更进一步，对于不同程度的贫困者，也可以施以不同的救助标准；扩大帮扶资金有偿、循环使用范围。当前，无论是政府还是民间扶贫资源均存在无偿、有偿两种方式，后者是指扶贫主体按照市场规则与扶贫对象合作，为扶贫对象提供有偿的金融等服务。今后，福建省产业扶贫资金仍应继续强化正向激励导向，其使用以有偿、有限期、循环使用为主，防止贫困户滋生依赖思想，或者产生实质上的“奖懒不奖勤”现象；小额信贷，可探索针对不同生产类型的农户提供不同的贷款额度和还款期限，减少不良贷款等。

3. 适当引导社会扶贫资源配置

如对于个人扶贫捐赠，要在充分尊重捐赠者意愿的前提下，做好捐赠工作的规划和引导。相关部门要做好待捐项目的核查工作，合理引导，避免捐赠资金重复投入，保障捐赠资金发挥最大化扶贫效益。另外，个人扶贫尽量避免以“面对面”的方式进行，以免给受助者产生压力，从而损害受助一方的尊严和平等。

（三）创新利益协调方式

在扶贫过程中，各扶贫参与者利益、目标的差异最终使扶贫目标走偏，比如政府、企业协同开展的产业扶贫，因政府、企业、贫困户三者利益不完全一致，致使一些地方贫困人口往往只是获得少许溢出效益，最大获益者可能是当地企业和一些较为精明的农户。因此，要使协同扶贫顺利开展，就需要协调好各个利益相关者之间的关系，建立一种多方“共商、共建、共享”的贫困治理机制和利益共享机制。

各扶贫主体存在利益差异，并不代表利益不可调和。事实上，各主体也有许多利益平衡点。比如近年来福建省大力倡导的“村企共建”，希望将企业的资金、技术优势与乡村资源、乡村扶贫结合起来，实现企业和乡村的双赢。对企业而言，贫困地区虽然基础设施不够发达，但是存在着一些待开发的重要资源，而且贫困地区劳动力价格期望值相对较低，加之可享受政府财税、金融支持等，这使企业有一定的盈利空间。比如福建省“百企帮百村”活动开展以来，省工商联积极争取相关金融机构为参与行动企业提供金融支持，截至2017年11月15日，有11家进入精准扶贫台账的企业获得省农发行金融支持7.23亿元，[①] 有力地促进了扶贫企业的发展，进一步激发了其帮扶动力。也就是说，企业在扶贫的同时，也获得了自身发展的有利条件，其结果是互惠互利的。村企共建对政府而言，虽然提供了财税或金融支持，但也收获了规模脱贫效益。其他协同扶贫活动中的各扶贫主体也是如此，比如政府购买了社会组织扶贫服务后，不仅提升了服务水平和服务效率，还在一定程度上解决了社会组织扶贫资源匮乏的问题。其他如科研团队、医疗部门在扶贫过程中，既能带动当地扶贫事业的发展，也能实现理论与实践的结合，为自身能力提升提供案例，为学生提供实践平台。因此，各扶贫主体在扶贫实践中能够实现各自利益。

当然，在扶贫实践中，各方利益要实现共享则更加复杂。对此，可以借鉴协同治理理论的相关原则。该理论提倡“共建共治共享”，不仅强调治理主体的多元性、治理过程的协同性，还强调治理结果的共享性。要实现治理效果的共享，首先，需要各扶贫主体对相互之间的扶贫意愿、目标和能力等进行充分地了解，并对被帮扶对象的需求进行充分的调研。如政府在购买社会组织扶贫服务的同时，应先了解社会组织的扶贫动机、目标及其服务能力，防止产生帮扶主体意愿不统一，或服务不能符合期望的矛盾。

其次，要坚持权责对等的理念，并以此作为利益分配的原则。权责对等强调承担多大的责任就享有对等的权力或利益。而早先的扶贫政策，对贫困地区和贫困群众的约束较少，容易导致政府负担过重以及贫困地区和贫困群众的依赖心理、脱贫不作为等，这是权责的不对等。倡导以

---

① 俞凤琼、徐志南、陈向东：《脱贫劲风扶摇起——福建省推进“百企帮百村”精准扶贫行动纪实》，《中华工商时报》2017年11月24日第12版。

"贫困者为本"的扶贫理念并非一味强调贫困者的受助权利，同时也要求权利与义务相统一。实践中，自20世纪90年代后，英、美等发达国家纷纷转变以往政府单方面的救助方式，转而强调政府与贫困群体的扶贫合作，即要求他们在享有扶贫福利的同时，承担寻找工作、提高自我发展能力的责任，如参与就业能力培训等，并对就业时间等做出详细规定。借鉴国外经验，在精准扶贫、脱贫攻坚的新阶段，我们也应坚持权利与责任相一致的扶贫理念，在强调贫困者享受政府福利权利的同时，也应要求贫困者对自身脱贫承担一定的责任。如将具有一定劳动能力的贫困群体参与就业及相关就业项目作为获得救助福利的基本条件，或者由社区组织他们参加社区公益劳动，甚至可以考虑用以工代赈中的"社会工资"取代"最低生活保障金"。对于有一定劳动能力的贫困者，还应配合政府安排，参加技能培训，提升自身素养或能力。总之，在提供救助福利的同时，要设定有劳动能力贫困者的脱贫责任，给予他们一定的脱贫压力，防止出现贫困者对政府的政策依赖。

再次，要在帮扶中构建各方利益联结机制。如在企业扶贫中，要逐渐形成企业、贫困地区、贫困户的利益共同体。而这离不开"利益共享"式扶贫模式的选择。在这方面，我国也有一些比较成功的案例。如河北省今麦郎公司采取"企业+基地+合作社+农户"的发展模式，在邢台、保定等多地通过流转土地建立优质小麦、蔬菜等特色农业生产基地，对贫困户通过订单种植、示范引领、保护价收购等办法，实现了与周边贫困村、贫困户的利益共享，确保了贫困户稳定增收。总之，要在产业扶贫过程中，健全农户与企业的利益分配机制，要以制度化的方式明确双方利润分成模式和风险承担方式，约束双方的责任义务，既要保证贫困人口在帮扶过程中得到合理的收益和回报，又要兼顾市场主体的利益，保护他们帮扶的积极性。值得一提的是，在产业扶贫过程中，贫困农户对市场信息的了解有限，其市场对接也主要通过企业来实现，这就决定了其参与市场竞争及利益分配的能力有限。在市场变动的情况下，农户面临的风险可能会更大；而当市场情况较好时，农户不一定能获得相应收益。这就需要政府适当介入，主持建立与市场价相匹配的收购价格机制，实现参与各方利益共享，风险共担。

最后，要成立扶贫主体与扶贫对象共同参与的沟通平台和利益协调机构。在扶贫过程中，对扶贫的目标及一些具体问题产生分歧在所难免，如整村推进中包含了“贫困村脱贫”和“贫困户脱贫”两个并不完全一致的政策目标，一些地方在执行过程中难以取舍，实践中出现了村户并扶、以村带户、村户共享等各种做法。出现这些分歧并不奇怪，关键是加强沟通，坦诚相见，及时化解。而这需要以各级扶贫开发领导小组为依托，成立包含企业、社会组织负责人和社会爱心人士、贫困人口代表在内的扶贫开发协调小组，定期或不定期召开协调工作会议，推进各扶贫参与主体之间的有效沟通和利益协调，以共赢的目标导向平衡各个利益相关者之间的关系。类似平台或机构可直接针对具体项目，也可在政府主导下常态性建立，在具体项目利益协调小组无法协调时再行介入。在具体矛盾处理中，相关部门应确立以贫困群众利益为导向的协调理念，在确保贫困群众利益最大化的情况下调整各自扶贫目标，协调扶贫行动。如前所述，在一些产业扶贫项目中，真正应该获得扶持的贫困农户只获得少量项目溢出效益。对此，要以地方政府为主建立常态化的沟通协调平台，广泛听取各方意见，尤其是贫困群体的合理诉求，通过充分协商和企业让利，及时有效处理各项利益矛盾，使扶贫资源真正“扶贫”。

三、风险化解机制：重视和强化

为了保证协同扶贫顺利推进，减小扶贫过程中的种种风险，需要通过加强监管、完善考核、公开信息等方式来构建扶贫风险化解机制。

（一）加强协同扶贫监管

监管是发现风险、减小风险的必备手段，由于当前不少协同扶贫风险是因扶贫资金而起，因此，首先要加强协同扶贫资金的监管。对于协同扶贫资金，一要设立专门账户，专款专用，专账核算，专项管理。切实防止扶贫资金被闲置、挤占挪用、虚报冒领、集体私分等违规违法行为的发生。二要做实细节。要做实扶贫救助资金申请、使用、评价等每一个细节的监管，如财政、审计部门要加强对项目报账的管理，严格审查报销凭证的真实性和报销项目的合规性；要强化扶贫借贷资金借、用、管、还全流程的风险监督管理，如金融机构要协同其他部门加强对贫困户借贷资金使用用途的监管，确保其用于扶贫生产等。三要加强审计。政府审计部门和社会审计部门要充分发挥其专业优势，识别并解决精准扶贫中存在的资金使用乱象，并与纪检监察机关相配合，形成监管合力，确保扶贫资金发挥最佳效益。

其次，需强化协同扶贫项目全程监控理念。建立前期项目立项评审、中期项目实施评价、后期项目成效评估“三期三评”机制，以评促改，及时调整。在前期立项评审阶段，注重项目的针对性、科学性和可行性，保证扶贫项目适合当地资源禀赋和区域发展特点，具有市场可持续性。在中期项目实施评价阶段，侧重评价各项资源供给到位情况及项目执行进展，以评促改，保证项目能如期、按质按量完成。评价结果要作为拨付工程后期款项及质量保证金的重要依据。在后期项目成效评估阶段，要注重评估扶贫项目的脱贫成效及投入产出效率，关注评估项目供给的切合度和有效性。此外，要关注扶贫项目后续管理的问题，特别是那些公共设施与公共服务项目，如果后续管理、维护措施跟不上，建成项目很有可能成为“猴子掰苞谷，掰一个丢一个”。因此，对于那些公共设施和服务项目，要明确产权归属，确定具体的管护主体、管护责任以及管护资金的来源。

再次，要加强对协同扶贫主体的监督。在精准扶贫资源分配过程中，涉事工作人员有可能存在“自利”或“均沾化”的倾向，因此在协同扶贫过程中需要成立各方参与的专门监管机构，加强对扶贫主体的监督，确保扶贫资源能够公平、公正地分配，使真正的穷人受益。同时，贫困者也须接受监督。无论是其身份的核实，还是扶贫资金的使用等均需接受监督。比如近年来，伴随着网络捐赠的发展，网络骗捐事件时有发生，让一些热衷慈善、乐善好施的人们对网络公益产生了不信任心理，从而使真正需要帮助的人难以得到及时的帮助。因此，相关部门还要对网络受助人的信息和受助进展情况严格把关。

要做到上述种种，各扶贫主体均要强化监管理念，并加强监管能力建设。政府无疑是其中最主要的监管主体。就当前而言，政府亟须完善监管制度，打造和规范监管平台，加强常态化监管。整体上，福建省扶贫督察工作仍属一项相对封闭的工作，主要还是由政府部门包括纪检监察部门、审计局、财政局等人员来完成，贫困户和第三方机构的监管是缺位的，由于现今扶贫工作的承接主体主要是政府，因此这种设置是可以理解的。今后，当协同扶贫已呈常态之时，可以尝试组建一支相对开放的、由各方力量组合而成的监督队伍。同时，针对新的扶贫方式，政府也应扩展监管面，主导创建新的监管平台。如针对目前网络募捐日益频繁的现实，政府需要规范募捐平台，对其信息的真实性进行查验，对其募捐资格进行“官方认证”。同时，政府也须打造多方参与的互动型监管平台，及时发现并纠正网络扶贫过程中的不当行为。此外，政府还应进一步开放社会监督，给社会大众提供更多便利、安全的监督举报渠道和权利侵害救济渠道。在扶贫过程中，其他主体的监督也十分必要。如作为当事人的贫困者由于掌握了很多细节，其监督就十分关键。政府或社会组织要组织专业人士到村给贫困户讲解扶贫资金、扶贫项目的民众监管方式和途径，以及民众合法维权的方式和途径；各社会扶贫主体也要加强监督意识，如捐赠者要主动对捐款情况、善款去向等进行跟踪关注，既维护自身权益，也保障了扶贫效果。

在协同扶贫中，第三方专业组织的监督也不可或缺。如当前我国对民间扶贫组织的外部监督主要是由政府部门监督、利益相关者监督（包括捐赠者和受益者）、社会监督（公众和媒体）。其中，政府主管部门对民间扶贫组织的准入进行门槛把控，并对组织扶贫过程进行监管。但目前，政府显然更关注准入门槛，过程管理和监督相对较少；社会监督是以信息公开为前提的，信息不公开或不完全公开，社会监督也无从下手；利益相关者与民间组织的扶贫事业有着千丝万缕的联系，对组织的效率可以进行更为客观准确的评价。但捐赠者一则缺乏捐赠后持续关注的理念，二则像社会监督一样缺乏持续关注的渠道，效果不佳。受益者作为被帮扶的对象，或多或少会对帮扶主体抱有感激之心，对民间扶贫组织的评价也具有很大的主观性。因此，专业的第三方监督就显得尤为必要。为了保证监管效果，要建立健全相应的激励约束机制，对社会组织而言，要建立严格的准入、退出制度，对公务员而言，则是干部任用选拔制度的优化，奖优罚劣，有责必追，问责必严。

（二）完善协同扶贫考核机制

要完善协同扶贫考核机制，首先要细化考核指标。近年来，福建省不断完善扶贫成效考核体系，将扶贫考核分为贫困对象脱贫成效考核和扶贫资源使用效率考核等多个方面，前者如贫困县考核，福建省全面创新扶贫考评体系，由侧重考核贫困地区生产总值向主要考核脱贫成效转变。在扶贫资金考核方面，相关部门也能建立有针对性的绩效考核机制，通过评价指标的设置以及权重的分配为扶贫资金使用打分评级，综合考虑扶贫资金使用的经济、社会效益，从而使考核管理工作更加科学。今后，仍应强化这种以扶贫工作成效为导向的考核机制，既要关注贫困县在客观层面所取得的实际效果，也要将是否惠及贫困人口及其程度作为考核的重要衡量指标。同时，还可考虑进一步细化考核指标，如贫困人口受益方面，要把提高贫困人口生活水平、就业水平、减少贫困人口数量作为考核扶贫开发成效的主要指标，同时，也要关注有无保障贫困人口政治参与和经济受益的相关制度规范，并注重与扶贫工作紧密相关的民生和社会事业改善情况的考核，如基础设施建设、教育、卫生医疗、生态环境保护等，要注重发展的质量。总之，要确立定量与定性相结合的具体考核指标体系，以增加考核的全面性和科学性。在扶贫资源使用效率考核方面，除关注资金到位时间等指标外，也要关注资源的配置效率，即是否与贫困群众的需求相符合的问题。当然，在协同扶贫中，除这些与政府扶贫有关的一般性考核指标外，还须明确社会力量的专门扶贫指标，以及与协同有关的一些指标。前者对于社会力量，要建立健全相应的考评指标体系，如企业扶贫要从上缴利税、吸纳贫困劳动力、贫困人口人均收入等方面建立一套完整的考评体系；后者如在政府购买社会扶贫服务的项目中，要将购买范围、数量、占比，协同程度，各方协同满意度等纳入考核指标当中。

其次，要改进扶贫考核办法。在协同扶贫中，针对不同的责任主体宜采取差异化的考核方式，甚至考核指标也可以有所不同，以提升考核的针对性。比如对于政府扶贫人员，由于扶贫经验丰富，考核指标明确，可以提出较高的要求。对于社会扶贫组织，要鼓励和支持第三方采用平衡计分卡等方法对社会组织精准扶贫进行评估，保障其扶贫的有效性。但整体而言，对于协同扶贫中的社会力量，由于其扶贫还处在试探期和培育期，应以鼓励为主，对其考核要求不宜和政府扶贫人员等同，应设计合适的绩效评估指标，并侧重从服务内容和社会影响维度进行评估；要注重考核的可比性，既要注意横向比较，也要注意纵向比较，关注贫困地区和贫困人口在原有基础上的进步与发展。在具体考核时还应注意经济发展的周期性，比如在产业扶贫初期主要是打基础，后期成效才比较显现。要加强对扶贫开发投入项目后续效益的考核，注重项目的可持续效应；对于多方实际参与的协同扶贫项目，要切实做好自评、协同部门相互考评、第三方抽评等环节。这中间，协同部门相互考评的方式与方法值得进一步研究，尤其是社会力量对政府部门的考核如何能够确保独立、客观和公正，仍需要我们进一步研究。在第三方抽评方面，福建省在贫困县退出环节或在对各地精准扶贫工作进行评估时要求第三方介入，因此有一定的经验。专业的第三方评估机构是独立于政府和民间扶贫组织之外的组织，它依照既定的一套规则对扶贫项目和资金的运作进行科学评估。今后，政府应积极培育第三方评估力量，扩大第三方评估的范围，以制度保障其评估的独立性和扶贫绩效评估结果的客观公正。此外，还要搭建公众意见征询平台，收集公众意见，并以此作为对协同扶贫效益评价的依据。

再次，要加强考核结果的应用。扶贫工作在一些地方被边缘化，扶贫干部积极性不高，其原因在于考核结果运用流于形式，奖惩制度不健全，责任机制不明确。今后要加强考核结果的运用，如在统筹分配财政专项扶贫资金和社会扶贫资金的基础上，给予考核优秀的贫困县更多的项目和资金支持；将贫困县的考核结果与领导干部的年度考核、综合考评挂钩，作为领导干部综合评价和选拔任用的重要依据。扶贫考核的结果也应作为领导问责的重要依据，对于那些造成国家财政资金严重流失，群众利益严重受损和生态环境恶化的领导干部，要一追到底，严厉惩罚。另外，实践中一些扶贫机构或扶贫人员为了“少担责”，在扶贫优惠政策审批方面提出较基准条款更加苛刻的要求，使部分有脱贫意愿的贫困户难获政策支持，致使扶贫陷入越重视、越不敢为和无作为的怪圈。鉴于此，在相关管理办法中，要明确免责情形的适应条款，解决扶贫干部的后顾之忧，鼓励他们敢于作为。比如在产业扶贫中，农业产业或养殖业均存在着较大的自然风险，想立竿见影、一劳永逸是不现实的。因此，对于无人为过失的扶贫干部要有一定的免责条款。对于社会力量，也要奖罚分明，对效果不好的，要建立退出和惩戒机制，并将其与享受优惠政策、市场准入等衔接起来，评估结果作为下一次类似活动的决策依据。此外，要将考核结果公开并建立相应的反馈机制。依托互联网平台，借助大数据手段，将考核结果公开，允许民众对协同扶贫事项及各方表现进行评论，让扶贫事业在阳光下运行，以倒逼的机制促使协同扶贫事业的不断改进。此外，还要加强协同各方权责的制度建设，建立起各方在协同过程中与其职权相匹配的问责机制。即便是对于贫困户，对其刻意隐瞒家庭收入或未能如实提供已接受帮扶信息等情况应有相应的处罚措施。

（三）加强信息公开

信息公开是监管与参与的前提，也是判断风险的重要根据，在协同扶贫中，还是双方互信的基础。信息公开在协同扶贫领域，包括扶贫项目公开、业务流程公开、扶贫资金公开、扶贫效果公开等众多方面。

近年来，福建省在扶贫信息公开方面做了不少的努力。2017 年 10 月，省扶贫办发出《关于进一步完善财政专项扶贫资金项目公告公示制度的通知》，此后，财政扶贫资金项目公开成为常态。农业等扶贫部门也会及时公示扶贫政策、扶贫资金分配和使用等信息，接受公众监督。各级政府扶贫网站也均设有“投诉”一栏，实时处理网民诉求，接受网民监督。相比较而言，社会扶贫力量由于并无制度约束，这方面的处理不太及时和全面。

有公开性，才有参与性。正是由于一些地方政府扶贫信息公开不详尽，社会组织扶贫信息公开不及时、不全面，才导致社会监督难以落到实处。但另一方面，信息公开也要谨防信息泄密，尤其是关于贫困对象的个人隐私信息要有一定的保护制度。如对于贫困学生，要尊重学生的个人隐私，维护学生的尊严，还要防止因信息泄露导致的电讯诈骗等恶性事件。今后为了提升扶贫效率，推进精准扶贫，仍要建立健全政府和社会组织扶贫信息统计和公开制度，规范扶贫信息公开的范围、详尽程度、时间安排等，尤其是项目进展和善款使用情况，便利捐款人和社会各界知晓与监督。在此基础上，进一步提升扶贫信息的公众参与度，切实把公众参与当作了解公众扶贫偏好、推行扶贫监督的利器。

（四）健全协同扶贫风险应对机制

协同扶贫过程中难免出现一些突发情况，这就要求我们健全风险应对机制，包括风险预警及处理机制。

理论层面，必须先行完善信息公开制度和常态化监督体系，在风险应对机制健全的前提下，政府部门要联合学者、专业社会组织科学设定好风险临界点或临界值，作为风险监测的标准；而后，拟定各种应对方案，以减少风险的发生概率，一旦出现意外情况也能及时应对。近年来，全国上下对返贫监测机制高度关注，今后，福建省仍需继续完善返贫监测机制，把已脱贫但不够稳定的建档立卡贫困户和收入略高于现行扶贫标准的边缘户确定为监测对象，防止返贫致贫。当然，协同扶贫风险是多方面的，除返贫风险外，还包括金融风险、帮扶不力风险、资金运用不当风险、协同关系风险等，因此，协同扶贫风险应对也应该包括多个方面。如为了有效预防和应对金融风险，地方政府要整合各类扶贫及涉农资金，建立风险补偿基金，健全风险分散和补偿机制，有效降低重点县域金融信贷风险，形成金融支持合力；又如为了应对企业帮扶不力的情况，应有备选帮扶企业；再如为预防协同帮扶关系瓦解，应有相应的沟通协调机制和利益冲突化解机制的建立。

操作层面，则要进行定期和不定期的协同帮扶监测，确保早预警、早识别、早处置，提高风险防控的前瞻性、主动性和针对性；同时，重点关注金融扶贫、产业扶贫等重点领域的风险应对。如在金融扶贫领域，要定期分析和排查融资风险，时刻关注地方政府投融资主体资产负债情况，把好项目准入关，守住风险底线，防止地方政府因过度建设导致过度负债问题。一旦发现风险隐患，及时采取措施，把风险消除在萌芽状态。又如对于产业扶贫不力的企业，省工商联等组织要及时督促其履行承诺，对于无力履行者应及时替换。此外，风险处理后各扶贫主体也要反思，并完善扶贫方案及相关举措。

第三节　协同帮扶优化对策

一、政府

（一）转变政府职能，树立协同帮扶理念

没有社会力量的加入，扶贫工程难以取得突破性进展。因此，政府

必须转变扶贫观念，改变那种社会扶贫主要是定点扶贫和东西部协作扶贫的传统认知，最大限度地利用社会资源，凝聚社会力量扶贫。而这又要求政府必须从那些“不该管、管不了、管不好”的领域中退出，鼓励和支持企业、社会组织、社会个体参与扶贫，并通过合同外包、特许经营等合作形式，向社会组织、企业等购买扶贫服务，建立多主体协同扶贫的大扶贫格局。

为了创新大扶贫格局，首先需要明确和规范政府在精准扶贫中的角色和职能。如前所述，政府在协同扶贫活动中承担着规划者、引导者、动员者、组织者、监督者、协调者等多种角色。从职能来看，作为责无旁贷的扶贫主体，政府应主导设计扶贫方案，做好顶层设计；完善扶贫相关的各项规章制度和法律法规，对市场、社会、企业参与扶贫提供准入条件，建立激励和规范机制；核定贫困地区和人口规模，依法筹集并配置某些扶贫资源，尤其是投入资金进行社保及基础设施建设；搭建政社合作的服务平台和相应的组织机构，引导社会力量扶贫，协调多方利益；规范扶贫秩序，监督和考核各扶贫主体的扶贫行为；总结扶贫经验以推广给更多的贫困地区等。至于扶贫对象识别和需求评估、产业项目的规划调研、农业信息技术站的建设、扶贫项目的具体实施、扶贫对象的具体服务和结果评估等，则视实际情形可由政府组织各方协同开展，或通过政府购买扶贫服务交给社会力量来完成。这有利于弥补政府扶贫资源有限和扶贫灵活性、专业性方面的缺陷，又能使社会力量发挥所长，提高扶贫效率。值得肯定的是，大扶贫格局中的政府职能不是弱化，而要转化。

（二）培育社会扶贫力量，提升各方扶贫能力

要转变“政府热、社会弱、市场冷”的扶贫局面，不仅需要充分发挥政府在扶贫工作中的主导和引领作用，还需要调动社会力量扶贫的积极性，充分发挥企业、社会组织和个人在扶贫工作中的专业所长，推进政府和社会力量在扶贫大业中各司其职，协调发展。这需要大力培育社

会扶贫力量，提升各扶贫主体的扶贫能力。

社会力量是政府开展精准扶贫的得力助手。为提升社会力量的扶贫能力，先得调动社会力量扶贫的积极性，这需要在制度上明确社会力量扶贫的地位、实现方式和权利等，如要明确社会力量扶贫的准入条件，简化其准入程序；完善社会力量扶贫的激励机制，通过政策法规加大社会力量扶贫税收优惠和财政、金融支持。如制定面向贫困地区的产业承接转移政策，仿照残疾人用工福利企业享受的优惠政策，给予扶贫力度大的民营企业以税收减免、土地优惠等政策激励，协调相关金融机构给予贡献较大的民营企业低息贷款支持；定期对在精准扶贫过程中表现突出的社会力量进行公开表彰，设立“爱心企业”“爱心组织”“爱心个人”等奖项。

鉴于当前福建大部分社会扶贫力量还处在发展阶段，扶贫能力薄弱，为培育其扶贫能力，一方面，政府要促进社会扶贫力量的发展。社会力量的成长离不开良好的公益环境。政府要携手媒体加强对公益精神和社会力量扶贫的正面宣传，提升社会扶贫力量的社会认可度，给社会扶贫力量的成长营造良好的社会环境；通过业务指导、成员专业培训、资金支持等方式，加强对社会扶贫力量的引领和支持。如地方财政部门可拨出专项基金，对运作规范、服务能力强的社会组织给予人员培训、扶贫项目开展等方面的资金支持，支持中小社会组织的发展；还要引导社会扶贫力量良性竞争与联合发展，实现规模效应。此外，贫困人口也是精准扶贫的主要参与者，要引导农民联合起来，成立自助组织，培育其反贫困能力。总之，多措并举，促进社会扶贫力量的发展。另一方面，政府要为其扶贫提供便利或支持。如通过建立健全社会扶贫信息交流平台，便利社会力量获悉贫困群体现状与实际需求，有针对性地进行帮扶，并动态了解帮扶效果。又如加强与社会力量的扶贫合作，完善政府购买扶贫服务制度，支持各类市场主体和社会组织通过公平竞争承接相关扶贫服务，这有助于社会力量积累扶贫经验和扶贫资源。同时，政府也要加大对社会力量扶贫过程的监管力度，将社会组织重审批、轻监管的模式转变为轻审批、重监管的模式，对社会组织的扶贫募捐、项目实施和善款使用等加强监督，保证其扶贫的真实性和高效性等。

扶贫能力建设还包括政府自身扶贫能力和协同能力建设的问题。近年来，福建省重视政府扶贫能力的提升，通过建立健全工作目标责任制，加强扶贫干部政策和扶贫实务等方面的培训，来提升各级扶贫干部的扶贫能力，但还存在质量、协作能力等方面的不足。今后，为提升政府扶贫能力，一要继续充实基层扶贫力量，如充实各地扶贫开发办工作力量等。要选派得力的干部到贫困县工作，选派政治上过硬、工作热情高、业务娴熟的驻村扶贫干部，给予驻村扶贫干部工作经费的保障。还要通过培训，加强基层力量的政策领悟能力和实务能力。二要调动贫困地区地方政府的扶贫积极性，加大对贫困地区基础设施建设的转移支付力度，降低地方配套扶贫资金的要求。三要继续进行技术开发和人才建设。技术开发是多方面的，大数据运用是其中重要的内容，要将大数据技术运用到扶贫工作领域，搭建扶贫数据信息平台，提高数据分析能力，为扶贫决策提供技术支撑。其中，如通过开发完整的精准识别系统，准确识别贫困人口及其贫困原因、贫困程度，而后运用大数据分析，根据致贫原因、个人意愿和地区特色，科学匹配扶贫举措等。又如利用大数据，做好资金监管、扶贫数据的动态监测和返贫监测等工作。技术开发包括推进农产品标准化与质量检验体系建设；加强养殖储运、保鲜、防腐、精细加工包装技术专业性的研究、开发和推广工作等。要做到这些，则需要进行专业人才队伍的建设。

不仅如此，政府还应提升其协同能力的建设，这里的“协同”包括同级扶贫部门之间的协同，以及与社会力量的协同。如为了应对协同扶贫，福建省各级政府要成立专门的协同扶贫组织和协调机构，加强政府横向扶贫部门之间的统筹安排和协调配合，增进政社扶贫项目的统筹和利益协调，培育一批熟悉社会力量运作方式、善于同社会力量打交道的专业人才，提升协同扶贫动员能力和组织能力；继续完善协同帮扶制度和机制建设。如在政府购买社会扶贫服务方面，一方面，应尽快将政府购买服务制度化、程序化、公开化，建立健全竞争性的政府购买机制；另一方面，针对贫困地区、贫困人口的需求，搭建完整的扶贫项目招投标管理信息系统，公开所需购买的扶贫项目及其预算、服务标准和评估方式等内容，实现政府购买扶贫服务的公开性、透明性和便捷性。

（三）搭建协同扶贫支持平台

为了更好地协同扶贫，贫困地区政府要主动作为，既要建立统一的扶贫办公室，统筹安排扶贫人员、资金和项目，又要积极搭建各种协同扶贫平台，联同各社会力量扶贫。具体包括：

1. 建立线上线下信息平台，加强信息沟通，促进扶贫供需对接

线上，相关部门要充分运用互联网技术搭建扶贫信息服务平台，将贫困基础信息分门别类，为社会力量扶贫提供准确的、便利的信息支撑，促进扶贫供需对接。线下，相关部门要扮演好组织者与协调者的角色，依托贫困村、贫困户建档立卡工作成果，将之核实后提供给相关的社会力量，使社会力量了解更多的扶贫需求，便于选择适合自身特点和能力的救助措施。目前而言，可由扶贫办统筹、其他行政部门配合，建立一个完整的扶贫信息平台，该平台录入精准识别的贫困地区及贫困居民信息，可以实时、动态地反映并推送贫困地区和贫困者的需求，并以“需求”清单形式列出，鼓励企业、社会组织等社会力量自愿认领；该信息平台同时具有监管、反馈专栏，定期公开扶贫对接情况及各类扶贫项目的进展，接受公众监督，提供扶贫效果反馈功能，让平台在阳光下运行。总之，要在确保贫困信息准确、安全的前提下，促进精准扶贫相关信息的互联、互通、共享，降低社会力量扶贫成本。

2. 建立政府和社会力量的常态化联系机制和协商对话机制

在协同扶贫开发工作中，政府作为主导力量，应主动加强与企业、慈善组织、行业协会等社会扶贫力量的沟通交流，形成一种常态化协商

对话机制。实践中，要以统战、民政、工商、侨联等部门为主，以召开扶贫工作座谈会等形式主动与社会各界交流扶贫工作，认真听取各方关于扶贫工作的意见和建议，积极构建扶贫合作伙伴关系，通过优势互补和资源整合，形成精准扶贫合力。另外，在新形势下也可构建线上沟通平台。目前，福建省扶贫部门能够就专门扶贫事项征求公众意见，从而使公众对扶贫工作有所参与。如2017年7—9月，为进一步做好整村推进扶贫开发工作，提高驻村任职工作成效，福建省就如何进一步加强党员干部驻村任职工作征求网友意见。今后，这样的做法可以常态化，覆盖内容也可以更宽泛。另外，在具体的协同扶贫项目中，也应建立专门的协调机构，开展政府与社会力量的定期和不定期的沟通，协调好各方面的利益关系，增进合作扶贫的最终效果。

3. 创建更多的合作项目

政府不能坐等社会力量主动扶贫，而要积极创新社会力量扶贫的途径和载体，创造更多政社合作的机会。如可以完善政府购买公共服务机制，为社会力量拓展扶贫服务空间。可以尝试将扶贫工作的某些环节以政府购买服务的形式提供给各类社会力量，如对于贫困农户的技能培训或产业扶贫，政府可以在约定标准、加强考核的基础上交给专业社会组织或经济组织去实施。当然，政府在规划产业扶贫项目时，要尽可能打造产业链帮扶，保持扶贫的持续性。对于社会扶贫项目，政府也要有意识地整合。如对于贫困家庭子女，从政府到民间都有不少的扶持资金和项目，政府可以对这类资金和项目进行整理，把分散的资金统筹使用，更好地扶贫助学。同时，政府可将社会扶贫与专项扶贫结合起来，做好项目对接工作，实现持续扶贫。

（四）加强协同扶贫监控

作为精准扶贫的主体，以及行政权力的掌握者，政府需主导加强精准扶贫协同行动的监控。既通过监管审计机构进行专项监控，通过驻村扶贫干部和社会公众进行常态化监控，还通过扶贫各方组成的监控小组进行全过程把控。即便是政府没有直接参与的协同扶贫活动，政府也应以第三方的身份参与监控。如政府要对产业扶贫加强监控，严把审批关，防止高污染企业向贫困地区转移；认真核实社会组织扶贫信息的真实性，审核社会组织扶贫资金的使用情况；定期或不定期到贫困村了解帮扶进展，及时纠偏，并协调解决帮扶过程中遇到的实际困难等。

当然，在扶贫监控中，监控主体不仅要注重实际调研，还要讲究策略。比如乡村是一个熟人社会，但下派的扶贫干部和贫困户之间是陌生的，彼此间沟通容易出现问题。相反，村干部一般是本村的村民，与贫困户是熟人。帮扶干部在面对面的扶贫信息调研中，由村干部陪同会相对顺利。但如果是因村干部资源分配不公导致的“回头看”或核查环节，原有村干部在场则可能就会因熟人社会而丢失一些真实的信息。因此，要讲究原则，也要因时因事制宜。

总之，扶贫开发是一项系统工程，改变落后面貌也不是一朝一夕可以完成的事情，为此，政府要凝聚方方面面的力量，做好打“持久战”的准备。同时，在扶贫开发过程中，政府还应转变观念，转换职能和角色，从主持者转变到引导者、组织者，主动搭建政社协同扶贫平台和相应的合作机制，完善协同扶贫相应制度，拓宽合作领域、创新合作模式，推进合作试点，实现政社协同扶贫最大合力。

二、社会力量

目前，由于福建省社会力量扶贫缺乏统筹规划，各扶贫力量多各自为政，加之本身尚不成熟，一些扶贫资金来源不稳定，这使得福建省社会力量扶贫整体上还属于“拾遗补阙”的性质，并处于一种零散、非系统化的扶贫状态，即存在着明显的“碎片化”困境。不同扶贫项目之间缺乏有机衔接，一些帮扶项目还存在着后期维护或难以持续的问题。

对于社会力量而言，首先需要树立新的扶贫观念，主动承担社会责任。当前福建省民间扶贫资源丰富，但主动承担扶贫责任的意识淡薄，目前主要是在政府部门的推动下被动参与脱贫攻坚。一些社会公众认为，扶贫是政府的事，是有钱人的事，与己无关。但事实上，慈善是人人可为的，捐钱献物不分大小，何况慈善不都是捐赠，甚至捐赠还是慈善的较低层次，出谋划策、参与扶贫志愿活动都是扶贫，发表扶贫研究报告，参与扶贫论坛，倡导扶贫政策改善等也是扶贫。因此，每个个体，只是有意愿，都可以尽己所能做一些有利于扶贫事业的事。对企业和社会组织而言，则应从社会和谐及自身长远发展出发，主动承担责任。同时，已有的社会力量扶贫也存在着不足，典型如“输血”式帮扶、一次性帮扶居多，只能暂时缓解贫困地区和贫困人口低层次的需求，不能从根本上铲除贫困。因此，社会扶贫力量应树立科学的扶贫理念，克服畏难情绪，通过长期帮扶治“贫根”，促进社会扶贫向更高层次发展。

其次，要不断提升自身扶贫能力。对于企业而言，需要预留扶贫资金，做好扶贫长远规划，侧重从提升贫困地区和贫困人口持续脱贫的能力方面开展扶贫工作。对于社会组织而言，则可以从以下几方面来进行：一是增强筹资能力。扶贫意味着“投入”，社会组织一方面应合理设计扶贫项目，并尽量降低运行成本；另一方面也要增强自身筹资能力。针对当前福建省一部分社会组织融资渠道单一，扶贫资金不足的弊端，今后可配置专业人才，宣传策划，积极主动募捐。同时，可以参考国外慈善基金会“科学投资—高额回报—部分投入慈善”的运作模式，进行适当投资，投资方式以保守和稳健为主，产生的收益用于扶贫。这在福建省已有所尝试，如 2011 年台胞林世哲先生捐资 1000 万元，建设永春县林世哲教育基金大楼，将大楼租赁收入永久性用于扶助品学兼优的永春籍贫困学子；2015 年初创办的尤溪县星源基金会将爱心善款投入爱心企业家创办的企业，每年将所产生的 20 多万元红利全部用于慈善公益事业。这种方式是一种有益的探索。二是完善内部管理，增进社会公信力。公信力是社会公众对慈善组织的认可度和信任度，是社会组织筹集资金、持续发展的根本。从早先“罗一笑事件”等类似案例可以看出，当前许多人遭遇困境首先会想到网络求助，而不是通过正规的慈善组织公开募捐。而民众更愿意捐钱给信息不明的公众号，而不是捐赠给公益组织，这当然与网络捐赠的便捷性有关，但也在一定程度上表明当前我国慈善组织发展仍不成熟，在宣传、运作等方面存在一些问题，公信力不够。今后，社会组织要完善内部治理结构，加强扶贫监管，公开扶贫信息，主动接受社会监督。尤其要做好捐赠资金的统计和管理工作，建立健全扶贫信息公示制度，重点公开募捐、项目实施和善款使用情况，接受社会各界的监督和第三方机构审计，及时识别、纠正、惩处各类违法违规行为，保证善款善用。三要加强行业自律。要依托扶贫行业组织建立健全行业规范，加强行业自律。四要加强人才队伍建设。要有效利用现有志愿者资源，加强职业培训，逐步实现社会组织工作人员的公益性和专业化，并完善其工作保障制度，实现人员的稳定和壮大。

再次，要创新协同扶贫方式。社会力量对协同扶贫要有一个准确把握，参照学界对志愿服务与政府的三种关系①，民间力量和政府的扶贫合作可以分为辅位、主位和同位三种不同形态。其中辅位关系中，社会力量扮演协作者和辅助者的角色，主位关系中扮演主导者的角色，同位关系中扮演合作者的角色。事实上，在不同的扶贫活动中，政社关系模式会有所不同。如在志愿服务提供方面，社会力量无疑是主位。在产业扶贫方面可以是同位，在社会救助提供方面是辅位。而且，多种关系同时并存。因此，社会力量要突破扶贫“补缺者”的角色，争取在主位和同位扶贫关系中更有作为，体现社会力量的独特优势。又如政府与社会力量合作可以是直接的合作，也可以是间接的合作。直接合作可以有多种表现形式，可以自始至终与政府一起参与项目合作，也可以由政府购买

① 徐向文、李迎生：《志愿服务助力城乡社区自治：主体协同的视角》，《河北学刊》2016 年第 1 期。

某一环节的扶贫服务。间接合作指的是社会力量扶贫，需要政府为之提供信息服务、监管服务或是牵线搭桥，使社会力量扶贫更为顺利。虽然我们倡导直接合作，但不否定间接合作的功劳。扶贫合作还包括社会力量之间的合作，把各个独立运作的扶贫力量串联起来，聚小力办大事。实践中，可以探索多种合作方式。如社会组织与企业合作扶贫，国外有不少成功的案例，如津巴布韦疟疾治疗就离不开基金会与医药公司的合作。与贫困群体的合作也可以更加灵活，如民营企业产业进村，在时间安排上可以有一定的灵活性，允许农户利用农闲时间临时务工，允许乡村贫困户在家里承接企业产品初加工等。

最后，要创新具体扶贫举措，提升扶贫实效。企业、社会组织和社会个体要更多地结合贫困地区和贫困人口的禀赋与特色，因地制宜，因人制宜，将社会力量的自身优势与贫困地区和贫困人口的优势有效结合，形成资源合力，通过结对帮扶、联手帮扶、村企共建等形式高效扶贫。即便对于“输血”型救助而言，也应调整以往策略，努力弥补政府扶贫的不足。如慈善组织要精准定位贫困群体，将慈善资金主要运用于一些政府财力有限、未能及时开展救助的领域，重点帮扶因病、残、子女上学等在政府救助后，仍然无法摆脱困难现状的政府救助边缘人群，或因重大疾病或家庭灾害等原因造成短期生活困难的贫困群体，及时做好政府扶贫的衔接补缺工作。对于社会个体而言，除扶危救困外，利用自身专业所长，为贫困地区和贫困群体摆脱贫困出谋划策是当务之急。对于学者而言，可以通过加强协同扶贫的理论研究和实践经验总结来为精准扶贫事业添砖加瓦。目前，国内学者的相关研究主要是将国际上流行的一些理论引入我国，这对我们了解协同扶贫动因、手段等有所裨益，在实践中也一定程度上推动了我国扶贫工作的进展。但整体而言，如何将相关理论研究与我国具体扶贫实践有效结合起来，还有待进一步探索。如多个扶贫主体的权责利关系如何理顺、协同扶贫中的考核问题如何解决等，都需要学界继续探讨。而且，协同扶贫本身是动态和发展的，需要学界与时俱进，开展更为深入细致的研究。

三、贫困群体

对于贫困群体而言，首要的是转变观念，树立自力自强意识。除特殊情形外，贫困者自身也应该为长期贫困承担一定的责任。可以说，脱贫既是政府的责任，更是贫困者自身的责任。对此，贫困者要有清醒的认识。当前一部分贫困户安于贫困，不思进取；一部分贫困户依赖心理较强，对政策的期望值越来越高。甚至在一小部分贫困户看来，政府有责任有义务帮助他们解决生活中的一切问题。这显然是不切实际、不负责任的。以贫困者为本并不只是一味强调贫困者的受助权利，同时，也要求权利与义务相统一。贫困者既可以享受政府提供的各种福利，也应该承担一定的脱贫义务。比如劳动义务，贫困者应积极配合扶贫力量的合理安排，参加力所能及的劳动；诚实诚信义务，在上报贫困信息时不隐瞒事实，不弄虚作假。将获得的产业扶贫补助资金或小额信贷用于脱贫发展，并承担违约责任；预防性义务，养成良好的生活习惯，参与社会保险等。总之，贫困者要树立积极向上的人生态度，对贫困原因进行自我反思，树立自力自强意识，配合扶贫力量的安排，不断提升自身脱贫能力。

合作组织是贫困群体通过互助实现自助脱贫的重要方式，也是目前贫困地区重要的市场主体。发展自我扶持的贫困居民扶贫开发互助组织在国外有成功的案例，如韩国的农业合作社、印度的全国贫民窟居民联合会（NSDF）以及泰国的贫困居民资金互助组织等，这些扶贫开发互助组织在扶贫开发过程中都取得了不俗的成绩。因此，贫困者要在政府和相关社会力量的指引下，通过自筹资金和外来扶贫资金组建各种类型的合作社，抱团取暖，共同抵御市场经济的风险，帮助自身远离贫困。

在协同帮扶实践中，贫困群体一方面应积极参与，配合外来帮扶主体的合理安排，勤劳致富；另一方面，也要尽己所能、参与扶贫决策和扶贫监督等环节，保障自身合法权益，推进协同扶贫事业健康发展。

总而言之，对福建省精准扶贫工作而言，要扭转扶贫力量碎片化的格局，需要各方着力突破观念、政策和机制等困境，共同构建多元协同帮扶机制。

结　语

2017年党的十九大提出了“乡村振兴战略”。次年，中央农村工作领导小组办公室正式提出《乡村振兴战略规划（2018—2022年）》，要求“把打好精准脱贫攻坚战作为实施乡村振兴战略的优先任务，推动脱贫攻坚与乡村振兴有机结合相互促进”。这表明，按照中央部署，乡村振兴与精准扶贫二者紧密相连，打好脱贫攻坚战是实施乡村振兴战略的优先任务，也是实施乡村振兴战略的基础和重要借鉴。同时，乡村振兴战略对乡村建设有着更高、更全面的要求，这就要求精准扶贫工作扎实、高质量地完成。

为确保2015年《关于打赢脱贫攻坚战的决定》中“2020年乡村贫困人口实现脱贫，贫困县全部摘帽”的扶贫目标如期实现，福建省较早在全国开展精准扶贫工作，如今绝对贫困问题基本解决，但返贫现象、非收入贫困问题及相对贫困问题较为突出，扶贫工作仍存在着扶贫资源不充分、整合和协同开展不力等问题，影响到福建省扶贫攻坚工作的顺利进行，也影响到福建省乡村振兴战略的实现。

国际经验和现实实践表明，广泛参与是精准扶贫有效开展的主体基础，资源整合是精准脱贫的有力保障。因此，为解决脱贫攻坚遗留问题、有效应对相对贫困难题，除政府扶贫资源外，社会扶贫资源也值得我们关注。尤其是社会扶贫主体涉及广泛、各具优势，这使得广泛动员社会力量扶贫成为我国扶贫工作的基本方针。对福建省而言，社会扶贫资源丰富，但仍需有效动员和运用。今后，政府应充分运用政府动员能力和组织能力，继续鼓励社会力量参与精准扶贫，充分发挥企业等市场主体的资金优势、技术优势、管理优势和市场优势，发挥社会团体的专业优势和组织功能，发挥社会个体的沟通优势和技术优势，主要通过市场机制引导社会扶贫力量从贫困地区和贫困群众的价值观念、思维模式、教育医疗、生产生活等多个方面精准切入，解决传统思维或不良生活方式对贫困地区和贫困个体发展的束缚，解决好困扰贫困地区和贫困个体良性发展的基础设施、医疗保障和教育培训问题，增进其发展生产的物质资本和社会资本，实现贫困问题的“标本兼治”，更好地保障精准扶贫、精准脱贫的效果。当然，社会扶贫主体和扶贫方式的多元化容易导致扶贫资源投入的分散化和碎片化，或者因利益诉求的多元化、差异化而使协同过程变得更加复杂，也就需要我们一方面树立“大扶贫”理念，对众多扶贫资源进行整合，协同推进扶贫事业的发展；另一方面，需要及时处理好协同中的各种矛盾，建立健全协同扶贫风险化解机制。总之，在脱贫攻坚阶段及之后的相对贫困缓解过程中，我们仍需不断加强社会扶贫力量的资源整合和利益协调，使社会资源、政府资源和市场资源形成有效合力，最大限度地推进共同富裕目标在我国的早日实现。

当前，福建省脱贫攻坚事业取得了突破性进展，但“摘帽不摘政策，脱贫不脱帮扶”，况且相对贫困问题的解决仍任重道远。因此，今后福建省仍要积极整合各方资源，营造“人人皆愿为、人人皆可为、人人皆能为”的扶贫氛围，构建各扶贫主体协同扶贫的新局面。而这需要政府进一步解放思想，转变职能，由以往的主持者、执行者变为规划者、引领者、组织者、服务者、协调者和监督者，通过政策引领和实践支持，以及通过搭建各种沟通交流和利益协调平台，完善贫困信息数据库，破解束缚社会力量高效扶贫的各种因素，主导推进扶贫各方形成一种既各司其职又紧密结合、既各展所长又衔接有序的精准扶贫协作机制；需要企业、社会组织和社会个体主动承担扶贫责任，不断提升自身扶贫能力，同时更新扶贫理念，创新扶贫方式，将自身扶贫优势和社会其他力量的扶贫优势有效结合，实现扶贫的协作化和高效化；需要贫困群体克服依赖心理，树立自力自强意识，通过自助提升自身脱贫能力，同时配合扶贫力量的合理安排，争取尽早脱贫致富。

总之，为了实现脱贫攻坚和乡村振兴战略，福建省应积极推进精准扶贫体制机制改革创新，构建一种囊括政府、企业、社会组织、社会个体和贫困群体共同参与的协同扶贫治理机制，形成扶贫攻坚的强大合力。而这需要建立有效的扶贫工作激励机制，激发各社会力量、贫困群体及各级政府部门在精准扶贫工作中的主观能动性；完善政府与社会力量协同扶贫的常规化参与机制、沟通协调机制和利益平衡机制，真正形成扶贫合力，并实现协同扶贫的可持续；正确处理好扶贫攻坚中外部支持与内生动力之间的关系，摆脱低收入群众在意识和脱贫思路上的贫困，充分激发贫困群众自力更生的动力和信心，培育其自身发展能力。此外，值得提醒的是，精准扶贫协同帮扶机制的建设不是一劳永逸的，今后在政策引导和实践需求的推动下，福建省精准扶贫协同帮扶机制仍将是一个不断探索和调适的过程。

参考文献

一、专著

［1］西奥多・W・舒尔茨. 论人力资本投资［M］. 吴珠华，等，译. 北京：北京经济学院出版社，1990.

［2］Ra. Gaiha. 农村脱贫战略的设计［M］. 聂凤英，译. 北京：中国农业科技出版社，2000.

［3］［美］阿马蒂亚・森. 以自由看待发展［M］. 任赜，于真，译. 北京：中国人民大学出版社，2002.

［4］［美］玛丽亚・康西安，谢尔登・丹齐革，等. 改变贫困 改变反贫困政策［M］. 刘杰，等，译. 北京：中国社会科学出版社，2014.

［5］李小云. 参与式发展概论［M］. 北京：中国农业大学出版社，2001.

［6］福建省脱贫致富办公室，中共福建省委党史研究室. 福建扶贫史［M］. 北京：中央文献出版社，2001.

［7］张岩松. 发展与中国农村反贫困［M］. 北京：中国财政经济出版社，2004.

［8］许源源. 中国农村扶贫：对象、过程与变革［M］. 长沙：中南大学出版社，2007.

［9］李文，李芸. 中国农村贫困若干问题研究［M］. 北京：中国农业出版社，2009.

［10］王小林. 贫困概念的演进［M］. 北京：社会科学文献出版

社，2012.

[11] 杨朝中. 扶贫开发战略与政策［M］. 武汉：湖北人民出版社，2012.

[12] 高帅. 贫困识别、演进与精准扶贫研究［M］. 北京：经济科学出版社，2016.

[13] 左常升. 中国扶贫开发政策演变（2001-2015）［M］. 北京：社会科学文献出版社，2016.

[14] 赵小芳，耿建忠. 海峡西岸经济区区域经济差异及其发展研究［M］. 北京：经济科学出版社，2016.

[15] 洪名勇，等. 扶贫开发战略、政策演变及实施研究［M］. 北京：中国社会科学出版社，2017.

[16] 王三秀. 中国扶贫精细化：理念、策略、保障［M］. 北京：社会科学文献出版社，2017.

[17] 李鸿阶. 福建经济新常态与“一带一路”发展战略研究［M］. 福州：福建教育出版社，2017.

[18] 阮文彪. 乡村振兴：由冲突走向新秩序的时代嬗变［M］. 北京：中国农业出版社，2018.

二、期刊

[1] 蔡昉，陈凡，张车伟. 政府开发式扶贫资金政策与投资效率［J］. 中国青年政治学院学报，2001（2）.

[2] 郑光梁，魏淑艳. 浅议国外非政府组织扶贫机制及其启示［J］. 辽宁行政学院学报，2006（6）.

[3] 陈元. 农村扶贫中非政府组织（NGO）的参与［J］. 农业经济，2007（6）.

[4] 余劲，陈杰. NGO 与政府扶贫项目合作的博弈分析［J］. 农村经济，2009（8）.

[5] 林万龙，钟玲，陆汉文. 合作型反贫困理论与仪陇的实践 [J]. 农业经济问题，2008 (11).

[6] 代恒猛. 从“补缺型”到适度“普惠型”社会转型与我国社会福利的目标定位 [J]. 当代世界与社会主义，2009 (2).

[7] 邹藏，方迎风. 关于中国贫困的动态多维度研究 [J]. 中国人口科学，2011 (6).

[8] 范永忠，范龙昌. 中国农村扶贫治理机制研究 [J]. 经济研究导刊，2012 (22).

[9] 李汉卿. 协同治理理论探析 [J]. 社会经纬，2014 (1).

[10] 张琳琅. 福建扶贫开发工作重点县发展成效、问题及对策 [J]. 中国国情国力，2014 (5).

[11] 李鹍，叶兴建. 农村精准扶贫：理论基础与实践情势探析——兼论复合型扶贫治理体系的建构 [J]. 福建行政学院学报，2015 (2).

[12] 苏海，向德平. 社会扶贫的行动特点与路径创新 [J]. 中南民族大学学报 (人文社会科学版)，2015 (3).

[13] 李颖. 社会扶贫资源整合的类型及其适应性 [J]. 探索，2015 (5).

[14] 郑瑞强，曹国庆. 基于大数据思维的精准扶贫机制研究 [J]. 贵州社会科学，2015 (8).

[15] 赖诗双. “真扶贫 扶真贫”——福建省建立完善六个机制推动精准科学扶贫 [J]. 农村工作通讯，2015 (17).

[16] 许雪亚，郑景顺. 用硬措施啃“硬骨头”——福建省全力推动扶贫开发工作深入实施 [J]. 农村工作通讯，2015 (9).

[17] 欧阳煌，等. 关于新时期财政扶贫治理困境及破解的思考 [J]. 财政研究，2015 (12).

[18] 徐向文，李迎生. 志愿服务助力城乡社区自治：主体协同的视角 [J]. 河北学刊，2016 (1).

[19] 唐丹，等. 基于生态理念的福建省养生度假旅游发展路径探讨 [J].

中南林业科技大学学报（社会科学版），2016（2）.

[20] 陈全功，程蹊. 精准扶贫的四个重点问题及对策探究［J］. 理论月刊，2016（6）.

[21] 陆益龙. 贫困问题与农村精准扶贫［J］. 甘肃社会科学，2016（4）.

[22] 唐丹，等. 福建扶贫开发重点县生态扶贫的问题及其对策［J］. 中南林业科技大学学报（社会科学版），2016（4）.

[23] 万江红，苏运勋. 精准扶贫基层实践困境及其解释——村民自治的视角［J］. 贵州社会科学，2016（8）.

[24] 叶小丽. 福建省寿宁县凤阳镇精准扶贫现状与对策［J］. 安徽农业科学，2016（23）.

[25] 孔令军. 福建省"造福工程"搬迁扶贫情况调查［J］. 当代农村财经，2017（1）.

[26] 龚霖丹，刘相龙，骆劲颖. 银行精准扶贫效率评价及影响因素研究—以福建南平为例［J］. 金融监管研究，2017（1）.

[27] 人民论坛专题调研组. 精准扶贫与精准脱贫的福建经验［J］. 人民论坛，2017（6）（下）.

[28] 杨龙，李萌. 贫困地区农户的致贫原因与机理——兼论中国的精准扶贫政策［J］. 华南师范大学学报（社会科学版），2017（4）.

[29] 郭黎霞. 贫困恶性循环理论视角下福建精准扶贫的思考［J］. 宁德师范学院学报，2017（4）.

[30] 王汝成. 福建省精准扶贫医疗叠加保险政策实施［J］. 就业与保障，2017（8）.

[31] 陈小英. "精准审计"助力精准扶贫政策落实——以莆田市为例［J］. 中国农业会计，2017（9）.

[32] 张帆，江泽. 跨跃式发展的福建路径［J］. 社会福利，2017（9）.

[33] 贾兴梅. 农村多维贫困测度与精准扶贫政策优化［J］. 社会保障评论，2018（2）.

[34] 黄玲. 扶贫开发四十年的福建经验 [J]. 福建党史月刊，2018 (3).

[35] 修兴高. 产业扶贫模式：运行成效、影响因素与政策建议——福建省产业扶贫模式典型案例分析 [J]. 福建论坛（人文社会科学版），2018 (2).

[36] 卢玉平. 精准扶贫视角下福建省乡村生态旅游模式开发研究 [J]. 农业经济，2018 (8).

[37] 段金萍. 国外扶贫开发模式及对中国的启示 [J]. 世界农业，2018 (5).

[38] 谈东晨，林世杰. 新时代福建省精准扶贫的基层实践与思考 [J]. 福州党校学报，2018 (5).

[39] 林梅，张伟利. 供给侧改革下推进福建省科技精准扶贫工作建议 [J]. 安徽农业科学，2018 (20).

[40] 林萍. 福建农村产业扶贫实践与机制创新 [J]. 台湾农业探索，2018 (5).

[41] 陈海栋. 福建：社保扶贫打出“精准牌”[J]. 中国社会保障，2018 (6).

[42] 郭梦恬. 金融精准扶贫有效性的调查与思考——以福建南平为例 [J]. 知识经济，2019 (1).

[43] 郭奇，李锋华. 民政部门引导动员显成效 社会组织积极作为显身手 [J]. 中国社会组织，2019 (2).

[44] 陈宝国，张琦. 福建慈善公益力量参与扶贫攻坚的对策研究 [J]. 学会，2019 (3).

[45] 淑兰，连文. 协调发展理念下乡村文化扶贫的现实困境及路径选择——以福建省为例 [J]. 中共福建省委党校学报，2019 (3).

[46] 袁小平，张雪林. 志愿服务参与精准扶贫的协同惰性研究——基于协同关系模式的分析 [J]. 福建论坛，2019 (7).

[47] 傅淳淳，陈梦. 福建省“四位一体”精准扶贫联结机制分析与构想

[J]. 农业展望, 2019 (10).

[48] 郑容坤. 整体性治理视域下的精准扶贫研究：基于福建省下党乡的调查 [J]. 江汉大学学报 (社会科学版), 2019 (5).

[49] 胡佩萱, 王海燕, 杨雨晨. 我国农村电子商务现状分析及策略探讨——基于福建省寿宁县的调研分析 [J]. 现代商贸工业, 2019 (12).

三、报纸

[1] 石伟. 福建扶贫开发向纵深挺进 [N]. 经济日报, 2014-6-8 (1).

[2] 蔡茂楷. "滴水穿石" 扶真贫 [N]. 农民日报, 2014-6-23 (1).

[3] 俞凤琼, 等. 脱贫劲风扶摇起 ——福建省推进 "百企帮百村" 精准扶贫行动纪实 [N]. 中华工商时报, 2017-11-24 (12).

[4] 蔡茂楷. 福建：精准发力 5 年脱贫近 110 万人 [N]. 农民日报, 2018-7-24 (2).

[5] 善行八闽 传递温暖 [N]. 福建日报, 2018-9-5 (4).

[6] 福建社科院课题组. 改革开放 40 年来脱贫攻坚的福建实践 [N]. 福建日报, 2018-11-5 (9).

四、网站

[1] 福建省农业农村厅：http：//nynct.fujian.gov.cn/ztzl/fpgz_ 1/fpxx/

[2] 福建省民政厅：http：//mzt.fujian. gov.cn/ztzl/

[3] 福建省慈善总会：http：//www.fjscszh.org/portal/web/index.php? r = home/index

[4] 福建省工商业联合会：http：//www.fjgsl.org.cn/

附　录

访谈提纲

一、访谈目的

了解福建省协同帮扶机制构建现状、困境、原因及解决思路。

二、访谈方式

个别访谈。

三、访谈对象

参与协同帮扶的行政人员及企业、社会组织、社会个体、贫困者代表。

四、访谈内容

1. 受访者所在单位、工作性质、在扶贫中具体负责事项。
2. 受访者（单位）参与协同扶贫的缘由和动机。
3. 受访者（单位）参与协同扶贫整体状况及参与程度。
4. 受访者（单位）参与具体协同扶贫项目的运行情况及扶贫成效。
5. 受访者认为协同扶贫最主要的障碍是什么，为什么？
6. 受访者（单位）参与协同扶贫遇到的具体问题有哪些，是否解决，如何解决？
7. 受访者对协同扶贫有何建议？